New SAT GRAMMAR AND WRITING

循"徐"渐进，与"歌"而行

徐志坚
田韵歌
编著

——新 SAT 语法写作实战攻略

中国人民大学出版社
·北京·

推荐序

这是一本语法和写作相结合的书。

在这本书里，你不仅可以看到语法讲解，而且懂得将语法知识正确运用到写作上，让语法题变得简单，让语法为写作增彩。

知识，原本就不是分裂的。

能力，实际上就是同步提高的。

新SAT为什么要将写作知识融入语法测试中?

新SAT中涉及的语法，依然是实用英语的范畴。主要集中在常见语法现象。这些语法知识会贯穿到以后的学习中，会在你的报告、作业、论文中有所体现。试想在你的报告、作业和论文中满是语法错误，怎可能陈述清你的观点，怎可能展示出你的逻辑，怎可能换来理解和共鸣? 所以，在新SAT中撷取的考点，基本上都是实际英语应用中出现的问题。SAT语法题中的难点，也恰是你写作中不经意间出现的错误。

语法若不克，英语怎可过?

写作考试与语法测试如何并进?

有三个原则，仅供参考:

原则1：视语法考试为输入，视写作考试为输出

输入是输出的基础。在输入学习的过程中，积累经验、印证理论，在输出型测试中加以运用。在语法题目中出现的词汇用法和语言搭配往往是经典内容，是考生最可以学习和模仿的范本，一边测试一边积累，一举多得。

原则2：夯实基本功，加强训练

语法是规律性总结。深刻理解语法的方式之一就是练习。一方面通过语法练习题，可以发现自己理解上的弱项，在应用的时候，有意识避免。另一方面，通过遣词造句训练，有意识地运用语法技巧，既可以让文字生辉，也可以令语法题的理解更扎实，何乐而不为?

原则3：有的放矢，深入理解

盲目做题，耗时耗力，实不足取。要知道实用语法的特点是有的放矢。越是高频的语法现象，就越容易成为测试点。优先选择典型题目，深刻理解，反复练习，这样才能成为自身的积累，也才能免去枯燥和烦闷。

你准备好了吗?

可以开始语法和写作学习了吗?

想用最高的效率攻克新SAT考试吗?

最后一个问题:

为何要循“徐”渐进，高“歌”而行?

因为徐志坚老师是资深的北美考试教师，毕业于美国匹兹堡大学语言学专业，也是中国翻译协会会员。在他的专业领域，翻译最讲究语法和写作的对应。在他个人辉煌的履历中，

“优秀教师”当之无愧。而他的敬业精神，促使他多次赴亚洲各国考场参加SAT/TOEFL考试，深谙考试变化。田韵歌老师是资深的SAT教师和写作名师，不仅经验丰富，而且教学口碑良好。通过高分学生的反馈，有理由相信，自己的SAT成绩可以高歌猛进。

OK，你准备好了吗？

不仅要看本书的正文，还要看本书的附录。要追根溯源找到SAT的出题点，要在模拟测试时尽可能接近实际的考查情况。感谢两位老师把细节考虑得如此周到。

现在就准备高分吧！

吕蕾公众微信号：lvlei1973

吕蕾微博：http://weibo.com/lvlei1973

吕蕾博客：http://blog.sina.com.cn/wonderfullei

喜马拉雅电台：吕蕾1973

语法部分前言

很荣幸，我的第二本书《循“徐”渐进，高“歌”而行——新SAT语法写作实战攻略》与大家正式见面了。所不同的是，比起上次在《循“徐”渐进——CROSS听汇法攻克托福听力》中的孤军奋战，这次我得以与我的好友，也是我多年以来的合作者，在SAT写作教学领域有着多年丰富经验的名师田韵歌老师并肩作战，为大家奉献一本实用的SAT语法写作备考攻略。

说实在的，教SAT语法那么多年，始终觉得语法不好教，为什么呢？很多同学在上语法课前就将语法冠以“枯燥”之名，更有很多同学，将语法的学习过程简单总结为背背概念和语法考点就能得高分。这些错误认识对我的教学理念的引入造成了很大障碍。在很多年的语法教学过程中，我还发现有不少语法老师将语法教学和很多所谓的“黄金规律”结合，所以，在市面上海量的SAT/GMAT语法教材里，你经常会看到“××结构必错”，“××词是自杀词”等字眼。每当我看到这些内容的时候，都会陷入深深的思考。

我请大家来思考这样一个问题：SAT作为一个学术性选拔考试（特别是改革以后，更凸显了这一特征），会仅仅在英语语法这种特别基础的知识上频出基础考点吗？我想说，学语法不能只学表面，我们应该看到某些语法考点和规律背后的逻辑，比如定语从句的限制性和非限制性，除了在形式上有区别外，在逻辑上的差别在哪里？为什么说主动优于被动，背后的实质究竟是什么？作为新SAT语法新增的阅读题部分的内容，这些题目的做题逻辑和方法又是什么？这些问题的答案，你往后看，就可以找到了。

本书另外一大特色是在讲述句子结构内容的时候，选材不限于新SAT语法部分例题，同时，也引用了一些SAT阅读部分的长难句作为例子，为的是让大家能够更清晰全面地看到句法、逻辑的本质。

感谢在本书编写过程中给予我帮助的人，特别是策划人吕蕾老师，她的热情与鼓励也是我持续写作的动力和源泉。语法部分第二章的例题解析和附录1的模拟题解析部分由陈悦老师编写，第一章部分SAT阅读例句解析由杨序婷老师编写。对各位老师的辛勤工作，一并表示感谢。

由于时间仓促，水平有限，本书难免会有不足与纰漏，欢迎读者朋友们批评指正，并提出宝贵意见。

Terry老师个人微信：xzj_us

Terry 老师公众微信号：Terry徐志坚老师

徐志坚 Terry

写作部分前言

2016年3月，北美的第一场考试拉开了新SAT考试的大幕。一场考试改革，对于考生来说，是一次新的挑战。题目稀缺、考试经验不足以及备考无方向感，让很多考生在考前手足无措。本书的写作部分将为大家带来写作备考要领。

新SAT写作改革颠覆了旧SAT写作要求。旧SAT写作要求考生就某一话题给出自己的观点，然后举例论证。新SAT写作要求考生先阅读一篇文章，然后对这篇文章进行分析，也就是说在出题形式上，新SAT写作发生了非常大的变化。700字左右的阅读文章（出自权威的期刊或者是非常有名的演讲）加上分析，再按照要求给出自己的评析，对于考生来说，难度不小。根据这种变化，本书写作部分的编写照顾到了考生需求的读、写、析三种能力。

本书写作部分主要内容：

知己知彼——新旧SAT写作比对

寻找写作的灯塔——新SAT写作部分评分标准解读

新SAT写作备考策略

丰满你的作文“羽翼”——新SAT写作中主体段落扩展方法

我要的“点睛笔”——新SAT写作中的修辞精解

材料分析必须“指哪打哪”——新SAT写作中的证据分类

新SAT写作表达句式总结

新SAT官方试题参考范文与批注

新SAT写作模拟题与范文

新SAT写作作者及文章来源

希望能够通过对有限资料的解读，给予各位考生一个最基本的写作备考要领，使各位备战在SAT备考过程中的同学们找到方向，提高能力。写作部分的编写，感谢同事、朋友的帮助和鼓励，无论是资料收集还是文案处理，都使编者获益良多。

本书虽然完成了，但是遗憾在所难免。书中出现问题的地方，欢迎各位读者指正。

田韵歌老师个人微信：Tatiana0919

田韵歌老师公众微信号：田韵歌英文写作

田韵歌

2016年6月

自序

我与语法之美

——献给曾经或者正在为SAT语法学习而困惑的你们

人，天生是有惰性的，念旧和习惯指导着很多人的行为习惯，于我，亦是如此。

读过我《循“徐”渐进——CROSS听汇法攻克托福听力》的人们想必都熟知，我从英语白痴到取得一定成绩的名师的心路历程，个中心酸，冷暖自知。由托福听力老师转变为一个SAT/GMAT语法老师，这次跳跃犹如凤凰涅槃一样。

很多同行，包括现在进入到培训行业的后辈，在闲聊时都表示过准备一门新的课程，更多的不是知识点的难度加大多少，而是习惯的惰性，习惯性地去教授那门上过很多遍、轻车熟路的课，对于准备新的课程，应该说很多人是不情愿甚至抵触的。不能免俗的我，开始也是如此。人就是这样，能偷懒的时候绝不忙着。

偶然的机会，我给美国加州读高中的学生用微信回答了一个语法问题，她回复说：老师，我觉得您讲的语法比我以前任何语法老师讲的都要清楚，老师您不教SAT真的是我们的损失。听过太多学生和家长的赞美，这个赞美带给我的影响却是最深远的。这也是为人师的魅力，教学相长，在从教的这近十年来，我一直谨慎地对待每一个学生，因为在我内心里，我清楚地知道，也许一句话就能改变学生的一生。

可能我骨子里是一个倔强的人，决定做的事情，不只是想达到十分，而是十二分的完美。开始教语法前，我看了十多本语法书，在脑海中尝试着想象，同样一个语法问题，如果是我来讲授，是不是能够讲解得更加清晰？我像个中学生一样，买了不同颜色的笔记本，记载着不同时期我对那些主要语法知识点的解析。有时候，为了弄清楚一个语法问题，我会去书店看各式各样的语法书。可以毫不客气地说，我几乎看遍了市面上能见到的所有类型的语法书。这些积累奠定了我成为一个语法老师的基础。

开始教授语法课程时，我曾经无数次想过，如果学生当众问我的问题，我没有回答出来，该如何化解这种尴尬，所幸的是，迄今还没有遇到这种情况。我庆幸自己阅读了数十本语法书，更为庆幸的是，我克服了固有的惰性，成功地转型为可以同时教授托福和SAT的老师。也许，只有工作才是不欺人的，投入了精力，一定会有收获。

六年多语法教学的经历，从最初的只教授GMAT语法到现在的SAT语法和ACT英语，随着研究程度的不断加深，我内心的疑问越大，语法到底是什么东西，是固定搭配？是习惯用语？都不全是，在我看来，语法就是逻辑，是词与词之间形成的逻辑关系，这种逻辑关系有内在千丝万缕的美感。参透每个语法知识点的逻辑关系，就犹如深入每个句子中探索到它们的秘密一样，感觉淋漓畅快。

语法，拥有对称美、简洁美、和谐美、意境美，和人一样，环肥燕瘦，各有千秋；可以毫不含糊地说，一个英语句子中，单词拼接成骨骼，语法支撑其灵魂。但很多学生在上语法课时，觉得枯燥无味的原因是，没有领略到语法内在的逻辑和美，这就像被白雪覆盖的世界一样，白雪遮盖住了姹紫嫣红的美景。

我不想也没有资格批评现在教育体系下的语法教学，但我想给这些枯燥的语法教学增添些美的概念，同时呼吁所有的语法老师，在教授语法这门课时，培养学生对语法的审美能力，将枯燥的语法知识有效地转化成欣赏和创造语言美，促使学生发现语法的学习规律。

可以这么总结：小的语法规律，就是保证了句子的完整性，大的语法规律，则是保障了文章的美。我期望，所有在备考中的学生，能够用美学的眼光，看待多年以来被我们冠名“枯燥”的语法；我更想通过自己的理解和教学经验，为语法正名，语法也可以很美，因为它有逻辑可循。

曾经有学生问我，三天辗转四个城市上课，累不累？当然累，但这就是人生，累并收获着；曾经有朋友问我，这么多年都在一线奔波，烦不烦？当然烦过，但这是我的理想，烦却不曾想过放弃。

吾志所向，一往无前，愈挫愈奋，再接再厉，用国父的话做结语，因我相信，我能做到的，我的学生们也一定能够做到。

徐志坚 Terry

2016/6/22

凌晨于上海

自 序

写这段自序的时候，本书的二审稿已经结束，从去年深秋忙碌的筹备期，到这个盛夏，已经有大半年。筹备这本书的时候，跟徐老师在上海的办公室里，半小时聊天，沟通了一下彼此的想法，便开始着手各自的部分，约定的时间交稿，愉快加顺畅。

开始动笔的时候，正值寒假旺季，每天10多个小时的课程忙碌到飞起来，材料一点点准备，各种忙乱，好想当时能够全部用来准备书稿，但现实是作为一位一线老师，没有可能，也不可能那么理想加完美。好在各种忙碌之后，还是如约交了稿，虽然真的非常仓促。

作为语言培训行业的一线老师，到这一刻，整整四年半，其实，不算是资深老师，但已经比较有经验。之前的工作经历（大学老师）给了自己很稳定的一个沉淀，另外，教书本身就是自己热爱的一份事业。可能是第一份工作真的轻松到爆，偶然的机会，进入到培训行业，依然记得第一次面试，考官希望我选择托福听说读写四个科目其中一个来教，我想了两秒，回答：听、读我都不要，我的分数很好，不想教。口语的话，滔滔不绝要说，另外，风趣幽默的性格特质很重要，我没有。我就教写作吧。一方面，教写作的过程，自己需要大量读书、写作，这个过程，英文水平会有所进步；另一方面，写作课程的授课，是思维和思维的碰撞，教书的同时，又能看到那么多姿多彩的人，思想，性格，一箭双雕，多美。从此，就走上了写作教学的不归路。其实，中间由于需要，曾同时兼任阅读、写作两科。最近的三年，只教授托福写作、SAT写作、ACT写作以及AP语言文学与写作。通过窄一宽一窄的个人成长路径，的确发现，这样做好处多多，平行看这些写作，看得更加清晰、透彻：难易度、区别、相似处、要求，一目了然，上起课来，针对性非常强。

每个人的成长轨迹不同，就像我这一刻，并不知道接下来的一年、三年、五年甚至更久远，我能做什么。其实只要坚持和认真就够了。毕业那一刻开始，做了喜欢的工作，的确是万幸。教书能够保持十年热情，真的非常不易。因为热爱，真的可以克服很多困难。教写作科目，能让人更多地思考，也就慢慢学会了倾听，内心变得比以前更加安静和从容，这应该就是本身热爱加选择让我受益良多的地方吧。

希望这本书能够给考生一些基本的帮助，另外，也算是告知考生们一些比较重要的点：应对一门考试，重要的是，先了解考试要求，再去深究设置这门考试的理念和初衷，这对大家非常重要。只有知道这些，你的应考才会从容淡定，想要的分数也比较容易达成。

在这里，非常感谢徐志坚老师的帮助，感谢他出书的最初想法，使得这本书顺利完成。另外，想感谢我的资深同事乐乐老师、李明明老师、刘浠涵同学的大力帮助，感谢你们。

人的一生，也许可以做很多事，能做自己喜欢的事，真的是要格外珍惜。希望能够和更多的同学共勉，愿各位学习语法、写作时学到的不止是知识，还有耐力、品性、思考和成长，在未来的人生中，对你们的帮助更大。愿你们进步。

田韵歌

2016年6月

前 言

目 录

第一章

走出新SAT中的

SAT

语法“迷宫”

Affairs that are done by due degrees are soon ended.

＼新SAT语法题的命题思路

＼句子结构的最简化分析法

＼新SAT中的复合句，我该怎么破？

＼语法结构中的“ 盲区 ”——倒装虚拟

Grammar

语法部分二维码使用说明

本书语法部分的一大特点就是用二维码配备了讲解功能：

扫描封面上的二维码，你将获得Terry老师的视频逐题讲解，在公众账号中，你除了获得本书中相关内容的文字、音频、视频资料外，还将获得新SAT官方指南的PSAT和OG4套题中的新SAT语法部分的逐题讲解。

具体操作方法：

① 打开微信扫一扫功能，关注Terry徐志坚老师。

② 在微信账号中，输入每章例题上的二维码编号，比如：3201，你将会听到或者看到Terry对本题的语音或者视频讲解。

③ 本书中并未将官方指南四套样题和PSAT一套样题放入书中，但是考虑到官方指南的英文讲解并不适合本土学生，所以Terry老师为这5套题录制了逐题讲解，供同学们学习。

希望在备考新SAT的路上，有了Terry的陪伴，你不再是一个人在战斗！

第一节 新SAT语法题的命题思路

新SAT语法之改革纵览

在数年的教学过程中，我一直不习惯将SAT的写作选择题部分叫作语法，为什么呢？原因很简单，虽然这个部分会考查一些语法规则，但是有一部分题目用到的语法规则会出现和传统语法规则不同，甚至相违背的地方。那么这个部分到底在考查学生怎样的能力？在我看来，无论是新SAT语法还是旧SAT语法，从根本上并不单单是对语法知识点的测试，而是对一个人沟通能力的考查。随着新SAT语法的改革（将语法的考查单位由句子转换成篇章），这样的考查核心更加凸显，即看一个人能否在相对来说比较短的时间内用最简洁的语言、最有条理的逻辑让他人理解其话语的真正内涵。所以，从中我们也可以看到新SAT语法考试的两个核心：语言的正确性、语言的逻辑性和有效性。

所谓语言的正确性（language conventions），是指语言表达要完全符合语法规则和标准书面语表达习惯，不在标准书面语中出现过的非正式表达法在新SAT语法考试中不被接受。这是新SAT基于篇章对基本语法规则运用考查的具体体现，其内容主要包括：句子结构、标点符号、平行对称、主谓一致、比较级、倒装、虚拟、省略、从句等。在新SAT语法考试中，平行对称、逻辑主语的一致性、代词、比较级等也是非常重要考查点，从公布的新SAT样题、OG套题和Khan Academy的SAT语法部分试题来看，新SAT和旧SAT语法正确性(language conventions)考点的重合率高达80%。(具体分布请见“新SAT语法题型特点及解读”表格)

所谓语言的逻辑性和有效性（expression of ideas），是指除了语法正确性之外，对于文章中的句间关系、句子表达的逻辑单一性和简洁性的考查要求。这当然并不意味着最短的选项就是逻辑上的最佳答案，而是表明在新SAT语法考试中，我们要避免选择含有重复、赘余表达的选项。这一类型的试题在新SAT语法考试中占55%左右。这一特点的变化可以从部分题型中得以印证：

题型*1.* 句子保留删除题

The writer is considering deleting the underlined sentence. Should the sentence be kept or deleted?

A. Kept, because it provides supporting evidence about the benefits of walking.

B. Kept, because it provides an additional example of a community stakeholder with whom transportation planners work.

C. Deleted, because it blurs the paragraph’s focus on the community stakeholders with whom transportation planners work.

D. Deleted, because it doesn’t provide specific examples of what the numerous benefits of walking are.

题型*2.* 细节关联题

Which choice results in the most effective transition to the information that follows in the paragraph?

A. NO CHANGE (but some are employed in rural areas.)

B. Where job opportunities are more plentiful.

C. And the majority are employed by government agencies.

D. DELETE the underlined portion and end the sentence with a period.

题型*3.* 添加段首句题

Which choice most effectively establishes the main topic of the paragraph?

A. Kingman is considered a pioneer of the California Style school of painting.

B. Although cities were his main subject, Kingman did occasionally paint natural landscapes.

C. In his urban landscapes, Kingman captures the vibrancy of crowded cities.

D. In 1929 Kingman moved to Oakland, California, where he attended the Fox Art School.

题型*4.* 细节寻读题

The writer wants to complete the sentence with a third example of a detail Kingman uses to create his majestic city skylines. Which choice best accomplishes this goal?

A. NO CHANGE (delicately painted creatures, such as a tiny, barely visible cat prowling in the bushes of a park.)

B. Exquisitely lettered street and storefront signs.

C. Other details that help define Kingman’s urban landscapes.

D. Enormous ships docking at busy urban ports.

题型*5.* 图表分析题

Which choice completes the sentence with accurate data based on the graph?

Urban and Regional Planners
Percent Increase in Employment, Projected 2010—2020

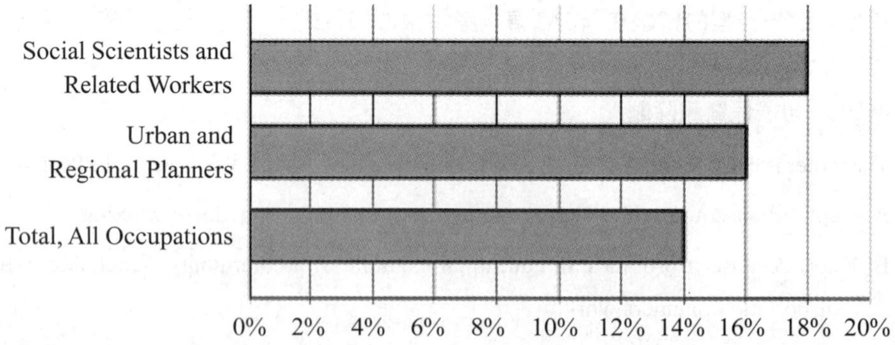

A. NO CHANGE (projecting that 16 percent of new jobs in all occupations will be related to urban and regional planning.)

B. Warning, however, that job growth in urban and regional planning will slow to 14 percent by 2020.

C. Predicting that employment of urban and regional planners will increase 16 percent between 2010 and 2020.

D. Indicating that 14 to 18 percent of urban and regional planning positions will remain unfilled.

当然，还有我们在旧SAT 的IP题中经常会遇到的常见题型，比如：词义辨析、句子插入、主旨总结、添加段末句。

新SAT设计的语法题，很多是来源于美国高中生的论文原文以及英美报刊专栏作家的文章，经过修改之后衍变而成。因此，这些蕴藏在语句中的语法错误具有共性，属于常见的语法漏洞。以此来考查大家的目的是希望同学们通过语法学习，能够在以后的写作和交流中尽可能地避免这类语法错误。所以新SAT语法是天然语法，是写作时在思维的流淌中容易出现的语法逻辑错误和表达不地道、不够书面等一系列问题。其和托福以及我们中学学习的语法的区别就是SAT不仅仅基于语法错误的角度出题，它是站在语言的流畅和有效表达、有效使用和逻辑推理的高度上来考查大家的语言能力。也就是说新SAT语法考试考查的不再仅仅是语法知识点，而是要求我们有能力从不同的选项所呈现的语法结构和上下文语境中体会选项间的语义差异，选出语法正确或者推理上表意正确的一项。接下来我们看看新SAT语法考试的三个重点内容来感受它的“魅力”。

新SAT语法考试的三大重点内容

重点*1.* 语法知识点（Language Conventions）

常考的语法规则包括但不仅限于：主谓一致、句子结构、谓语动词形式、非谓语动词形式、比较结构、平行结构、修饰结构。

重点*2.* 词的使用（Convention of Usage）

词的使用包括但不仅限于：词的标准书面用法、简洁的习惯搭配、词性准确、位置准确、避免词与词的语义重复。

重点*3.* 逻辑表达（Expression of Ideas）

逻辑表达的简洁性、逻辑意思的合理性和单一性，指的是句子简单、清晰，无歧义。总之，新SAT语法考试在表达上要准确（符合语法规则、句子结构正确以及用词准确）且要有效（逻辑意思的清晰、准确、简洁），并且选择的答案不能改变句意。除此之外，还需要考生对前后句的信息关联把握特别到位，对段落主旨以及作者观点也能做到精确定位，这样才能快速准确地解决新SAT语法问题。

其中，有一个答题原则必须掌握：对绝大多数题目而言，对句子结构和逻辑的把握远远比对句子中的某个单词词义的理解要重要，在新SAT语法考试中，如果能够做到对于句子结构和句间逻辑的合理把握，甚至有时候在对文章理解有困难的情况下，依然可以答对题。换句话说，就是要重点理解意群，理清句子结构，然后运用相应的语法知识和逻辑推理技巧，庖丁解牛地答题。总结而之，就是要先看句子的结构，再去理解，而不是先去努力理解句子的含义。

新SAT语法题型特点及解读

*1. SAT*写作和语言测试内容说明

	数量	占测试的百分比
时间分配	35 分钟	

文章字数	4篇文章，共1 700个单词；每篇400～450个单词	
问题总数	44 道题	100%
多项选择（4 个选项）		100%
文章		100%
各项的单项分和得分		
观点表达	24道题	55%
标准英语规范	20道题	45%
联系上下文分析词义 （涵盖阅读、写作和语言测试）	8道题 （每篇文章2道题）	18%
使用证据 （涵盖阅读、写作和语言测试）	8道题 （每篇文章2道题）	18%
历史/社会研究分析 （涵盖数学、阅读、写作和语言测试）	6道题 （历史/社会研究方面的所有观点表达题）	14%
科学分析 （涵盖数学、阅读、写作和语言测试）	6道题 （科学方面的所有观点表达题）	14%
文章内容		
专业类	1篇文章；11道题	25%
历史/社会研究	1篇文章；11道题	25%
人文	1篇文章；11道题	25%
科学	1篇文章；11道题	25%
图形		
1组或多组题目中有1个或多个图形		
文本类型		
议论	1～2篇文章	25%～50%
信息型/解释性文本	1～2篇文章	25%～50%
非虚构叙事	1篇文章	25%
文本和图形的复杂性		
文本的复杂性	4篇文章，要求为9、10年级到高等教育入学的难度	

图形数据表示（表格、图表、图形等）	难易程度递增（低到中等数据密度，几个变量简单到中等挑战性的相互作用）	

2. *SAT*写作和语域

内容范围	说明
文本的复杂性	SAT写作和语言测试的文章要求为9、10年级到高等教育入学的难度。
观点表达	这些问题主要针对话题展开、准确性（文本和图形之间的一致性）、逻辑、凝聚力和修辞手法的正确使用来修改文本。
展开	这些问题主要对文本进行与修辞相关的修改（不评估对题目的现有了解，但会考虑文章内材料的一致性）。
题目	学生应添加、修改或保留中心观点、主要主张、相反要求、主题句等，以组织文本和明确、有效地传达参数、信息和观点。
支持	学生应添加、修改或保留用于支持文本主张或论点信息和观点，例如细节、事实、统计数据等。
中心	学生应添加、修改、保留或删除文本中的信息和观点，以更切合文章主旨。
定量信息	学生应将图形、图表和表格等格式中的量化信息与文本中的文字信息相关联。
组织	这些问题主要要求修改文本以提高句子、段落和整个文本层面的逻辑和文字的凝聚力。
逻辑	学生应根据需要修改文本，以确保以最合理的顺序表达信息和观点。
引入、结论和过渡	学生应根据需要修改文本，以完善文本或段落的开头或结尾，确保过渡词、短语或句子有效地用于连接信息和观点。
有效的语言使用	这些问题重点是要求修改文本，以提高运用语言来完成特定的修辞目的。
精确	学生应根据需要修改文本，以提高用词的正确性或内容的有效性。
简洁	学生应根据需要修改文本，以提高选词的简洁性（即消除赘言和冗余）。
风格和语气	学生应根据需要修改文本，以确保文本中的风格和语气的一致性或使风格和语气符合宗旨。
语法	学生应使用不同的句子结构来实现所需的修辞目的。
标准英语规范	这些问题重点是要求编辑文本，以确保符合标准书面英语的句子结构、用法和标点符号规范。

句子结构	这些问题重点是要求编辑文本，以修改句型问题以及句子中和句子之间不当的句型转换。
句型	这些问题重点是要求编辑文本，以修改构成完整和标准句子的语法问题。
句子边界	学生应找出并修改语法上不完整的句子（如修辞不当的段落和文本不分段）。
主从和协调	学生应找出并修改句子的协调和主从关系问题。
平行结构	学生应找出并修改句子平行结构方面的问题。
修饰语的位置	学生应找出并修改修饰语位置方面的问题（如修饰语位置错乱或悬垂修饰语）。
不当的句型转换	这些问题重点是要求编辑文本，以纠正动词时态、语态、语气和代词人称和数量的不当转换。
动词时态、语气和语态	学生应找出并修改句子内和句子之间的动词时态、语态和语气的不当转换（时态问题）。
代词人称和数量	学生应找出并修改句子内和句子之间的代词人称和数量的不当转换（单复数指代问题）。
用法规范	这些问题重点是要求编辑文本，以确保符合标准书面英语用法规范。
代词	这些问题重点是要求正确使用代词。
代词明确	学生应找出并修改先行词不明确或指代不清的代词。
所有格限定词	学生应找出并修改所有格限定词（its, your, their）、缩写（it’s, you’re, they’re）和副词（there）相互混淆的情况。
一致	这些问题重点是要求确保语法的一致性。
代词先行词一致	学生应找出并修改代词和先行词之间不一致的情况。
主谓一致	学生应找出并修改主语和谓语之间不一致的情况。
名词一致	学生应找出并修改名词之间不一致的情况。
经常混淆的词语	学生应找出并修改单词短语相混淆的情况（近义词混用考点例如accept/except, allusion/illusion）。
逻辑比较	学生应找出并修改非同类事物比较的情况（比较级考点）。
常规表达	学生应找出并修改给出的表达式与标准书面英语不一致的情况（旧SAT语法倾向性总结）。
标点符号规范	这些问题重点是要求编辑文本，以确保符合标准书面英语标点符号规范。
句末标点符号	学生应找出并修改在主旨明确的文本中不当使用的句末标点。
句子标点符号	学生应正确使用表示句子内部中断的冒号、分号和破折号，并找出和修改不当使用冒号、分号和破折号的情况。

名词和代词所有格	学生应找出并修改不当使用名词和代词以及不当区分所有格和复数形式的情况。
连续长句中的项目	学生应正确使用标点符号（逗号和分号）来分隔连续长句中的项目，并找出和修改不当使用标点符号的情况。
非限定和附加成分	学生应正确使用标点符号（逗号、括号、破折号）来分隔非限定和括号句子成分，并找出和修改在限制或基本句子成分中不当使用标点符号的情况。
不必要的标点符号	学生应找出并修改句子中出现的不必要标点符号。

新SAT语法标准解读

1. 画线部分内容的特点

特点1：题干是以篇章为载体的，画线部分出现在篇章内部。

特点2：有些题目所在句子成分复杂，画线部分经常嵌入在复合句、倒装句、插入成分中。

有时，所在句子的省略等修辞方式也会使得句义复杂。因此，直接找到句子的主干或者考点是解题的关键。

特点3：新SAT语法考试中，经常会考查前后句关系。

所以，在读题时，需要去读画线句的前后句，有时甚至需要关注画线句所在段落的段首句，明确本段作者观点后，才能确定最后的答案。

特点4：选项中会出现不熟悉的语法结构。

此种情况下的迷惑性最大，也往往是同学们最头疼的。

对应方法：应找出有明显**正确性错误**的选项，将其排除。貌似错误的语法结构不一定错误。比如，he was championed，此处champion用作了动词，解释为support。这种情况并不常见，但是要知道语言的运用是灵活多变的。但是，he begin to sing这种结构肯定是一个正确性错误。如果是一般现在时态，begin一定要变成第三人称单数，因为主语是he；如果是过去时态，那么begin一定要改成began才对。

特点5：句子结构问题。

一个句子有且只有一个谓语，若有一个谓语就不能再有第二个谓语。若有另一个谓语，就必有连词、关系代词、关系副词。一个句子若有连词、关系代词、关系副词，那此句至少有两个谓语动词，若是完整主从复合句，分句各有自己的谓语动词。我们通常将复杂句的句子结构分析法总结如下：**有*a*个句子就有*a*个谓语动词，就有*a*—1个连词**。

特点6：标点符号的使用问题。

在新SAT考试中，融进了标点符号的基本使用方法，这一点和ACT英语考试比较接近。

2. 考点意识

在这里，给大家列举了一些在做新SAT语法题时，看到题干或者选项中的标志或是考点时应该有的考点意识，具体内容我们会在后几节中具体分析。

① 代词画线，此时根据代词形式，找它的逻辑主语的单复数，确保单复数使用得正确。

② 平行结构画线，看结构中的各部分是否能够平行对称。

③ 动词画线，首先看主谓一致，再看时态，然后看主动被动，最后看搭配。

④ 比较结构画线，首要考虑比较对象是否对等。

⑤ 重复原则（如果发现选项三长一短，需要先考虑长选项是否有语义重复等问题，比如：current...now等）。

⑥ 名词画线，看句中不画线的谓语动词的单复数来决定名词的单复数。

⑦ 如果从题干判断本题题型为细节寻读题，那么要明确题干本身即是答案。

⑧ 后置定语修饰（定语从句、现在分词、过去分词、同位语、to do、介词短语）尽量靠近修饰对象。

3. 题干与选项的阅读顺序

① 浏览原句（不用读懂整个段落的意思，读画线部分所在句子即可），明确画线部分在句子中的作用。看画线部分本身有没有语法错误，如果有语法错误，要在B、C、D选项推导类似错误。

② 关注画线部分句中周围考点。例如:当and，but等词出现的时候，这个时候看画线部分和哪一部分平行对称。

③ 略看4个选项，并纵向比较其差别，从选项中推出句子的语法错误结构、标点符号或者句子的逻辑中心、原句的非画线部分来协调答案。

④ 如果句子结构较为复杂，要马上转换思维，从单一的语法知识或者考点入手，逐一排除选项。

4. 题干的阅读方法

① 找出基本结构（主句的主谓宾、从句的主谓宾）。

② 定语、状语、插入语等修饰成分略看。

③ 不用纠缠于看不懂的单词和短语，语篇中的生词在语法题中大都对做题的影响不大。

④ 遇到细节关联题出题位置在段中时，不要试图去跨段寻找对应答案的线索。

⑤ 在新SAT中，有时需要看画线部分的前两句或后两句和画线所在句的逻辑关系，通过这种逻辑关系辅助寻找答题线索。

5. 新旧*SAT*例题类比解读

① 旧SAT语法题。

例*1.* On October 13, 1955, at the Six Gallery in San Francisco, Allen Ginsberg read his poem **Howl, being the inauguration of both** a new style in poetry and the Beat movement.

A. Howl, being the inauguration of both

B. Howl, both inaugurated

C. Howl, it was the inauguration of both

D. Howl, whose inauguration of both

E. Howl, thus inaugurating both

【答案】E。

【解析】首先看画线部分，看到being放在名词之前，那么这个结构强调的是a new style and the Beat movement，但很明显，结合上下文语境，我们知道句子强调的是inaugurate这个动作。直接将A选项去掉。

看到both，想到both...and...的结构，这是一个典型的平行对称结构，但是B选项不是一个平行对称结构。

C选项逗号后面是一个完整的句子，需要逗号前面的句子带有连词，但是我们发现逗号前面的句子并没有连词，所以也去掉。

D选项，看到了从句的标志whose，从句正确的前提是，主句和从句中都要有谓语动词，但是D选项从句中缺少谓语动词。

正确答案E，thus并不是连词，后面跟的是动名词，是没有问题的。

例*2.* Scientists calculated that the asteroid, travelling at 46,000 miles an **hour, is on an elliptical path that orbits the Sun once a year and regularly brings it** back toward Earth.

A. hour, is on an elliptical path that orbits the Sun once a year and regularly brings it

B. hour, is orbiting the Sun once a year on an elliptical path that regularly brings it

C. hour, once a year orbits the Sun, regularly bringing it on an elliptical path

D. hour and orbiting the Sun once a year on an elliptical path, regularly bringing it

E. hour, orbits the Sun on an elliptical path once a year and that regularly brings it

【答案】B。

【解析】首先：画线部分有that这个定语从句的标志，我们应该考虑定语从句结构的正确性和逻辑的正确性，从结构来讲，A选项的句子结构是正确的。但是定语从句的逻辑是有问题的，that指代就近的名词path，作从句主语，句意就变成了轨道绕着太阳转，这是一个逻辑错误。

B选项句子结构和逻辑都没有什么太大问题。

C选项，看到逗号后面跟了bringing，就应该想到这个bringing在逻辑上修饰句子的主语asteroid，这样一来，句子的意思就变成了小行星把自己带回轨道上，逻辑也不对。

D选项，整句没有谓语动词。

E选项，看到and that想到从句的平行对称问题，前面的that在calculate 后面，因此是一个宾语从句，然而and that 的宾语从句后面缺少主语。所以E也应该去掉。

例*3.* During the rainy season in Hawaii, temperatures become a little cooler and showers more frequent, but the Sun still shines most days.

A. temperatures become a little cooler and showers more frequent

B. temperatures become a little cooler, also showers become more frequent

C. temperatures become a little cooler, showers were more frequent

D. their temperatures become a little cooler and showers happen more frequently

E. it becomes a little cooler and they have more frequent showers

【答案】A。

【解析】A选项正确，平行对称的省略结构。

B选项，also在此处并非连词，而是一个副词，副词是无法连接两个句子的。

C选项，逗号是无法连接两个句子的。

D选项中，their代词指代不清。

E选项中，they指代不清。综上此题应该选择A选项。

② 新SAT语法题。

例*1.* A subway system is expanded to provide service to a growing suburb. A bike-sharing program is adopted to encourage non-motorized transportation. 1 To alleviate rush hour traffic jams in a congested downtown area, stoplight timing is coordinated. When any one of these changes 2 occur, it is likely the result of careful analysis conducted by transportation planners.

A. NO CHANGE (occur, it is)

B. occur, they are

C. occurs, they are

D. occurs, it is

【答案】D。

【解析】这道题是一个非常典型的**主谓一致**的考点，这个考点和旧SAT的考点是重合的，主谓一致考点最难的就在于复杂主语，但是我们可以用技巧轻松解决。A介词B结构的主谓结构中，谓语动词要和A保持一致，用这个原则，就可以得到D这个答案。

例*2.* The work of transportation planners generally includes evaluating current transportation needs, assessing the effectiveness of existing facilities, and improving those facilities or [Q3] they design new ones. Most transportation planners work in or near cities, [Q4] but some are employed in rural areas. Say, for example, a large factory is built on the outskirts of a small town. Traffic to and from that location would increase at the beginning and end of work shifts. The transportation [Q5] planner's job, might involve conducting a traffic count to determine the daily number of vehicles traveling on the road to the new factory. If analysis of the traffic count indicates that there is more traffic than the [Q6] current road as it is designed at this time can efficiently accommodate, the transportation planner might recommend widening the road to add another lane.

A. NO CHANGE (they design)

B. to design

C. designing

D. design

【答案】C。

【解析】这是一个典型的平行对称结构，考的是结构的平行对称。正确答案C。

例3. Which choice results in the most effective transition to the information that follows in the paragraph?

A. NO CHANGE (but some are employed in rural areas)

B. where job opportunities are more plentiful.

C. and the majority are employed by government agencies.

D. DELETE the underlined portion and end the sentence with a period

【答案】A。

【解析】这道题属于是新SAT语法题中的阅读题范畴，当我们看到转折词but, however的时候，我们需要考虑两点：第一，是否需要转折。第二，转折词后面的内容是否可以在上下文中找到线索对应。首先，在这个句子中，but转折是符合逻辑的，因为上句说，很多人选择在城市工作，转折句后的内容说是在rural area，形成转折。另外，rural area这个词组和后文中的outskirts of the small town是可以互为解释的，所以可以选择A。

总结：新SAT考试的总体考点与旧SAT考试总体上比较类似，差别只是在考查文本载体的变化。下面列出的是一个粗略统计的新SAT语法部分(Language Convention)常考条目表，按其考查频率出现的高低排列：

动词错误（单复数、时态）Verb errors
代词错误 Pronoun errors
惯用法/词汇 Faulty idioms
平行结构缺失 Lack of parallelism
修饰语位置错误 Misplaced modifiers
形容词/副词 Adjective/adverb
单一复数错误 Plural-singular errors
句子或段落冗余 Redundancy & wordiness
对比关系混乱 Faulty comparisons
句子构成错误 Run-ons & fragments
逻辑错误 Faulty logicality

第二节 句子结构的最简化分析法

正确的句子结构判定方法

方法*1*. 有*a*个句子就有*a*个谓语动词，就有*a* - 1个连词。

方法*2*. 句子与句子之间只能用连词/关系词或者分号连接，不能用副词连接。

常见连词	and, but, because, though, although
经常被误以为是副词的连词	whereas, whereby (关系副词可以用来连接两个句子)
经常被认为是时间状语的连词	at the time, by the time
常见副词	however, hence, thus, then, also, nevertheless, therefore, thus
既是副词又是连词	though, once, so
既是介词又是连词	before, after
各种从句的关系代词/关系副词	that, which, where, whose, who...

接下来我们来看看SAT阅读中的例句。

例*1*. According to cave art expert Jean Clottes, who visited the cave in spring 2010, there are about eight images that appear to have been drawn with pieces of charcoal, using a technique similar to one that was used to create the 35,000-year-old figures on the walls of Chauvet Cave in southwestern France.

【解析】很多同学看到这个长难句就直接崩溃了，这个句子难点在于定语从句和非谓语结构的混用，我们可以用上面讲过的方法来进行整理：

According to cave art expert Jean Clottes, who visited the cave in spring 2010, there are (动词1) about eight images that (连词/关系代词1) appear (动词2) to have been drawn with pieces of charcoal, using a technique similar to one that (连词/关系代词2) was used (动词3) to create the 35,000-year-old figures on the walls of Chauvet Cave in southwestern France.

【句子拆解】① 定语从句词组：Cave art expert Jean Clottes, who visited the cave in spring 2010，Cave art expert限定修饰Jean Clottes。后面的who visited the cave in spring 2010作非限制性定语，修饰主语Jean Clottes。

② 主句：There are about eight images

③ 定语从句：Eight images appear to have been drawn with pieces of charcoal，定语从句用来修饰这个image。

④ 伴随状语：Eight images use a technique

⑤ 定语从句，One was used to create the 35,000-year-old figures on the walls of Chauvet Cave in southwestern France用来修饰the one。

【翻译】岩洞艺术家Jean Clottes曾经在2010春天去过一个洞穴，据他说，在这个岩洞中有8幅图画是用木炭创作的，这种绘画技法和在法国西南部一个叫Chauvet的洞穴中的人像画技法很类似，这个墙上的人像画的创作时间距今已有35,000年的历史了。

例2. They become indignant over the living images that the prosperous merchant Bruno Crespi projected on the screen in the theater with the lion-head ticket windows, for the character who had died and was buried in one film, and for whose misfortune tears of affliction had been shed, would reappear alive and transformed into an Arab sheik in the next one. 选自《百年孤独》

重点词汇	
indignant [ɪn'dɪgnənt] *adj.* 愤怒的，恼怒的	prosperous ['prɒspərəs] *adj.* 成功的，繁荣的
merchant ['mɜːtʃənt] *n.* 商人	affliction [ə'flɪkʃn] *n.* 苦恼，折磨
shed [ʃed] *n.* 流下	sheik [ʃiːk] *n.* 酋长
living images 要解释这个短语绝对需要联系上下文，意思是活动的图像	

【解析】They become（动词1）indignant over the living images that（连词/关系代词1）the prosperous merchant Bruno Crespi projected（动词2）on the screen in the theater with the lion-head ticket windows, for（连词2）the character who had died（动词3）and（连词3）was buried（动词4）in one film, and（连词4）for whose（连词/关系副词5）misfortune tears of affliction had been shed（动词5）, would reappear（动词6）alive and（连词6）transformed（动词7）into an Arab sheik in the next one.

【句子拆解】① 句子主干：They become indignant over the living images

② the living images由that引导的定语从句来修饰，这些images是由一个叫Bruno Crespi的成功的商人投射到剧院的银幕上的，这个剧院有狮子头造型的售票窗口，with为介词短语作定语，修饰theater。

③ for...在这里作原因连词，后面解释原因。

【翻译】富商Bruno Crespi将逼真的画面投射到有狮子头造型的售票窗口的影院的大屏幕上，他的这一做法使得人们感到愤怒，因为在一个在电影里已经死了，被埋了，并因其悲惨命运而赚足别人同情的眼泪的角色，在另外一部电影里会得以复活，并摇身一变，以一个阿拉伯酋长的形象出现。

我们再看一句：

Generations of teachers have assigned Thoreau's book *Walden* (1854), *which* recounts his experience in living in solitary harmony with nature, as an illustration of the intensity *with which* nineteenth-century America protested the intrusion into pastoral harmony of the forces of industrialization and urbanization.

重点词汇	
assign [ə'saɪn] *v.* 分配，指派，指定	recount [rɪ'kaʊnt] *v.* 详述某事，重新计算
solitary ['sɒlətrɪ] *adj.* 单独的，独居的，幽静的	illustration [ˌɪlə'streɪʃn] *n.* 插图，图表，说明，例证
protest [prəʊ'test] *v.* 抗议，反对，声明	intrusion [ɪn'truːʒn] *n.* 闯入，打扰，干涉
pastoral ['pɑːstərəl] *adj.* 牧师的，田园的，农村生活的	industrialization [ɪnˌdʌstriəlaɪ'zeɪʃn] *n.* 工业化
urbanization [ˌɜːbənaɪ'zeɪʃn] *n.* 城市化，文雅化	

主干分析：Teachers have assigned *Walden* as an illustration。

【句子拆解】① which recounts his experiment...with nature是定语从句，修饰*Walden*；in living（删除）

② in solitary harmony with nature是介词短语作后置定语，修饰experience；

③ with which nineteenth-century America...and urbanization是定语从句，修饰intensity；

④ of industrialization and urbanization 是介词短语作定语，修饰forces，of the forces是介词短语作定语，修饰intrusion。

【翻译】19世纪的美国人强烈抗议工业化和城市化力量对田园合谐的入侵，以前许多老师都将梭罗的《瓦尔登湖》看作其抗议程度的强烈例证，这本书写了梭罗与自然和谐独处的经历。

接下来我们来看看SAT语法中的例题：

例3. As the three plants grow, the corn stalks support the bean tendrils, while the beans fix nitrogen in the soil, which fertilizes the corn.

A. NO CHANGE

B. tendrils. While

C. tendrils; while

D. tendrils

【句子拆解】As（连词1）the three plants grow（动词1）, the corn stalks support（动词2）the bean tendrils, while（连词2）the beans fix（动词3）nitrogen in the soil, which（连词/关系代词1）fertilizes（动词4）the corn.

【解析】通过上述句子拆解，我们发现，根据A选项，句子中共有4个动词和3个连词，句子结构完整。其余选项句子结构均不完整，因此，本题的正确答案是A选项。

对于分号的误读

【定义】在句子结构中，分号的作用很多同学都会认为是连接两个句子的，但实际上，分号的作用是在句子中连接两个平衡对等的成分，也就是说，分号连接的内容可以是句子对句子，当然也可以是词组对词组或者名词对名词。

我们来看以下句子：

① But in pinball, you have three factors to consider, these factors are essential as for your performance in the play.

② But in pinball, you have three factors to consider; these factors are essential as for your performance in the play.

【解析】这两个句子中，① 中的句子用逗号连接，是错误的，因为逗号是不能连接两个句子的。② 中改正了这个错误，将逗号改成了分号，且分号的使用方法是正确的，连接了两个句子。

③ But in pinball, you have three factors to consider; you, the machine, and the chance, which is sometimes your enemy; sometimes your ally.

【解析】在这个句子中，虽然分号连接的不是两个句子，而是两个词组，但是句子的结构也是正确的，这充分体现出了分号是连接两个平衡对等成分的基本作用。

第三节 新SAT中的复合句，我该怎么破？

新SAT中的定语从句

1. 在定语从句中，关系代词*that/which*在从句中作宾语时可以省略，作从句主语时不能省略

例*1.* The book (***that***) I bought is very instructive. 句中关系代词可以省略，在从句中作宾语。

The book ***that*** is about history is very instructive. 句中关系代词不能省略，在从句中作主语。

2. 在新*SAT*语法考试中，关系代词*that/which*不能指代人，指代人用*who*或者*whom*

在传统语法中，that在定语从句中是可以指代人的，但在新SAT考试中，定语从句中的关系代词that/which都不能指代人，一律用who/whom来指代人，这也体现了新SAT语法中对于逻辑单一性的要求。

3. 在定语从句中，为了保持句子逻辑的单一性、合理性，*which*不能指代前面整个句子，优先指代离它最近的名词

例*2.* Florida has created many job opportunities for the disabled, ***which*** made the state's economy more prosperous than before.

【解析】从逻辑上来看，在这个句子中，which应该指代前面整个句子的内容，是佛罗里达州政府的这一举措使得经济更加繁荣了。但是为了逻辑和指代的单一性和合理性，我们可以用这**两种方式**来修改这个句子：

A. Florida has created many job opportunities for the disabled, ***making*** the state's economy more prosperous than before.

B. Florida has created many job opportunities for the disabled, ***and the policy*** made the state's economy more prosperous than before.

【解析】在定语从句中，关系代词which在非限制性定语从句中不能指代整个句子，指代整个句子我们可以用以下两种方式：①现在分词；②新名词。

4. 定语从句中，关系代词*that*与关系代词*which*的区别

	that	Which
区别*1*	在定语从句中前面不能加逗号	在非限定性定语从句中，which前可以加逗号。
区别*2*	that前面不能加介词（特例：in that）	which前面可以加介词
区别*3*	就近修饰离它最近的名词	先就近修饰，后跳跃修饰

接下来我们来看看SAT语法中的例题。（二维码编号：1301）

例*3.* Leslie T. Chang's book about the emergence of manufacturing in China differs from most other books <u>on the subject by how it focuses</u> not on larger economics forces but on female young factory workers.

A. NO CHANGE

B. subject in that it focuses

C. subject, it focuses

D. subject; focusing

【解析】这个句子我们可以这么进行拆解：Leslie T. Chang's book...differs from...in that...也就是说Leslie T. Chang的书在……不同。但是，有些同学这么理解这个句子：in that＝because是连词，这么理解这个句子也能解释得通，不过从逻辑上来讲，in that与because是不完全对等的。

A选项，by通常情况下作副词或者介词用，很少用作连词来连接两个句子。C选项是典型的run-on结构。D选项分号是连接对等的成分，但是分号后面这里接的却是ing的形式，所以是错误的。所以正确答案B。

接下来我们看一句SAT阅读中的例句。（二维码编号：1302）

From the bark of the paper birch tree the Menomini crafted a canoe about twenty feet long and two feet wide, with small ribs and rails of cedar, which could carry 4 persons or eight hundred pounds of baggage yet was so light that a person could easily portage it around impeding rapids.

【句子主干】Menomini crafted a canoe...yet was...

【句子拆解】① which could carry...是一个定语从句，注意，这里的定语从句修饰的对象是canoe, which在此处是**跳跃修饰**，而不是就近修饰cedar，而是表示独木舟载4个人。

② yet在这里是一个并列连词，后面的动作和could形成平行对称。（详见第二章第二节）

【翻译】Mennomini用白桦树的树皮制作了一个20英尺长、2英尺宽的独木舟，并用松木为其

制作了围栏，这个独木舟能承载4人或800磅的包裹，但是它却非常轻盈，一个人便能在湍急的河流中轻松驾驭。

5. 限制性定语从句和非限制性定语从句的逻辑内涵

促使我讲这个考点的，是一道Princeton的新SAT语法题，我们先来看一下这道题。（二维码编号：1303）

例4. Since his career which ended in the mid-twentieth century, Freud has remained a common cultural and scientific reference point.

A. NO CHANGE

B. Since his career, which ended in the mid-twentieth century, Freud has remained

C. Since his career which ending in the mid-twentieth century; Freud has remained

D. Since his career (ending in the mid-twentieth century) Freud has remained

【解析】这道题的C、D比较容易排除，关键是A、B答案，同学看了之后表示云里雾里，实在搞不懂A、B选项除了限制性和非限制性定语从句的名称上的差别，究竟还有什么差别。（当然，这不怪你们，怪只怪你们中学英文老师，只告诉你们限制性和非限制性定语从句的名称，但是限制性定语从句到底限制什么？他们也没有说，Terry上中学的时候，也是被老师这么教的，泪奔啊。）

好了，那么A、B选项到底有什么区别呢？

要弄清楚这两种定语从句的逻辑意思差别，我们先来看两个比较土的句子：

① The book which is about history is very interesting.

② The book, which is about history, is very interesting.

这两句话究竟有着怎样的差别？

第一句是限制性定语从句，前提是将书分为了两种类别：有关历史的和无关历史的，句子的意思是指那些有关历史的书很有趣。

第二句是非限制性定语从句，指的是书很有趣，它们是关于历史的，并没有将书分为两种类别。

所以，我们得出结论，限制性定语从句是将先行词分成两种类别，然后从中抽出一种，以此来缩小先行词的范畴，而非限制性定语从句则不具备这样的功能。这样一来，判断是否应该用限制性定语从句就成了在逻辑上判断句中先行词能否被分成两类的过程了。

① Snakes which are reptiles are horrifying.

② Snakes, which are reptiles, are horrifying.

我们来判断一下这两句话的正误吧。

我们得出结论：① 是错误的，因为Snakes是不能分为爬行类和非爬行类的，所有的蛇都是爬行类动物，这是一个客观存在的事实。

好了，我们再回到那道题：

Since his career which ended in the mid-twentieth century, Freud has remained a common cultural and scientific reference point.

A. NO CHANGE

B. Since his career, which ended in the mid-twentieth century, Freud has remained

【解析】这道题选A还是选B就成了判断Freud的career能否分为结束于20世纪中期和不结束于20世纪中期的了。一个人的career怎么可能分成两类呢，因为职业生涯结束于20世纪中期本来就是一个客观事实，所以我们应该用非限制性定语从句，答案应该是B。

我们再来看看可汗学院的文章*The Rocket Scientist behind the Super Soaker*里的一道语法题：

例*5.* Johnson finally got his Super Soaker to store shelves where it reigned as the most popular gun toy of the 1990s. His product and its spinoffs still predominate that market today.

A. NO CHANGE

B. shelves,

C. shelves;

D. shelves:

【解析】这道考题虽然把which改成了where，但是对于限定性定语从句和非限定性定语从句的考查实质并没有变化。首先，我们确认这是一个定语从句，所以，可以快速排除C、D。A选项：限定性定语从句，表示商店的货架可以分为两类，一类是摆满了gun toy的，另一类是没有摆gun toy的。B选项：非限定性定语从句，表示商店的货架不能分类，所有的货架上满是Super Soaker的产品toy gun。

那么根据上下文的语境，我们发现，后面的句子中有still predominate这样的词，所以，我们可以快速判断，从那时候起，Super Soaker的产品就变得很风靡了，因此是所有的货架上都摆满了toy gun。因此选择B。

状语从句的核心考点

新SAT考试中的状语从句考查，特别是语法题中的状语从句考查通常会集中在时间状语从句和结果状语从句上，接下来我们看看这两个考点在具体题目中的考查形式。

1. 状语从句关系词*when/while*

时间状语从句中的when和while要表达的是从句中的动作和主句中的动作同时发生的情况，换句话说就是要表示主句和从句动作的**相关性**。

比如：When I ***was walking*** in the park, it suddenly ***began to rain***.

【解析】这个句子要表达的意思是当我在公园里走的时候，突然开始下雨了，也就是说下雨的这个动作和在公园里走的这个动作是同时发生的。

例*1.* A discovery in New Jersey actually contributed to the early economic development of America and, in 1714, a worker uncovered a green rock containing copper.（二维码编号：1304）

A. NO CHANGE

B. America when, in 1714, a worker uncovered

C. America, thus, in 1714, a worker uncovered

D. America, and in 1714, a worker uncovered

【解析】A选项是一个run-on的句子结构，是一个典型的错误答案。C选项的错误原因与A选项是一致的，要注意，thus在这里并非是一个连词，而是一个副词，副词是不可以连接两个句子的。

比较纠结的是B选项和D选项，这两个答案在语法上看似都没有什么问题，但是要注意，when引导时间状语从句表明主句和从句的动作在同一个时间范畴内发生，也就是说这个工人发现这个矿石，这个发现也同时推动了新泽西经济的发展。而D选项则认为这两句话之间并无逻辑关系。但纵观整个句子我们发现，句首就有一个词A discovery，这个discovery也就是指发现绿矿石，说明这两个句子之间有非常紧密的逻辑关系，即相关性。所以正确答案是B。

例*2.* ***When*** recipes for iced tea appeared in a few late-nineteenth-century cookbooks, the drink did not become popular until the 1904 World's Fair.

【句子拆解】When...in a few late-nineteenth-century, the drink...until the 1904 World's Fair. 通过对这个句子的拆解，我们发现这个句子中的when的使用出现了错误，因为主句和从句的动作发生于不同的时间。既然是发生于不同的时间，那么就不能用when。

我们将这个句子修改如下：

Although recipes for iced tea appeared in a few late-nineteenth-century cookbooks, the drink did not become popular until the 1904 World's Fair.

2. 有关结果状语从句的最高频考点

我们经常会见到so..that.., such..that..的结构，但是在某些难题中，我们会有这样的疑惑：so that与so as to究竟有什么区别？

面对这个问题，很多同学会说，so that后面跟一个完整的句子，而so as to后面接一个词组。

但是还有一个重要的区别：我们通过下面的两句话来解释……

① He ***runs*** so fast as to ***catch up with*** others.

② He ***runs*** so fast that others cannot ***catch up with*** him.

【解析】① 中的前提是两个动作的逻辑主语是同一个，即run，catch的动作发出者都是He。② 中run的动作发出者是He，others是catch up with的主语，也就是说，在so...that...的句型结构中，两个动作的发出者可以是同一主语，也可以是不同主语。

例*3.* Congress is debating a bill requiring certain employers provide workers with unpaid leave so as to care for sick or newborn children. (二维码编号：1305)

A. NO CHANGE

B. to provide workers with unpaid leave so as to

C. provide workers with unpaid leave in order that they

D. to provide workers with unpaid leave so that they can

【解析】这个句子中首先我们对require的搭配进行复习，require的搭配是require someone to do/require that..所以，排除A、C，在B选项中用的是合并简化句式so as to，但是如果用这个句式，care for sick or newborn children的动作发出者将会成为employers。很明显，在上下文语境中，照顾新生儿的应该是工人而不是雇主，所以排除B选项，正确答案是D选项。

同位语从句的核心考点

1. 同位语的实质

① 不同名词之间的互相解释说明关系。

② 只有人(person)或者物(thing)才能有同位语，换句话说，同位语只能修饰句子的主干成分(宾语、主语)。

③ 最基本的同位语形式：

S(主语)，*n.*(**appositive**同位语)，V(谓语)O(宾语)

Example 1. ***My brother***, a handsome boy, always gambols around in the courtyard.

n.(**appositive**同位语)，S(主语)V(谓语)O(宾语)

Example 2. One of the most versatile performers of the twentieth century, ***Joseph Baker*** acquired fame as a dancer, singer, Broadway actress, and a movie star.

我们再来看看SAT阅读中的句子：

A singular disadvantage of the sea lies in the ***fact that*** after successfully surmounting one wave you discover that there is another behind it just as important and just as nervously anxious to do something effective in the way of swamping boats.

【句子拆解】这个句子具有很明显的同位语从句的特点：the fact that...

① 句子的主干：A singular disadvantage of the sea lies in the fact...

② 同位语从句："after successfully surmounting one wave you discover that there is another behind it just as important and just as nervously anxious to do something effective in the way of swamping boats."的主干是：You discover...而"after successfully surmounting one wave"是时间状语。

③ 后面的"you discover ***that*** there is another behind it just as important and just as nervously anxious to do something effective in the way of swamping boats."中含有一个that引导的宾语从句。

【翻译】在海上你会遇到的不利因素是在成功征服一个浪头后，你会发现另一个浪头会接踵而来使船颠覆，就好比你在做一件重要的事时，你追求的高效率会使得你的神经变得紧张，最后直至焦虑。

例*1.* For almost a hundred years after having its beginning in 1788, England exiled some 160,000 criminals to Australia. （二维码编号：1306）

A. NO CHANGE

B. Beginning in 1788 for a period of a hundred years

C. During a hundred years, a period beginning in 1788

D. Over a period of a hundred years beginning in 1788

【解析】我们通过分词逻辑主语的一致性排除了B选项，A选项的错误也很明显，it在句中指代England，从上下文的语境来看，不是英格兰开始，而是英格兰流放囚犯去澳洲这一事件的开始。C选项的错误在于，中心词a hundred years后接了同位语a period beginning in 1788，但是我们说同位语的实质是只有人和事物才能有同位语，且a hundred years在句中并没有在句子的主干位置（即主语和宾语）上，而是在句中的状语位置上，所以用同位语来修饰并不合适。所以综合下来，此题选D。

2. 同位语从句和定语从句的区分

【定义】同位语从句和定语从句中的关系词有部分是相似的（that, when, where, why），其区别在于，同位语从句中的关系词（that）在从句中不充当任何成分，但是定语从句中的关系代词（that，which等）在从句中是充当成分的。

① The news that the boy won the competition made me a little perplexed.

② The news that was told by the boy made me a little perplexed.

【解析】①中的that后面接的从句是具体说明news内容的，而且that在从句中也没有意义，因此①是同位语从句。② 中that在从句中充当主语成分，因此是定语从句。

例2. Gall's hypothesis of there being different mental functions localized in different parts of the brain is widely accepted today.

A. NO CHANGE

B. of different mental functions that are localized in different parts of the brain is widely accepted today.

C. that different mental functions are localized in different parts of the brain is widely accepted today.

D. which is widely accepted today is that there are different mental functions localized in different parts of the brain.

【解析】画线前是hypothesis，后面的内容应该是对hypothesis的详细解释，这个解释的语义还是比较复杂的，最好不用短语，A和B后面都是由of引导的短语，无法承载这么复杂的语义。而that后面的同位语从句就是用来详细解释这个hypothesis的具体内容的，所以应该选C。

3. 同位语的出现可以是对前文内容的概括

【定义】在同位语从句中，不仅可以用that紧接在名词后说明名词的具体内容信息，也可以概括前面整个句子的内容。

Barbara McClintock discovered a new class of mutant genes, a discovery that led to a deeper understanding of cell differentiation.

【解析】这个句子中的a discovery是对于前面一个句子的概括，也就是说Barbara McClintock的这个发现是有助于人们更好理解细胞分化这个概念的。

另一种理解：从句子的结构上，我们可以把这个句子简单理解成：句子、词组的结构。（详见第二章第四节）

4. 限定修饰和补充解释说明

① Cave art expert Jean Clottes has been engaging in spelunking for many years.

② Jean Clottes, a cave art expert, has been engaging in spelunking for many years.

分析：如果在①中，我们用逗号将Jean Clottes隔开，即：Cave art expert, Jean Clottes, has....若我们将逗号中间的这个人名去掉，你会发现，此时，句子主语的范畴无限扩大了，因为洞穴艺术专家有很多，但是在这里我们强调的是Jean Clottes洞穴勘探方面的经历。所以在①中，逗号是不能加的，①句中的Cave art expert和主语Jean Clottes之间是限定修饰关系。

在而在②中，两者是补充说明关系，因为我们若将②中的同位语部分去掉之后，句子的意思和逻辑并没有发生本质的变化，因为②句的主语本来就是独一无二的。

总结：判断主语和修饰语的限定修饰和补充解释说明的关键在于，观察句子主语的独一无二性，若句子主语本来就是独一无二的，则修饰语对其补充说明，可以用逗号隔开，反之，就不能用逗号隔开。

例***3.*** The tallest species of palm tree on the island, Tahina spectabilis, reaches heights of over 60 feet.

A. NO CHANGE

B. island Tahina spectabilis,

C. island, Tahina spectabilis

D. island Tahina spectabilis

分析：这是一道Khan Academy的语法例题，我们首先需要判断题干中的这个岛和这棵树Tahina spectabilis之间的关系是补充解释说明的还是限定修饰的。

我们判断这一成分非常重要的依据是看这个句子的主语名词是否"独一无二"，如果主语名词是独一无二的，那么后面可以接同位语，用逗号隔开，反之，如果判断句子主语名词不是独一无二的，则不能用逗号隔开。

很明显，句子的主语名词The tallest species of palm tree是一个独一无二的名词，所以这个名词和Tahina spectabilis形成的是补充解释说明关系，可以用逗号隔开。因此A选项是本题的正确答案。而B、D选项是错误的。

接下来我们看一下C选项，C选项似乎符合我们上面曾经提到过的"同位语，SVO"结构，但是请注意主语名词中的冠词The，这是一个明显的特指。在"同位语，SVO"中，句中同位语须是一个泛指概念。我们可以用不定冠词表示泛指。

例如可以将例3调整如下：

A tall species of palm tree on the island, Tahina spectabilis reaches heights of over 60 feet.

C选项经过如此调整的话就正确了。

总结：

(1) 我们判定限定修饰和补充说明的方法是：需要看主语是不是具有独一无二性，如果主语具有独一无二性，我们需要用双逗号将同位语隔开，对主语进行补充解释说明。

Tom Stevenson, the British engineer, is really innovative.

Tom Stevenson是一个英国工程师，他很有创新精神。

前提：Tom Stevenson这个人，是英国工程师。

如果主语不具有独一无二性，为了保持句子主语逻辑范畴不被扩大，我们通常不加逗号，使得两者形成限定修饰关系。

(The) British engineer Tom Stevenson is really innovative.

那个叫Tom Stevenson的英国工程师很有创造精神。

前提：英国工程师有很多，我讲的是那个叫Tom Stevenson的哥们儿。

A British engineer, Tom Stevenson is really innovative.

作为一个英国工程师，Tom Stevenson很有创新精神。

注意：在British engineer前面加了A，这是一个泛指的信号，后面的Tom Stevenson对这个泛指进行了限定。

(2) 当然在某些给定的句子中，我们也要学会判断含有限定修饰关系和补充解释说明关系主语的逻辑差异。

My son Tom is clever.

我那个叫Tom的儿子很聪明。

前提：我有很多儿子。

My son, Tom, is clever.

我的儿子叫Tom, 他很聪明。

前提：我只有一个儿子。

经过我们以上的分析，大家在去理解限定修饰和补充解释说明及其主语的独一无二性的时候，应该变得容易许多了。

第四节 语法结构中的"盲区"——倒装虚拟

助动词或者be前置的部分倒装

【定义】在助动词或者be动词前置的部分倒装中，我们可以分成三类，一类是否定词位于句首的倒装，一类是介词短语位于句首的倒装，还有一类是only位于句首的倒装。

1. 否定词放在句首的部分倒装

可以放在句首的否定副词包括：little, seldom, never, not only, no sooner, scarcely…

例*1.* I know little about the news.

Little do I know about the news.

【解析】little放句首倒装，起到了一定的强调作用，由于know是一个实义动词，所以倒装的时候，动词的位置上要放do。

我们来看看SAT阅读中有关否定词放在句首的倒装句。

例*2.* Not only *are* celebrities the protagonists of our news, the subjects of our daily discourse, and the repositories of our values, but they have also embedded themselves so deeply in our consciousness that many individuals profess feeling closer to, and more passionate about them than about their own primary relationships: witness the fervent public interest in the life of Britain's Princess Diana, or the fans who told television interviewers that her wedding was the happiest day of their lives.

【解析】Not only are celebrities the protagonists of our news, the subjects of our daily discourse, and the repositories of our values,

倒装类型：开头的否定副词+助动词（be动词）+主语+谓语（表语）

类比：Not only did we lose our money, but we also came close to losing our lives.

词汇注释	
protagonist [prə'tægənɪst] *n.* 主角	repository [rɪ'pɒzətrɪ] *n.* 仓库，贮藏室
witness ['wɪtnəs] *vt.* 见证，目击	fervent ['fɜːvənt] *adj.* 热情的

【翻译】名人不仅是我们新闻的主角，日常谈论的话题，价值观的源泉，而且他们把自己如此牢固地根植于我们的意识当中，以至于许多人承认，他们感觉对名人比对自己身边的人更加亲近，更富激情：看看英国戴安娜王妃的生活吸引了多少狂热的公众兴趣吧，或者看看那些告诉电视记者的戴安娜粉丝们怎么说，他们说戴安娜的婚礼是他们一生中最幸福的一天。

2. 介词短语前置的倒装结构

介词结构置于句首主要是指表示地点的方位介词所在的介词短语置于句首时，句子需要倒装，这些方位介词包括：in, at, beneath, among, between, under…

例3. The boy stands under the tree.

Under the tree stands a boy.

【解析】介词短语放句首的情况我们需要注意两点：第一，要将动词前移。第二，倒装句的主谓一致问题，倒装句的谓语动词的单复数由动词后面的名词的单复数来决定。

我们来看看SAT阅读中的句子：

例4. The question "Why have there been no great women artists?" is simply the tip of an iceberg of misinterpretation and misconception; ***beneath lies*** a vast dark bulk of shaky ideas about the nature of art and the situations of its making, about the nature of human abilities in general and of human excellence in particular, and about the role that the social order plays in all of this.

【解析】倒装类型：方位介词+谓语+主语。

【翻译】"为什么没有出现过伟大的女艺术家？"这个问题仅仅是一种误解和错误观念的冰山一角；冰山下隐藏的巨大而黑暗的部分是各种站不住脚的观念，涉及对艺术本质及其构成情况的认识，涉及对人类总体能力及个体卓越性的判断，涉及对社会秩序在其中扮演的角色的解读。

例5. ***In the center was*** a white lotus floating in varying shades of blue water, the embroidery so fine that when I held it at arm's length the petals looked real.

【解析】难句类型：倒装（方位介词+谓语+主语）+复杂修饰。

难词注解	
lotus ['ləʊtəs] *n.* 莲，莲花	embroidery [ɪm'brɔɪdərɪ] *n.* 刺绣，刺绣品
at arm's length 一臂之距	

【翻译】蓝色的水晕深浅不一，一朵刺绣的白莲漂浮在水的中央，手艺如此精湛，当我靠近欣赏时，白莲的花瓣栩栩如生。

3. *Only* 开头的倒装结构

【定义】Only开头的句子可以倒装。也可以不倒装。如果Only开头的倒装句发生在复合句里，那么倒装要发生在其主句上，即主句的be或者助动词需要前移。

例*6.* Only you know what had happened to him last week.

【解析】这个句子虽然是Only开头的，但是并没有倒装。只是放在句首修饰you，强调只有"你"知道这个事实。

我们来看这个SAT语法例题：

例*7.* Only after reading it carefully several times, was the poem beginning to make sense to me.

A. NO CHANGE

B. was when I began to make sense of the poem

C. did the poem begin making sense to me

D. did I begin to make sense of the poem

【解析】首先这是一句以Only开头的倒装句型，且这是一个含有分词结构的句子，所以，我们应该考虑其逻辑主语的问题，我们先将这个句子整理如下：

Only after reading it carefully several times, I began to make sense of the poem.

有关逻辑主语一致性的问题，我在第二章第四节中有详述。按照刚才我们说的，Only开头的句子，若出现在复合句中，倒装应该出现在主句上，且助动词/be动词前移，那么我们把上述句子整理如下：

Only after I read it carefully several times did I begin to make sense of the poem.

再将状语从句部分换成分词短语，得到正确答案：

Only after reading it carefully several times, did I begin to make sense of the poem.

综上所述，正确答案为D。

有关虚拟用法

1. 虚拟语气条件句的谓语动词时态对应

虚拟条件句的类型	从句谓语动词的形式	对应的主句谓语动词的形式
和现在事实相反	If + 动词过去时/were	Would/could/might/should + do
和过去事实相反	If + had done	Would/could/might/should + have done
和将来事实相反	动词过去时/were to do/should do	Would/could/might/should + do

注意：对于if条件句的虚拟条件句，最重要的是，能够记住不同的条件句主句和从句的谓语动词的时态对应变化，这也是新SAT中考查虚拟条件句的核心。

2. 有关虚拟条件句的倒装

① 与现在事实相反的虚拟条件句的倒装。

If I were you, I would study harder.

Were I you, I would study harder.

② 与过去事实相反的条件句。

If you hadn't helped me, I wouldn't have succeeded.

Had it not been for your help, I wouldn't have succeeded.

【解析】注意第二句话中的it，虽然在句子中没有具体的指代对象，但是这个句子也是正确的，在句中，这里的it相当于一个形式主语的作用。

③ 与将来事实相反的条件句。

If it should rain tomorrow, I would not go out for the excursion.

Should it rain tomorrow, I would not go out for the excursion.

3. 有关从句的虚拟用法

【定义】在名词性从句中（主要是宾语、同位语从句）中，主句中含有表示建议、要求、命令的词（suggest, propose, command, require, insist, request, on condition that）时，从句需要用虚拟形式，虚拟的形式为从句使用动词原形。

例*1.* If a drug that is already on the market has the potential to help adults and children who have the same disease, or if it is widely used in children and the absence of labeling seems dangerous, the FDA can require that the drug undergo pediatric study.

【解析】对于一个要求、命令来说，其内容不可能是某个事件的一次性行为，而是长久的、习惯性的动作，所以，我们用动词原形来表示这样的动作。

例*2.* I gave him a suggestion that he study hard.

【解析】suggestion是一个表示建议的词，所以从句中用动词原形来表示一般化的动作。

第二章

斩获新SAT语法高分，

SAT

“考点意识”是重头戏

Affairs that are done by due degrees are soon ended.

＼你所不知道的“平行结构”

＼主谓一致，懂不懂？

＼令人“捉急”的“逻辑主语一致性”

＼比较级，我心中永远的痛

＼“魔鬼”动词

＼“百变”代词

＼“巧解”形容词/副词

Grammar

第一节 你所不知道的"平行结构"

你可能知道的

1. 平行对称的定义

平行对称在新SAT考试中主要指的是：为了保持英文句子的美感，but, and等并列连词或者词组两边的结构与功能需要对等、一致。

2. 平行结构关系词

Markers	Structures
and	A and B A, B, and C
both...and...	both A and B
or	A or B
not	A not B
either...or...	either A or B
not..but...	not A but B
not only...but also...	not only A but also B
rather than	A rather than B
from...to...	from A to B

3. 平行的元素

Elements	Examples
Nouns（名词平行）	Her expression reflected both anger and relief.
Adjectives（形容词平行）	The park was neither accessible nor affordable. We collected both second and third-grade books.
Verbs（动词平行）	The custodian cleaned the basement and washed the windows.
Infinitives（不定式平行）	We would like not only to hear your side of the story but also to provide a response.
Participles（分词平行） 注意：过去分词和现在分词也可以平行	The actor left quickly, shunning fans and ducking into a car.

Prepositional（介词短语平行）	It was important to leave the money in the drawer rather than on the table.
Subordinate clauses（从句的平行）	They contended that the committee was biased and that it should be disbanded.
Preposition/adverb（介词短语和副词平行）	The girl did her homework quickly and without mistakes.

你可能所不知道的

1. 平行结构的省略

【定义】平行结构的省略是指在and，but，or 这三个平行关系词所在句子中，并列词或者结构两边成分内容相同，右边可省略和左边相同的内容成分，介词除外。所以，从表面上来看，他们所在的句子似乎不要求严格的平行对称。

例*1.* ① I love ***to*** eat vegetables and to play basketball.

② I love ***to*** eat vegetables and play basketball.

【解析】在这个例子中，我们发现，在平行词and的两边都出现了to do这个结构，那么我们就将左右两边相同的to在右边的结构中省略了。

例*2.* ① He is a handsome boy and she is a pretty girl.

② He is a handsome boy and she a pretty girl.

【解析】虽然这个句子表达的内容很简单，但是无可否认的是，当很多同学看到第二个例句时，会认为它是一个错误的句子，为什么呢？因为觉得这句话读得不是特别顺。但是，这的确是一个正确的句子，这个句子告诉我们，在平行结构中可以省略的不只有to，省略的可以是任何除了介词以外的并列成分。

好，我们再来看一些复杂的例句，大家可以尝试分析一下。

例*3.* The valuable stringed instruments in this display, all more than 300 years old, were carefully crafted by artisans famous in their day ***but*** long since forgotten.

你知道吗，这个句子讲的是我们古代的弦乐器，很多同学想到弦乐器，第一个想起的就是guitar，其实，我们中国古代的弦乐器的发展历史更为源远流长，主要分为：拨弦乐器（琵琶）、拉弦乐器（二胡）和击弦乐器（扬琴）。

【解析】句子的前半部分非常的长，一直到句子最后，我们看到了一个并列连词but，看到but以后，我们会想到平行结构的省略，那么这个句子省略了什么呢？这个句子其实省略了主语和谓语部分，即从The valuable...were。我们尝试把它补充完整：

The valuable stringed instruments in this display, all more than 300 years old, were carefully crafted by artisans famous in their day ***but the valuable stringed instruments in this display, all more than 300 years old, were*** long since forgotten.

例*4.* The New York Botanical Garden is one of the oldest botanical gardens in the world ***and***, with 250 acres of grounds, one of the largest.

【解析】很多同学看到这个句子就直接崩溃了，因为这个句子结构，无论怎么看，都不太像结构正确的句子。我们浏览这句话的时候会发现里面有一个解题点：and，顺着这个解题点看一下句子两边，我们会发现右边的句子中把左边的SVO以及状语全部省掉了，只留下了one of the largest这个修饰成分。我们把这个句子补充完整：

The New York Botanical Garden is one of the oldest botanical gardens in the world ***and***, with 250 acres of grounds, ***the New York Botanical Garden is*** one of the largest ***botanical gardens in the world***.

接下来我们来看两道例题。

例*5. The great Gatsby* is now considered a classic novel set in America's Jazz Age, but in 1925 its reviews would be mixed and its sales would have been disappointing.（二维码编号：2301）

A. NO CHANGE

B. its reviews are mixed and its sales would be disappointing

C. its reviews were mixed and its sales disappointing

D. it had mixed reviews and its disappointed sales

【考点意识】看到画线部分有and，我们想到平行对称结构。

【解析】A选项左右两边时态不对应，B选项的问题和A是一样的，D选项左右两边的词性不对等，左边是动词结构，右边是名词结构。C选项为平行结构的省略，右边省略的是were，把C选项补充完整：its reviews were mixed and its sales were disappointing.

例*6.* Nutritionists consider Greek yogurt to be a healthy food: it is an excellent source of calcium and protein, serves as a digestive aid, and it contains few calories in its unsweetened low- and non-fat forms.（二维码编号：2301）

A. NO CHANGE

B. containing

C. contains

D. will contain

【考点意识】在画线部分前面看到and之后，我们想到了平行对称。

【解析】同时，又看到了it，那么要去看这个代词的具体指代对象，在这个句子中，it的指代对象应该是Greek yogurt。那么and后面句子的主语和前句的主语是一致的，因此it是可以省略的。答案选择C。

2. 动作平行对称的前提

【定义】在平行对称的考点中，有一个考点很多同学都会忽视，那就是动作平行对称的前提，在具体的题目中，动作的平行对称指的是动词原形/不定式/动名词的平行对称。

这三种内容成分在句中平行的特点是：**平行对称的两个或者两个以上的动作的发出者必须是同一个主语。**

例*7.* A Swedish engineering firm has proposed installing pumps, perhaps solar powered, to lower the underground water level and dig trenches around the bases of the stone walls.（二维码编号：2302）

A. NO CHANGE

B. to lower the underground water level and to dig trenches

C. to lower the underground water level and digging trenches

D. that lower the underground water level and that trenches be dug

【考点意识】and 平行对称，且左右两边都是不定式，需要考虑两个动作是否是同一个主语发出的。

【解析】这道题，很多同学看了画线部分以后，果断选了A或者B答案，觉得这两个答案极其符合平行对称的结构，但是这道题的正确答案却是C，为什么呢？首先，我们应该通过纵向比较把较为啰唆的选项D去掉，看到A、B选项中并列连词and左右两边都是不定式的时候，我们应该想到动作平行对称的前提是是否由同一个主语发出。to lower the underground water level这个动作应该是由水泵发出，所以，如果选了A或者B答案，也就是默认了dig trenches这个动作也是由水泵发出的，水泵能挖沟，这显然这不符合逻辑。那么dig trenches这个动作是谁做的呢？应该是由主语Swedish engineering firm做的。这个firm做了两件事，一件是proposed installing pumps，还有一件是dig trenches。**我们把这个句子结构提取出来补充完整大家就会看得很清楚：**

A Swedish engineering firm has proposed installing pumps and has proposed digging trenches.

根据平行对称的省略原则就变成了：

A Swedish engineering firm ***has proposed installing pumps*** and ***digging trenches***.

因此这道题选择C。

有些同学在课堂上问我：Terry，你怎么能一眼就能看出dig trenches是和install pumps 平行对称呢?

其实，关键是大家在做语法题的时候心中要有考点意识，看到动词原形/不定式/动名词的时候，就要想到去注意看上下文逻辑，并结合分析这两个平行对称的动作的发出者是不是同一个人，如果不是的话，那么这两个动作就不能平行对称。

我们来试试下一道题：

例*8.* The lawyer for the defense charged that she suspected the police of having illegally taped her confidential conversations with her client and then used the information they had obtained to find evidence supporting their murder charges.（二维码编号：2303）

A. NO CHANGE

B. used such information they had obtained to find evidence supporting

C. used the information they had obtained to find evidence that would support

D. of using the information they had obtained to find evidence that would support

【解析】有了上面一道题的经验，我们看到and后面的used之后，要仔细想想，这个used究竟是和哪个动词平行对称，平行对称时，是否符合逻辑。如果是和charged（指控）对称，那么意味着律师做了两件事：即指控和使用证据支持谋杀罪名。很明显，这样不符合逻辑。因为使用证据这件事是警察做的。如果和suspected平行对称，同样的，是不符合逻辑的。那么我们接下来纵看选项，发现D选项用的是of using结构，那么我们再看前句，发现police做的动作也是用of having这样的结构来描述的。而且这两个动作平行对称时，逻辑也是正确的，即警察做了两个动作，一是录下了她与客户的私人谈话，二是用这个证据指控谋杀罪名。我们把这个句子结构提取出来：

She suspected the police ***of having*** illegally taped her confidential conversations with her client and then ***of using*** the information they had obtained to find evidence supporting their murder charges.

注意：这道题平行结构中的of是不能省略的，这个我们在前面已经提及过。

在这道题的内容中，同学们也可以看出大陆法系和英美法系的不同，著名的米兰达规则（Miranda Warnings）就是这种差异的体现。

3. 在平行结构的省略中，介词是不能省略的

【定义】虽然我们前面讲了，平行结构的省略中，只要并列连词左右两边结构内容对等一致，连词右边的句子或者结构中几乎可以省略与连词左边所有相同的内容成分。但是有一个例外，那就是介词。不仅是在and，but等典型的平行结构中，而且是在类似于as...as...，the same...as...，还有比较级这样的结构中，也要补出介词。

例*9.* The 2005 movie Beowulf & Grendel was filmed in <u>Iceland, but one might suppose it to be</u> Denmark, where the poem Beowulf was originally set.

A. NO CHANGE

B. Iceland, not, as one might suppose, in

C. Iceland, however, one might suppose it was

D. Iceland; not, as might be supposed

【考点意识】看到but 我们想到平行对称的结构。

【解析】乍一看，发现but后面是一个句子，前面也是一个句子，结构似乎是正确的，但是仔细一看后会发现在Iceland前有一个介词in。我们说过，在平行对称的结构中介词是不能省略的，所以我们果断选择B答案。其实，在平行对称结构中，介词的保留是一个非常值得大家注意的解题点。

例*10.* In recent years, more tourists from US visited museums in Great Britain than ***in*** Canada.

【解析】这个句子中，比较的对象是museums，我们将句子补充完整如下：

In recent years, more tourists from US visited ***museums in*** Great Britain than

museums in Canada.

但是，这个句子还可以这样理解：要比较的是tourists，我们可以把句子写成：

More tourists ***from*** US visited museums in Great Britain than those ***from*** Canada.

例*11.* Commuters in the 1990s, encountered more traffic delays than those did ***in*** the 1970s and 1980s.

【解析】这个句子中，我们比较的对象是不同年代的上班族，1990s前面有一个介词in，那么平行对称词than后面我们在保证比较对象一致的前提下，要注意还原介词。有关比较级的具体考法，我们会在第四节中详细论述。

4. 大并列、小并列问题

【定义】在平行对称的句子中，既含有词或者词组的平行对称，又含有句子之间的平行对称的情况。

例*12.* My mother loves sports, music, and movies and I love vegetables and fruit.

注意：在这个句子中既含有名词的对称vegetables and fruit（小并列），又含有句子之间的并列（大并列）。***要注意多个对象平行对称时的结构及标点符号：A，B，and C。***

例*13.* Large, multinational corporations may be the companies whose ***ups and downs*** seize headlines ***but*** the economy's vitality depends on the fortunes of ***tiny shops and restaurants, neighborhood services and factories***.

【解析】ups and downs是小并列的体现，but这个并列连词的出现，体现出but左边的句子和右边的句子的平行对称。最后的也是两个名词之间的小并列。

【翻译】大型跨国企业的兴衰或许足够可以博取眼球，但是经济的活力取决于小商店与餐馆，社区服务性事业和工厂的盈利。

平行结构专项训练

1. Walt Disney's first success was his third Mickey Mouse film, in which Disney produced a cartoon with sound, and Mickey was made to talk.

A. NO CHANGE

B. sound and making Mickey talk

C. sound, with the result being Mickey talking

D. sound and made Mickey talk

2. A healthy economy can be measured not only by the growth of businesses but it has a psychological effect on people.

A. NO CHANGE

B. as well in the

C. also by the

D. also the

3. The primatologist has argued that sustained observation of a few animals provides better behavioral data than does intermittent observation of many animals.

A. NO CHANGE

B. provides better behavioral data than many animals are observed intermittently

C. providing better behavioral data than does intermittent observation of many animals

D. to provide better behavioral data than intermittent observation of many animals do

4. The five autobiographical volumes by Maya Angelou begin with her childhood in Arkansas and culminate in her adult years in Egypt and Ghana.

A. NO CHANGE

B. that begin with her childhood in Arkansas and culminate

C. have begun with her childhood in Arkansas and culminating

D. beginning with her childhood in Arkansas and culminating

5. In a recent year, more tourists from the United States visited museums in Great Britain than Canada.

A. NO CHANGE

B. Canada did

C. Compared to Canada's

D. in Canada

6. The campus newspaper does not print as much world news as does my hometown.

A. NO CHANGE

B. as does my hometown newspaper

C. compared to what my hometown does

D. like my hometown newspaper does

7. Archaeologists say that the Pueblo village of Acoma, which is 7500 feet above sea level and 400 feet above the valley floor, is the oldest continuously inhabited spot in the United States.

A. NO CHANGE

B. located 7500 feet high above sea level while having measured 400 feet above

C. with a height 7500 feet above sea level as well as 400 feet above that of

D. 7500 feet higher than sea level, and it ascends 400 feet above

8. Richard Wright moved many times in his life, moving from the South first he went to the North, then eventually to France from the United States.

A. NO CHANGE

B. the first move he made was from the South to the North and eventually from the United States to France

C. first from the South to the North and eventually from the United States to France

D. moving first from the South, he came to the North and eventually to France

9. Though heavily dependent on the government for business and information while universities supply the space research center with talent, as a corporation it remains independent of both.

A. NO CHANGE

B. information and on talent by universities, the space research center, a corporation

C. information and on universities for talent, the space research center is a corporation

D. information, universities supply the space research center with talent, but it is a corporation

10. Journalists should present a balanced view of the news but with their goal to stir discussion and unsettle complacent thinkers.

A. NO CHANGE

B. should also stir

C. aiming at the same time to stir

D. also trying to stir

11. Toni Morrison was honored by Harvard University not only as a great novelist but also she wrote eloquently of the history of African American culture.

A. NO CHANGE

B. having written an eloquent history

C. writing eloquently about the history

D. as an eloquent historian

12. Some people believe that one day we will establish not only bases on the Moon, but also a landing on Neptune will occur.

A. NO CHANGE

B. not only bases on the Moon will be established, but also a landing on Neptune will be made

C. we will not only establish bases on the Moon but also land on Neptune

D. we will not only establish bases on the Moon, but we will land on Neptune in addition

13. The heat was already overwhelming and lasted a week, which duration made it seem sheer torture.

A. NO CHANGE

B. overwhelming, and because of lasting a week, it made it seem

C. overwhelming and lasted the duration of a week to make it to seem

D. overwhelming, and its lasting a week made it seem

14. Most people know about calories and nutrition, but they do not use this knowledge to lose weight permanently and keep it off.

A. NO CHANGE

B. permanent and have it stay off

C. and have it be off permanently

D. and make it permanent

15. The tomato ripped through the central part of town, toppling small buildings, uprooting trees, and power lines were snapped.

A. NO CHANGE

B. power lines snapping

C. snapping power lines

D. snapped power lines

16. The duties of a firefighter are often as dangerous as a police officer.

A. NO CHANGE

B. as those of a police officer.

C. like a police officer.

D. such as a police officer.

17. Anyone who has high motivation or is reasonably intelligent can learn to play a competent game of chess.

A. NO CHANGE

B. has either high motivation or else intelligence in reasonable amounts

C. is highly motivated or who has reasonable intelligence instead

D. is highly motivated or reasonably intelligent

平行对称习题解析

1. D。解析：本题考查定语从句中的谓语动词的平行。该定语从句还原之后为：Disney produced a cartoon with sound and made Mickey talk in his third Mickey Mouse film. 两个动词produced, made 共用一个主语。

2. C。解析：平行结构的宗旨就是：处于相同语法地位的结构使用相同的语法形式表达出来，使得句式工整，语气强化。在此句中，not only...but also...为固定搭配，其中also 可以省略，但两个结构后面所接成分应该一致。not only 后面接的是by...，所以but also 后面也应接by...，故选C。

3. A。解析：本题考查平行和比较。在比较结构as...as...; more...than...中，第二个as和than的后面所接的原本应是完整的句子，当与比较前者有共同部分时，可以省略，且可以使用部分倒装。本题在宾语从句中使用比较，比较前者为：sustained observation of a few animals provides behavioral data，比较后者为：intermittent observation of many animals provides behavioral data. 前后两者的谓语动词和宾语一致，可以省略后者的谓宾，且时态为一般现在时，部分倒装时将助动词does放在主语之前。故选A。

4. A。解析：首先，根据句子结构，每个句子都必须有一套完整的主谓结构。本句主语为volumes，缺谓语动词，故排除B、D选项。C选项中and后面所接的culminating在前面找不到ing结构能与之平行，故排除。

5. D。解析：本题考查比较＋平行。此句中，比较前者为tourists from the United States visited museums in Great Britain；比较后者为tourists from the United States visited museum in Canada. 两个句子主谓宾均一致，可以省略，地点状语不同，不能省略。故选D。

6. B。解析：Not as much...as...为固定比较结构。比较前者为the campus newspaper does print world news；比较后者为my hometown newspaper does print world news. 比较前后的谓语动词和宾语一致，可以省略；主语不同，不能省略；且为一般现在时，可以使用助动词does倒装。

7. A。解析：本题考查定语从句中的平行结构。本句宾语从句的主语部分后面接了一个定语从句，将其补充完整为：the Pueblo village of Acoma is 7500 feet above sea level and 400 feet above the valley floor. 所以为定语从句中表语的平行。且两个表语7 500和400之间并无其他的逻辑关系、主次顺序，只是纯粹地陈述事实而已。

8. C。解析：根据句子结构的基本要求，每个句子在没有连词、关系词或特定标点符号的情况下，有且只有一个主谓结构。A选项中，he went to the North为完整的主谓结构，故排除；B选项中，the first move he made was from...为完整的主谓结构，故排除；D选项中，he came to the North...为完整的主谓结构，故排除。

9. C。解析：本题考查了非谓语动词中的平行结构。翻译：尽管太空研究中心依靠政府提供生意和信息，依靠大学提供人才，但它仍然可以独立于两者。非谓语动词作让步状语，并且连接了两个平行的介宾短语。

10. B。解析：根据连词but可以判断其后所跟的成分一定能在前面找到相似的语法结构，而C、D选项所接的动词ing在前面找不到，没有并列的成分，故排除。B选项满足了整个句子的谓语动词平行，跟present 共用一个主语 journalists。

11. D。解析：本题考查平行结构。在平行结构中，前后所接的成分应该一致，not only后面所接为as＋名词词组，所以but also后面也要一样，故选D。

12. C。解析：A选项，not only后面所接为名词词组，而but also 后面接了完整的句子，不平行，排除；B选项表达不简洁；C选项，前后都接了动词原形，可共用一个主语，符合要求；D选项，not only 后面所接为动宾结构，而but also 后面所接为完整句子，不平行。

13. D。解析：A选项，定语从句中主谓宾结构全部完整，which 不能作任何成分，故排除；B选项中的两个代词，指代的是不同的事物。C选项中，duration的表述明显赘余，因为这个duration就是a week，所以这个表达是重复的；D选项，两个完整的句子并列，用and连接。

14. D。解析：根据句意，人们不知道如何运用卡路里和营养的知识来减肥，并永久地远离脂肪。D选项lose weight和keep it off 均作目的状语。

15. C。解析：本题考查介宾短语的并列，中心词为power lines。

16. B。解析：本题考查比较中的平行，比较的对象必须一致。首先，as...as...为固定比较结构，比较前者为the duties of a firefighter，比较后者应为the duties of a police officer。duties 相同，可以用代词替代，变成those of a police officer。

17. D。解析：本题考查定语从句中表语的平行。其中表语为副词 + 形容词结构。

第二节 主谓一致，懂不懂？

你可能不知道的

*1.*主谓一致的核心考法

主语（A介词B）+ 一大堆插入成分 + 谓语动词

注意：如果句子的主语是A介词B的结构：例如：the development of cameras/the grooved and barbed spears of the box jellyfish。句子中的谓语动词单复数应该随名词A（the development/the grooved and barbed spears）的单复数来确定。

例外：如果句子的主语由a number of/an average of 来修饰，则句子的谓语动词应该用复数。

例*1.* ***A number of/an average of commuters*** *have been* complaining about the problems of traffic congestions.

比较：***The number of/the average of commuters*** complaining about the problems of traffic congestions *has been* sharp on a rise.

例*2.* In the seventeenth century, books of wood-block prints based on the tale was produced.

A. NO CHANGE

B. is

C. were

D. are

【解析】看到A介词B的结构，我们想到谓语动词应该跟随A的单复数，即books的单复数，因此选择复数动词，另外，时间状语表明应该用过去时，所以这道题选C。

例*3.* Three plants together known collectively as the “Three sisters” have long been an important source of sustenance for many Native American nations.

A. NO CHANGE

B. has been for a long time

C. was for a long time

D. has long been

【解析】虽然在主语和谓语中间有一堆插入成分，但是不影响做题，句子的主语是复数，所以谓语动词应该是have，所以应该选A。

2. 就近一致问题

【定义】指的是当句子中有两个并列主语时，中间插入词组或者并列连词后，谓语动词的单复数变化情况。

随前一致：The students ***as well as*** the class teacher have been praised.

随后一致：***Either*** the players ***or*** the coach is to blame for the loss.

整体一致：Tom ***and*** John want to get the recognitions.

随前一致	随后一致	整体一致
as well as	not only...but also	and
along with together with/with	either...or	/
rather than but/except/besides	neither...nor	/
in addition to	or	/
no less than	nor	/

注意：no + 名词作主语时，由名词的单复数决定谓语动词的单复数的形式。

比如：No man ***and*** no animal ***is*** to be found on the Venus.

我们来看一道在实战中错误率很高的例题：

例4. Down zoning, zoning that typically results in the reduction of housing density, allows for more open space in areas where little water or services exist.（二维码编号：2401）

A. NO CHANGE

B. little water or services exists

C. few services and little water exists

D. there are few services and little available water

【解析】看到画线部分的平行对称标志词or，很多同学非常冲动地选了A选项。A选项虽然在主谓一致上语法不错，但是在修饰上存在的问题很大，little作为形容词是不能修饰services的。同理，可以排除B项。

C选项中，and是一个整体一致的并列连词，few services是可数名词，因此谓语动词应该用复数形式exist。正确答案应该为D选项。

但我们仔细分析一下，D答案并不完美，因为它加入了形容词available，而这个词并没有在原句出现过。没有在原句出现过的实词，尽量不要去添加，以免改变原句的意思。但是从另外一个角度来看，这也体现了北美考试的另一个特征：没有绝对正确的答案，只有相对正确的选择。

3. What 从句的主谓一致情况

【定义】当从句作主语时，就必然遇到主谓一致的情况，在新SAT考试中，考查从句系列主谓一致频率最高的就是what从句了。

我们先来看一些常见的情况：

例5. What he said is very important.

【解析】对于这个句子来讲，整个what引导的是一个主语从句，在从句后面只有主语补足语(very important)的情况下，我们把单个主语从句看成是一个单数，谓语动词用is。相应的：

① What he did and said *is* very important.

② What he said and what he did *are* very important.

例6. What you want are money and meaning.

【解析】对于本句来讲，由于表语是money and meaning，可以看作两样东西，因而成为复数，所以，主句的谓语可以用are。同样的：

① What really draw you in *are her dreamy eyes and the ambiguous setting*.

② What we see *is a mother* in India, and she is speaking Koro, which is a newly-discovered language.

好，那我们来总结一下上述两种what从句的主谓一致的句型：

What＋主语＋动词＋主句谓语单数is＋单数名词

What＋主语＋动词＋主句谓语复数are＋复数名词

例7. What *appears* to be *a piece of shipwreck has* been found.

What *appear* to be *human remains have* been discovered.

【解析】我们可以在第一个句子中看到，从句的谓语appears是以单数形式出现的，相应的主语补足语a piece of shipwreck也是单数形式，所以，整个主语从句也可以看作单数形式，谓语动词用单数。

第二个句子中，appear是复数，human remains是复数，所以整个主语从句看作一个复数形式，谓语动词应该用复数。

好，那我们来总结一下上述what从句的主谓一致的句型：

What＋单数系动词＋单数名词短语＋主句谓语单数

What＋复数系动词＋复数名词短语＋主句谓语复数

4. 主谓一致的倒装考法

【定义】在新SAT考试中，主谓一致的另一种考法是倒装句的考法，在新SAT考试中，倒装句的考法主要分为：完全倒装和Only开头的倒装句。

完全倒装句的标志：在读题干时，如果看到一个句子是以介词短语开头的，那么就要想到考点可能会包含倒装句的主谓一致考点，其表现是：谓语动词的单复数形式由其后面的名词的单复数来决定。

例*8. **Under the tree*** stands a boy.

【解析】Under the tree是一个典型的介词短语，动词stand后是单数名词boy，因此谓语动词用的是单数。

接下来我们来看一道错误率极高的例题：

例*9.* Developing nations in various parts of the world have amassed $700 billion in debts; at stake, should a significant number of these debts be repudiated, is the solvency of some of the world's largest multinational banks.（二维码编号：2402）

A. NO CHANGE

B. should a significant number of these debts be repudiated, are

C. should they repudiate a significant number of these debts, are

D. if there is a repudiation of a significant number of these debts, would be

【解析】看了画线部分之后，很多同学直接崩溃了，不知道这个句子是什么结构，但是我们不要慌，根据本章第一节所讲述的做题办法，当不能够确定画线部分句子正确性的时候，要通过纵向比较选项来寻找线索，通过比较，我们发现D选项是一个错误的句子结构，在if的条件句中，从句用一般现在时，主句应该用一般将来时，而并非过去将来时。

【考点意识】A、B、C三个选项的主要差别在于谓语动词的单复数差异，A选项是is，而其余两项用的是are。我们此时再回到原句，发现画线句子的两边有逗号，因此画线句是被逗号分隔的插入语，在分析句子的时候可以忽略不看，这样一来，句子就变成了以**介词短语*at stake*为开头的完全倒装句**，再看动词后面的主语：the solvency of some…是一个A介词B的结构，谓语动词应该跟随A，因此谓语动词用单数。本题正确答案A选项。

【翻译】世界各地的发展中国家的累计负债已经高达7 000亿美金，如果它们拒绝偿还这些债务的大部分，那么世界上最大的一些跨国银行就会存在债务清偿的风险。

我们再来看一道错误率颇高的难题：

例*10.* Aloe vera is a succulent plant from whose leaves are extracted a gel that has been prized since ancient times for its medicinal properties.（二维码编号：2403）

A. NO CHANGE

B. plant from whose leaves is extracted

C. plant from whose leaves they extract

D. plant, from its leaves is extracted

【考点意识】很多同学觉得这个句子结构混乱，但是在看画线部分的时候，就看到了from whose leaves这个介词短语，你会瞬间想到倒装句的考法，即谓语动词的单复数由其后面的名词单复数(a gel)来决定。

【解析】为了更好地理解这个句子，我们把这个句子拆分如下：A gel is extracted from whose leaves.（whose作为定语从句关系代词修饰Aloe vera）

然后我们将介词短语放在句首：

From whose leaves a gel is extracted.

最后，我们将整句话整理如下：

Aloe vera is a succulent plant from whose leaves a gel is extracted.

所以，从句真正的主语应该是A gel，是个单数名词，然而句子中融入了倒装、被动，因此才使得句子的结构看起来如此复杂。

A选项：主语是a gel，谓语动词单复数使用错误。

B选项：正确。

C选项：代词they无指代。

D选项：run-on句型，两个句子中间没有连词。

5. *Only*的倒装标志

标志*1*. 放在介词短语前需要倒装

Only under such circumstances can we get back.

标志*2*. 放在状语从句前需要倒装

Only when the class is over, can we go back home.

注意：Only开头的从句的倒装句，倒装结构出现在主句上，而不出现在从句上，具体的形式是将助动词/情态动词提前。

例*11*. Only after reading it carefully several times was the poem beginning to make sense to me.（二维码编号：2404）

A. NO CHANGE

B. was when I began to make sense of the poem

C. I began making sense of the poem

D. did I begin to make sense of the poem

【考点意识】看到Only after reading在句子的开头，我们想到Only开头的倒装结构，且倒装需要出现在主句之上。而且after reading是一个分词结构，后面需要逻辑主语一致。根据这一逻辑，我们应该选D选项。

【解析】A选项：Only开头的句子，虽然主句进行了倒装，但是逻辑主语出现了错误，句子的逻辑主语是I而不是poem。B选项：…is when/where/because这样的结构在新SAT考试中通常被视为错误的结构，其错误的本质在于，将副词性的状语放在了表语的位置上。C选项：没有进行倒装。D选项：正确答案。主句倒装，并保持逻辑主语一致。

主谓一致练习题

1. Karen, James, and Sam were hiking when, stumbling over a rook, he fell down a steep embankment.

A. NO CHANGE

B. and then he fell down a steep embankment after he stumbled over a rock

C. when Sam fell down a steep embankment after stumbling over a rock

D. when Sam fell down a steep embankment, since he, stumbled over a rock

2. Evidence from surveys and interviews show friendships made in high school tend to last longer than those made in college.

A. NO CHANGE

B. show high school friendships that tend to last

C. is showing high school friendships tending to last

D. shows that friendships made in high school tend to last

3. Growing up in a family where music was a daily part of life, Steve and Rick shared a determination become singing duos known nationwide.

A. NO CHANGE

B. to become a singing duo

C. of becoming singing duos

D. that they would become singing duos

4. The main reasons students give for failing to participate in the political process is that they have demanding assignments and work at part-time jobs.

A. NO CHANGE

B. are demanding assignments and they work

C. are that they have demanding assignments and that they work

D. is having demanding assignments and having to work

5. The harmful effects of smoking on the vascular system is increasingly well documented.

A. NO CHANGE

B. is more and more documented

C. are increasingly well documented

D. are increasing in better documentation

6. The poem's colorful images and its verbal will give the reader pleasure.

A. NO CHANGE

B. please the one who is reading

C. gives pleasure to the one who reads it

D. give one pleasure in the reading of it

7. The reason first novels are so often their writers' best work is that it draws upon all the experiences of childhood.

A. NO CHANGE

B. is that these first efforts draw upon

C. is because of these first efforts drawing from

D. is because of them drawing upon

8. One of the most popular and attractive new cars were available for so little money that people thought something was wrong.

A. NO CHANGE

B. was available for so little money that people thought something were

C. was available for so little money that people thought something has gone

D. was available for so little money that people thought something was

9. In 1969 Baldwin High School defeated Ross Academy in the district's first televised quiz bowl game, even so, they did not win again until 1983.

A. NO CHANGE

B. game, so they

C. game, they

D. game, but it

10. Of all the states represented at the conference, the governor of Missouri was the only one to present plans for enforcing the new regulations.

A. NO CHANGE

B. making the governor from Missouri the only one to present

C. Missouri's governor presented the only

D. Missouri was the only one whose governor presented

11. Mr. Chung would like to retire, but retirement is unable to be afforded by him.（二维码编号：2405）

A. NO CHANGE

B. Mr. Chung would like to retire, but he cannot afford to do so

C. Mr. Chung would like to retire, but he is unable to afford that

D. Retirement is what Mr, Chung would like to do, but he cannot afford it

12. Like most new residents, the town's winding streets confused the Curtis family for a day or

two.（二维码编号：2406）

A. NO CHANGE

B. the winding streets of the town confusing the Curtis family

C. the Curtis family was confused by the town's winding streets

D. the Curtis family, who found the town's winding streets confusing

13. We do not have absolute personal freedom because what anyone does would have an effect on other people's lives.

A.NO CHANGE

B. freedom because it has an effect on the lives of other people

C. freedom because what we do affects other people

D. freedom, and the reason is the effect our actions have on other people

14. In response to the traditional assumption that all readers are basically alike, feminist critics have emphasized that every woman reads from their own unique perspectives.

A. NO CHANGE

B. that every woman reads from her own unique perspectives

C. that all women reading from a unique perspective of their own

D. how women reading each have unique perspectives

15. Television's programming difficulties, already made acute by rising costs, threatens to become even more severe as a result of lobbying by special-interest groups.

A. NO CHANGE

B. already made acute by rising costs, threaten

C. already made acuter by rising costs, threaten

D. having been made acute by rising costs, threatens

16. The Roman Empire, often by questionable means, attempted to bring their version, of law and order to provinces throughout Europe.

A. NO CHANGE

B. The Roman Empire was often questionable in its means in its attempts to bring its

C. Using means that are often questionable, the Roman Empire, in attempting to bring its

D. Often by questionable means, the Roman Empire attempted to bring its

主谓一致习题解析

1. C。解析：A、B选项中的代词he指代不明，因为前面有三个人。D选项中，首先since

he作时间状语中的原因状语不需要用逗号隔开，其次两个动作有明显先后顺序，since后面应该用完成时态。故选C。

2. D。解析：主语为evidence，单数，故排除A、B选项。show后面所接的宾语从句需要完整的主谓结构，而C选项中宾语从句里缺少谓语动词。故选D。

3. B。解析：根据"duo二重唱"可知，两个人不可能成为多个二重唱，所以A、C、D均排除。

4. C。解析：分析句子结构，主语为the main reasons，后面接定语从句students give for failing to participate in the political process，谓语动词应该为复数，故排除A、D。谓语动词后面接了两个宾语从句，为reasons 的具体内容，故选C。

5. C。解析：主语为the harmful effects，复数，谓语动词也要用复数，排除A、B；D选项的句意发生变化：吸烟的有害影响一直在更好的记录里面增加。而原文表达的意思是：吸烟的负面影响记录得越来越详尽了。

6. A。解析：主语为两个名词词组并列，复数，故排除C选项；表达让读者愉快，直接用give reader pleasure即可。

7. B。解析：除开强调句后面强调原因时，because和because of所接的成分为原因状语，是不能作表语、放在系动词之后的，故排除C、D；A选项中的代词单复数出错，所指名词应为novels，复数。

8. D。解析：One of 作主语，谓语动词用单数，排除A选项；something作主语，谓语动词也用单数，故排除B选项。另外，整个句子的时态基调为过去时态，不能用现在完成时，故排除C选项。

9. D。解析：句子主语Baldwin High School为单数，且前后两句之间为转折的逻辑关系，并非因果关系。

10. D。解析：根据介词词组of all the states...，句子主语一定是一个state，而不能是governor，所以只能选D。

11. B。解析：根据主动优于被动的基本原则，排除A选项；在代词指代中，it不能指代前文出现的句子，故排除D；另外，retire为动词，所以用do so进行指代即可。所以选B。

12. C。解析：本题考查比较和句子结构。根据比较前者most new residents，比较后者不能够是streets，故排除A、B选项。且每个句子都应该有完整的主谓结构，故排除D。

13. C。解析：我们并没有绝对的自由，因为我们的行为是会影响他人的。B选项中的it指代错误；只有C选项是最简洁正确的选项。

14. B。解析：本题考查宾语从句中的名词单复数对应问题。A选项中，every woman与后面的their 不对应；C、D选项宾语从句中无谓语动词。

15. B。解析：句子主语difficulties为复数，排除A、D选项，另外须注意：D选项中having been made...结构在此处也是错误的，因为having done在SAT语法里是不能作后置定语修饰名词的，C选项，acute和主句中的more severe形成时间上的程度变化，而且从词义上来看，acute用作比较级也是不合适的。故排除C，选择B选项。

16. D。解析：A选项中主语为单数，而目的状语中的代词指代使用了their，排除；B选项主句为The Roman Empire was often questionable，目的是in its attempt to bring its...语义逻辑错误。C选项的搭配错误且主句缺少动词。in an attempt to do...力图为……

第三节 令人“捉急”的“逻辑主语一致性”

你可能不知道的

1. 理解“逻辑主语一致性”你所要牢记的三个超级句子

超级句子*1*：**Walking in the park, I met my old friend, Tom.**

【考点意识】当逗号前面是一个不完整的句子结构（ing）时，我们应该想到两个考点：

考点*1*. 主句应该是一个含有主语的完整的句子。

考点*2*. 主句的主语应该和分词结构（不完整的句子结构）的逻辑主语保持一致。

当然，在这样的句型中，不完整的句子结构除了现在分词（ing）以外，**还可以有**：

① 过去分词结构。

Located in the centre of the city, the building has been dismantled.

② 形容词的省略结构。

Large and hexagonal, the pills are really effective.

③ To do的不定式结构。

To qualify for state scholarship, a nursing student must agree to serve in the rural areas for at least 2 years after graduation.

④ 名词的省略结构（同位语）。

One of the most famous painters in the world, Picasso is notorious in terms of his life style.

注意：在这些结构前，我们同样可以添加连词/介词，这样的添加不会影响做题，或者对这些句子结构的理解。比如：

When walking in the park, I met my old friend, Tom.

Although located in the center of the city, the building has been dismantled.

例*1*. Although just inside the orbit of Jupiter, amateur astronomers with telescopes should be able to see the comet within the next few weeks.

A. NO CHANGE

B. Although it is just inside the orbit of

C. Just inside the orbit of

D. Orbiting just inside

【考点意识】一看到逗号前面是形容词的省略结构（不完整的句子），就想到逻辑主语的一致性问题。

【解析】A选项中，将主句主语放到形容词省略结构的位置上，逻辑变为天文学家在木星轨道上。同理，C、D选项都因为逻辑主语一致性的问题被排除。答案选择B，B选项中的it指代comet这个词。

例*2.* Dotted with the pin-sized knobs, another visitor noticed my fascination with a tiny writing desk and its drawers.

A. NO CHANGE

B. Another visitor, dotted with pin-sized knobs, noticed my fascination with a tiny writing desk and its drawers

C. Another visitor dotted with pin-sized knobs noticed my fascination with a tiny writing desk and its drawers

D. Another visitor noticed my fascination with a tiny writing desk and its drawers, dotted with pin-sized knobs

【考点意识】逗号前面是过去分词，想到逻辑主语一致性的考点。

【解析】A选项：句子的逻辑主语是visitor，放到过去分词前面的话，就变成visitors are dotted…逻辑不对。B选项：dotted with…紧跟在visitor后面，作为后置定语是修饰visitor的，逻辑也不对。C选项的错误和B选项是一样的。D选项：dotted with…修饰drawers，逻辑正确。

例*3.* Traffic was kept off the bridge for three hours while a crucial scene for a movie was being filmed.（二维码编号：2501）

A. NO CHANGE

B. hours while filming a crucial scene for a movie

C. hours in filming a crucial movie scene

D. hours, filming a crucial movie scene

【考点意识】看到B选项，想到逻辑主语的一致性问题。

【解析】A选项，虽然比较啰唆，但似乎没有什么语法错误。B选项，变成了traffic在拍电影，很明显是不符合逻辑的。C选项：这个结构很多同学看不明白，那我们把这个结构类比成这个句子：I have persuaded him in figuring out the problems. 在这个句子中，figuring的动作是由谁发出的呢？是由宾语补足语him发出的。所以C选项中film这个动作是由traffic发出的，逻辑不正确。D选项：逗号后面加了一个ing结构，这个结构我们后面会讲到，还是要先考虑修饰，这个ing是修饰前面的主句主语traffic的，所以逻辑还是不对。故这道题的答案应该是A。

超级句子*2*：It raining hard outside, we’d better stay at home.

【解析】这个结构依然是词组＋逗号＋句子的结构，所不同的是，前后分句的主语是不一致的。所以，当我们发现逗号前分句和逗号后分句主语不一致时，我们需要将逗号前分句独立所属的主语添加上去，但仍然可以保持其词组的形式。这就是所谓的独立主格结构。

很明显：Raining hard outside, we’d better stay at home. 这个句子结构是错误的，因为we

不是raining动作的发出者。

那么raining的主语是谁呢？很多同学说是weather，也有说是sky的，其实，raining的主语是it。所以，It raining hard outside, we'd better stay at home. 才是正确的。

再比如：Time permitting, we'll go for an outing. 也是这样的独立主格结构。

例*4.* The war for independence officially over, the American Congress in 1784 turned its attention to the business of building a new nation.（二维码编号：2502）

A. NO CHANGE

B. The war for independence was officially over

C. After the war for independence was officially over, so

D. Once the war for independence has officially been over

【考点意识】逗号前面是含有独立主语的词组，逗号后面是带有主语的完整句子，这是一个独立主格结构。

【解析】B选项：逗号两边都是句子，是run-on句型。C选项：两个句子中间只能含有一个连词，但是C项的两个句子中间含有after和so两个连词，句子结构是有问题的。D选项的问题在于这个once。once在新SAT考试中的确可以充当连词，句子结构是没有问题的，但是Once的引入使得D选项的逻辑意思相比原句改变了。根据新SAT语法考试的有效性原则，如果原句的逻辑关系没有问题，在选项中尽量不要改变这样的逻辑关系。故A选项正确。

超级句子*3*：The teacher walked into the classroom, book in hand.

【解析】这个句子也包含一个独立主格结构，唯一不同的是，该句中的book in hand 这个词组是放在句子之后，表示主语发出动作的伴随状态。而不像超级句子1、2中的例句那样分句之间的逻辑关系如此紧密，因此超级句子3还可以演化成以下两种独立结构：

The teacher walked into the classroom, with a book in his hand

The teacher walked into the classroom, having a book in his hand.

那么，完整的句子后的状语究竟有哪些呢？

The teacher walked into the classroom, ***book in hand***. (独立主格)

The teacher walked into the classroom, ***with a smile***. (介词短语)

The teacher walked into the classroom, ***having a book in his hand***. (现在分词)

The teacher walked into the classroom, ***only to find he was greeted with scattered and half heated applause.*** (不定式)

The teacher walked into the classroom, ***dressed in outlandish clothes.*** (过去分词)

The teacher walked into the classroom, ***angrily***. (副词)

The teacher walked into the classroom ***when I was talking with Jim.*** (状语从句)

我们来总结一下：

① 句子，句子：run-on sentence，错误。

② 词组，句子：正确的句子结构（超级句子1、2）。

③ 词组，词组：错误的句子结构（句中没有谓语动词）。

④ 句子，词组（附加语）：正确的句子结构（超级句子3）。

例*5.* The African continent comprises more than 50 countries, each diverse in their cultures and languages.（二维码编号：2503）

A. NO CHANGE

B. diverse in its

C. is diverse in its

D. of them being diverse in their

【考点意识】逗号前面是句子，后面是词组，典型的独立主格结构。D选项中，being放在形容词前，比较啰嗦，直接去掉。

【解析】本题中，diverse是形容词，C选项是错误答案，犯了run-on的错误。A选项their指代错误。所以正确答案是B。

Prairie dogs live in underground burrows, these are complex systems of tunnels and chambers marked by many mounds of packed earth at each surface entrance.（二维码编号：2504）

A. NO CHANGE

B. burrow,

C. burrow;

D. burrow; such as

【解析】选项A是一个典型的不间断句子（run-on sentence）。B选项是正确答案，符合独立主格的句子结构。C选项是分号，分号应该连接两个平衡对等的句子，但是在题干中，如果使用C选项，分号后面是一个词组（marked此处为后置定语，修饰tunnels and chambers），所以分号使用错误。D选项：such as在此处赘余，且D的分号使用也是错误的，不符合分号必须连接平衡对等成分的规则。下面我们来看一道错误率很高的例题：

例*6.* Margaret Courtney-Clarke has traveled to remote dwellings in the Transvaal to photograph the art of Ndebele women, whose murals are brilliantly colored, their geometrical symmetries embellished with old and new iconography and in a style that varies from woman to woman and house to house.（二维码编号：2505）

A. NO CHANGE

B. whose murals are brilliantly colored, their geometrical symmetries are embellished with old and new iconography, and their style is varying among women and houses

C. whose murals are brilliantly colored, their geometrical symmetries are embellished with old and new iconography, and they are in styles that vary from woman to woman and house to house

D. with murals brilliantly colored, their geometrical symmetries embellished with old and new iconography, and their style varies among women and houses

【考点意识】A选项：句子，词组的形式，是独立主格，句子结构没有问题。注意：embellish这个词的用法和decorate，furnish是一致的，应该是be decorated/embellished/furnished with。明确了点以后，我们很轻松就会发现B、C选项多了一个be动词are，因此就成了句子1，句子2的不间断句子（run-on sentence）的错误结构。

【解析】虽然这道题很长，貌似很难，但是我们可以通过选项的纵向比较在较短时间内选出正确答案。D选项中的with murals brilliantly colored为介词短语，介词短语在句中可以作状语修饰动词，也可以作后置定语修饰名词。此处很明显，修饰动词has traveled会导致句子逻辑错误。但修饰women，逻辑也不对，原文讲的是这些女人画的mural有艳丽的色彩，所以应为with their murals brilliantly colored。再者，with介词短语放在句子和词组中间，难免会让人感觉修饰不清，逻辑不单一。所以D是错误的。

2. 后置定语的修饰

【定义】所谓后置定语指的是定语和名词在建立逻辑语义联系时，位于名词之后，而非名词之前的修饰方式。

例*7.* The ***naughty***（前置定语）boy is my brother.

The boy ***playing***（后置定语）on the playground is my brother.

The boy ***who is playing on the playground***（后置定语）is my brother.

在新SAT考试中，可以充当后置定语的结构有：

The boy ***playing*** on the playground is my brother.（现在分词作后置定语）

The boy ***praised*** by the general public is my brother.（过去分词作后置定语）

The boy ***to be graduated*** from the university is my brother.（不定式作后置定语）

The boy ***in red*** is my brother.（介词短语作后置定语）

The boy ***being mentioned*** by the president is my brother.（现在分词的被动形式作后置定语）

The boy ***who is playing on the playground*** is my brother.（定语从句作后置定语）

① 后置定语的修饰原则。

在写英语句子的时候，我们趋于把相关的内容写在一起，这就是我们所讲的“就近修饰”。在后置定语修饰的过程中，我们需要遵循一个原则：后置定语作为修饰语，一定要尽量靠近它的修饰对象。

我们来看这样一道题：

例***8.*** When I asked which of the children was his daughter, he pointed to a little girl feeding a duck in a blue dress.

A. NO CHANGE

B. feeding a duck and was in a blue dress.

C. feeding a duck, she was in a blue dress.

D. in a blue dress who was feeding a duck.

【考点意识】in a blue dress 作为介词短语如果放在duck后面就是修饰duck，那么句子的逻辑意思就成了"穿着蓝裙子的鸭子"。

【解析】A选项：后置定语应该尽量靠近它的修饰对象，in a blue dress修饰duck，逻辑错误。

B选项：动作平行对称的前提是两个动作是同一个主语发出的，主句中的两个动作point和was都由he发出，逻辑错误，应该是女孩穿着蓝裙子，而不是he穿着蓝裙子。

C选项：run-on sentence。

D选项：正确答案。

我们再来看看新SAT《官方指南》中的一道题：

例*9.* A subway system is expanded to provide service to a growing suburb. A bike sharing program is adopted to encourage non-motorized transportation. [Q1] <u>To alleviate rush hour traffic jams in a congested downtown area, stoplight timing is coordinated.</u>

A. NO CHANGE (To alleviate rush hour traffic jams in a congested downtown area, stoplight timing is coordinated.)

B. Coordinating stoplight timing can help alleviate rush hour traffic jams in a congested downtown area.

C. Stoplight timing is coordinated to alleviate rush hour traffic jams in a congested downtown area.

D. In a congested downtown area, stoplight timing is coordinated to alleviate rush hour traffic jams.

【考点意识】当我们看到in a congested downtown area的时候，要想到介词作为后置定语的修饰问题。

【解析】从句子的逻辑意思来看，in a congested downtown area作为后置定语应该是修饰traffic jams的，意思是说，在市中心经常会出现堵车。所以D选项优先排除。这道题可以理解为是一个平行对称题，虽然没有平行对称关键词and，但是我们可以从A subway system，A bike-sharing program推断出，答案需要的是一个名词开头的句子，直接定位到选项C。

例*10.* <u>The chair of the school board announced a plan to build two new elementary schools during an interview with a local news reporter.</u>（二维码编号：2506）

A. NO CHANGE

B. The chair of the school board announced that two new elementary schools were planned to be built during an interview with a local news reporter.

C. During an interview with a local news reporter, the chair of the school board announcing a plan to build two new elementary schools.

D. During an interview with a local news reporter, the chair of the school board announced a plan to build two new elementary schools.

【考点意识】看到during an interview这个介词短语，我们要想到后置定语的修饰这个考点，并要想到后置定语的修饰原则：后置定语要尽量靠近它的修饰对象。

【解析】A选项：during an interview with a local newspaper放在schools后面修饰的是动词

build，逻辑不对。B选项：during an interview with a local newspaper放在了built后面，逻辑不对。C选项，整句话缺少谓语动词。D选项：正确，介词短语修饰离它最近的announced，意思是在“在采访的过程中宣布”，逻辑是正确的。

下面我们来看看下面几个句子, 看看能不能挑出最合理的：

A. Several thousand people visit the park a day, which is known for its waterfalls and rock formations during the summer months.

B. Several thousand people a day visit the park during the summer months known for its waterfalls and rock formations.

C. A day, several thousand people visit the park known for its waterfalls and rock formations during the summer months.

D. Known for its waterfalls and rock formations, several thousand people a day visit the park during the summer months.

E. During the summer months, known for its waterfalls and rock formations, several thousand people a day visit the park.

F. During the summer months, several thousand people visit the park a day which is known for its waterfalls and rock formations.

G. During the summer months, several thousand people a day visit the park, which is known for its waterfalls and rock formations.

【考点意识】which...定语从句的修饰，during...介词短语的修饰。

【解析】A选项which…定语从句修饰离它最近的名词park，正确。但是during介词短语的修饰不正确，逻辑上应该修饰visit，但是放在这里的话形式上修饰了离它最近的known。

B选项，过去分词known for…逻辑上应该修饰park，但是放在这里形式上修饰了离它最近的months。

C选项，during…介词短语逻辑上要修饰visit，放在这里形式上修饰了known，所以逻辑不对。

D选项，逻辑主语的一致性问题，通过超级句子1，就知道逻辑哪里不对了。

E选项，During…介词短语应该逻辑上修饰visit，但是中间有了插入语，使得修饰语和修饰对象之间相隔太远，不是最佳答案。

F选项，which…定语从句被放在了a day后面，形式上修饰了a day，而不是逻辑上的park。

G选项，During…介词短语离动词visit很近，逻辑上修饰正确，which…定语从句放在park后面逻辑也是正确的。所以G是最佳句子。

② 分词作后置定语与状语。

为了更好地理解这个定义，我们先来看两个句子：

A. During my most recent trip, I came across an antique store wandering in the corner of the street.

B. During my most recent trip, I came across an antique store, wandering in the corner of the street.

【解析】我们来看句子A，后置定语wandering直接跟在store后面，根据后置定语要尽量靠近修饰对象的原则，wandering在形式上应该修饰store，这样的话逻辑出现了问题。变成了“商店在闲逛”。句子B，wandering前面加了逗号，作came的伴随状语，表示：在逛的时候，见到了一个古董店，逻辑正确。所以，我们来看一下，现在分词在句子中作伴随状语和结果状语时修饰功能和逻辑功能时的差异。

作伴随状语时：I walked on the road, singing an English song.

修饰功能：ing分词的动作发出者是主语I。

逻辑功能：singing作伴随状语，表示和walk同时发生的动作。

作结果状语时：Florida has created hundreds of job positions for the disabled, making the state's economy more prosperous than before.

修饰功能：修饰逗号前面的整个句子。

逻辑功能：making作结果状语，表示前面发生的动作对后面造成的影响。

例*11.* Professor Brand, who enjoys welcoming international students to her home on Thanksgiving, served the traditional turkey dressed in Pilgrim clothing. （二维码编号：2507）

A. NO CHANGE

B. served the traditional turkey, dressing in Pilgrim clothing

C. serving the traditional turkey and dressed in Pilgrim clothing

D. dressed in Pilgrim clothing to serve the traditional turkey

【考点意识】看到画线部分的后置定语dressed…想到后置定语的修饰问题。

【解析】A选项：dressed…就近修饰最近的名词turkey，逻辑不对，成了“穿衣服的火鸡”。

B选项：dressing作伴随状语，逻辑成了dress和served动作是同时发生的。

C选项：主句没有谓语动词，句子结构错误。

D选项：某人穿着衣服的表达：Someone (be) dressed in…所以D选项是正确的。

逻辑注意一致性分项练习

1. Burdened with three pieces of luggage and a pair of skis, Sarah's search for a baggage cart was desperate.

A. NO CHANGE

B. Sarah's desperate search was for a baggage cart

C. a baggage cart was what Sarah desperately searched for

D. Sarah searched desperately for a baggage cart

2. George Orwell's term "doublespeak" referring to the international use of language to confuse or to mislead, as when one says "revenue enhancement" instead of "tax increase."

A. NO CHANGE

B. referring to language which is intentionally used

C. which refers to intentionally using language

D. refers to the intentional use of language

3. To ensure that the bread will have the same consistency from batch to batch, it is the quality control specialist who checks small random samples of dough from each lot.

A. NO CHANGE

B. the quality control specialist checks small random samples of dough from each lot

C. the quality control specialist checks samples of dough—small and randomly—from each lot

D. the quality control specialist is the one checking small random samples from each lot of dough

4. Prized for their rarity, gourmets will spend a small fortune on wild truffles rather than settle for common mushrooms.

A. NO CHANGE

B. Prized as rare, gourmets will spend a small fortune on wild truffles as opposed to settling for common mushrooms.

C. Prized for their rarity, wild truffles command a small fortune among gourmets unwilling to settle for common mushrooms.

D. As prized for rarity, wild truffles, being costly, command a small fortune for gourmets unwilling to settle for common mushrooms.

5. During the labor dispute, barrels of potatoes were emptied across the highway, and they thereby blocked it to all traffic.

A. NO CHANGE

B. highway and therefore blocking it to all traffic

C. highway, by which all traffic was therefore blocked

D. highway, thereby blocking all traffic

6. Having thought the problem through with some care, that the committee did not understand her solution frustrated the chairperson extremely.

A. NO CHANGE

B. the chairperson's extreme frustration resulted from the committee not understanding her solution.

C. the chairperson's frustration at the committee's failing to understand her solution was extreme.

D. the chairperson was extremely frustrated by the committee's failure to understand her solution.

7. The ancient Sartans tested the endurance of potential warriors, devised various ordeals, including one that required them to run bare-legged through fields of stinging nettles.

A. NO CHANGE

B. warriors devising

C. warriors and devised

D. warriors; thus devised

8. Lacking good instruction, my mistakes in creating a graph to illustrate historical trends were numerous.

A. NO CHANGE

B. I made numerous mistakes in creating a graph to illustrate historical trends

C. there were numerous mistakes in the graph I created to illustrate historical trends

D. I created a graph to illustrate historical trend with numerous mistakes

9. By simply entering an Internet website or calling a toll-free number, a catalog order can be placed for almost anything from cheesecakes to fully equipped desktop computers.

A. NO CHANGE

B. by placing a catalog order

C. they will place your catalog order

D. you can place a catalog order

10. The delegates coming this far, they did not want to return without accomplishing something.

A. NO CHANGE

B. Coming this far, delegates felt they

C. Having come this far, the delegates

D. To come this far, the delegates

11. American journalist Harrier Quimby, the first woman to pilot a plane across the English Channel, doing it just nine years after the Wright brothers' first powered flight.

A. NO CHANGE

B. Harriet Quimby the first woman who piloted a plane across the English Channel, and who did so

C. Harriet Quimby became the first woman to have piloted a plane across the English Channel and did it

D. Harriet Quimby became the first woman to pilot a plane across the English Channel, accomplishing this feat

12. Naomi and Charles will represent Ammonton High in the debating contest, their work having been excellent this year.

A. NO CHANGE

B. contest, they have done excellent work this year

C. contest, for this year they have done excellent work

D. contest, for their work as public speakers has been excellent this year

13. The new bird sanctuary, consisting of one hundred acres of unspoiled tideland, and is protected by the state.

A. NO CHANGE

B. sanctuary is protected by the state, it consists of one hundred acres of unspoiled tideland.

C. sanctuary, consisting of one hundred acres of unspoiled tideland, is protected by the state.

D. sanctuary is protected by the state consisting of one hundred acres of unspoiled tideland.

14. The mountain's summit having been reached, the weary climbers gazed down upon a scene of indescribable grandeur.

A. NO CHANGE

B. The summit of the mountain being reached

C. At the mountain's summit, when they reached it

D. When they reached the mountain's summit

15. Although criticized by a few for her daredevil aviation escapades, most people viewed Amelia Earhart as a skillful pilot.

A. NO CHANGE

B. most people viewed Amelia Earhart to be a skillful pilot

C. Amelia Earhart was viewed by most people as a skillful pilot

D. Amelia Earhart, a skillful pilot in the view of most people

16. Pearl Buck, one of the most popular writers of her day, winning the Nobel Prize in Literature in 1938 for her novels about China.

A. NO CHANGE

B. day, winning the Nobel Prize in Literature, which she won in 1938 for her novels about China

C. day, and she won the Nobel Prize in Literature in 1938 for her novels about China

D. day, won the Nobel Prize in Literature in 1938 for her novels about China

17. Before signing up for next year's courses, the students' schedules must be approved by their advisers.

A. NO CHANGE

B. the students must have their schedules approved by their advisers

C. their advisers must approve the schedule of each student

D. the schedules of students must be approved, and by their advisers

18. The protesters coming this far, they decided to insist that they meet with the president of the board before leaving the building.

A. NO CHANGE

B. They, coming this far, the protesters

C. Having come this far, the protesters

D. To come this far, the protester

19. Serving as either business tools or recreational devices, computers, they are increasingly popular.

A. NO CHANGE

B. their popularity has increased.

C. they have become more popular.

D. computers are increasingly popular.

20. The author, taking the reader on a chronological journey through her native land, skillfully combining history and legend with fragments of fiction.

A. NO CHANGE

B. The reader is taken on a chronological journey through the author's native land by skillfully

C. The reader is taken on a chronological journey through her native land by the author who is skillfully

D. The author takes the reader on a chronological journey through her native land, skillfully

逻辑注意一致性分项练习答案解析

1. D。解析：非谓语动词作状语，其逻辑主语需要跟它所在的句子主语保持一致。Burdened with... 的主语只能是Sarah。

2. D。解析：本题考查非谓语动词是不能作谓语的。本句缺少谓语动词，所以排除A、B、C。refers to 作整个主句的谓语。

3. B。解析：为了确保每一炉烤出来的面包都是一样的软硬，质检员会检查每一炉的样本。 所以to ensure的主语只能是人，C选项中small和randomly词性不一样，不能并列；D选项的主句为the quality specialist is the one, 跟To ensure...形成不了明确的目的状语关系。

4. C。解析：比起司空见惯的蘑菇，野生松露由于非常罕见，赢得了很多美食家的青睐。非谓语动词prized for...的逻辑主语只能是wild truffles，所以A、B排除。D选项，插入了being costly，且与主语wild truffles形成了非限定关系。但实质上，野生松露可以分为昂贵和不昂贵的两种，只有昂贵的才能让有钱的美食家享用。所以，正确的应该写成：wild truffles that are costly...

5. D。解析：thereby 为副词，且block的主语是barrels of potatoes。A选项中代词it 没有指代；B选项中连词后的blocking并没有可以并列的结构；C选项中为被动结构。

6. D。解析：非谓语动词 having thought的逻辑主语很明显只能是人chairperson，不可能是frustration或A选项中的主语从句，所以只能选D。翻译：由于缜密地思考过这个问题，主席对于大家对她的解决方案的不理解感到非常沮丧。

7. C。解析：A选项：平行结构中平行对称的两个对象应该由and等平行关系词连接。B选项devise跟在名词后面，并以ing形式出现作名词的定语，很明显在句中不合逻辑，因为devise和test是两个并列的动作。C选项是正确答案，改正了A、B的错误。分号用于连接平衡对等的句子，但是在D选项中，分号后面的内容没有主语。所以错误。

8. B。解析：非谓语动词lacking的逻辑主语只能是人，所以在B、D中选一个。翻译：由于缺少好的指导，我在画图表来解释历史趋势时犯了很多错。所以主句内容应是made mistakes。

9. D。解析：非谓语动词entering 的逻辑主语只能是人，所以在C、D中选一个，而C选项没有指代，故选D。

10. C。解析：该句的逻辑关系为因果，所以排除D。另外，非谓语动词的完成形式用于非谓语的动作明显发生在主句的谓语动词之前。此处come this far和want to return之间有明显的先后顺序。翻译：已经努力了那么久，代表团不想毫无作为就半途而废。

11. D。解析：A、B选项没有谓语动词，排除；C选项it能指代前面的整个句意；accomplish跟句子主语之间是主动关系，所以使用非谓语动词作方式状语或者伴随状语。

12. D。解析：本题考查for引导原因状语从句。A选项中this 不能够指代前文中的内容；B选项，两个句子之间没有连词。

13. C。解析：A选项连词之间的句子并无谓语动词；B选项两个句子之间没有连词；D选项非谓语动词修饰错误，consisting是用来修饰主语的，而不是作后置定语修饰state的。

14. D。解析：A选项是独立主格结构，句子结构没有语法错误，但是从逻辑上来看，并非是任何人登上山以后，精疲力竭的登山者才能看到美景的，一定是登山者自己爬上山后才能看到美景，所以一定要加上主语，缩小句子范畴。B选项的错误和A选项类似。C选项的逻辑略显错乱，应该是登山者到达山顶，不应该将介词短语置于句首。D选项，加上了句子的主语，缩小了句子的范畴，表示登山者自己到达山顶以后，才能欣赏到美景。

15. C。解析：根据句意，非谓语动词criticized by的逻辑主语应该是Amelia Earhart，故排除A、B；D选项没有谓语动词，排除。

16. D。解析：句子结构为：主语 + 同位语 + 谓宾。A选项没有谓语动词；B选项没有主句；C选项连词前面没有主句。

17. B。解析：根据句意，非谓语动词signing up的主语只能是学生，所以只能选B。

18. C。解析：Having come表示抗议者远道而来。用分词的完成式表示已经发生的动作。

19. D。解析：非谓语动词serving as...的逻辑主语只能是computers，而不可能是B选项的their popularity，或者C选项中指代不明的they。A选项中代词是不能拿来作同位语的。

20. D。解析：A选项当中没有谓语动词，非谓语动词是不能作谓语的；B、C选项采用了不合理的被动形式；D选项中，combining的逻辑主语为the author，非谓语动词作伴随状语。

第四节 比较级，我心中永远的痛

比较级的考点

1. 比较对象一定要有可比性

例*1.* The weather in Shanghai is better ***than*** that in Beijing.

【解析】在这个句子中，一定要注意，比较的对象应该是天气，而不是城市，所以在Beijing前面要加that来指代weather。

比较：The weather in Shanghai is worse than ***it was five years ago***.

【解析】在这个句子中，比较的是上海的天气，所以我们用it来指代。

总结：that/those表示同类指代，即核心词指代，不带名词的修饰成分，它们的后面通常会加上一些定语，表明与than左边的名词不同。

而it/they在比较级中是同物指代，即自己和自己比，要么是时间不同，要么是空间不同。

① Food prices in 2002 were higher than those in 1998.

② Food prices in 2002 were higher than they had been in 1998.

【解析】① 表示的意思是正确的，2002年的物价比1998年的物价高，即同类比较，因为两个年代的物价是不同的事物。

② 是错误的，因为they指代2002年的物价，2002年的物价是不会"穿越"到1998年的。

例***2.*** He plays basketball better than his sister does.

【解析】这个句子体现的是主语比较：A do sth. than B do. A、B为对等名词，加助动词does是为了显示这是一个可以发出动作的名词，因而确定是主语，进而确定是主语发出动作的对比。

例***3.*** The clothes inside the store looked more appealing than those outside the racks did.

【解析】介词宾语比较 A do something of C1 by D1 than of C2 by D2.（C1C2，D1D2为对等名词）注意一定要是介词宾语才能直接跟在than后面，就比如在此句中的，clothes inside the store和clothes outside the racks应该是对等的可比的对象。

2. 比较级只用于两者之间的比较，不用于两者以上

例***4.*** Among the ***three***, Tom is the ***tallest***.

【解析】在使用比较级的时候，一定要看句中的比较对象是两个还是两个以上，如果比较的对象是两个以上，我们通常用的是最高级。

例***5.*** Telemann's music is more sentimentalizing than ***either*** Bach's ***or*** Handel's.

【解析】句中的比较对象虽然有三个，但是要注意在句中用了一个平行对称的标志词：either…or…。这个标志词所表达的意思是两者取一，也就是说Telemann的音乐和巴赫(Bach)比或者亨德尔(Handel)比更加容易令人动容。

3. 要注意尽量不要出现*more*＋比较级的低级错误

【解析】虽然，笔者认为这在比较级中属于一个基本常识，但是在SAT语法考试中出现的时候，很多同学都会忽略这一类错误。希望各位同学拥有这一项考点意识，不要让类似于more taller, more better这一类的错误在考试中成为"漏网之鱼"。

例***6.*** In a recent year, more tourists from the United States visited museums in Great Britain than Canada.（二维码编号：2601）

A. NO CHANGE

B. Canada did

C. compared to Canada's

D. in Canada

【解析】这个句子中，比较的对象是museums，在比较级中，介词是不能省略的。A选项省略了介词in, B选项中，Canada did这个表达有问题，visited这一动作的发出者是tourists，而不是US。C选项中，compared to有比喻的意思，逻辑不对。

如果这个句子要比较的是tourist，我们可以把句子写成：

More tourists *from* US visited museums in Great Britain than those *from* Canada.

我们再来看一题错误率很高的题目：

例*7.* Because natural gas is composed mostly of methane, a simple hydrocarbon, vehicles powered by natural gas emit less of certain pollutants than the burning of gasoline or diesel fuel.（二维码编号：2602）

A. NO CHANGE

B. fewer of certain pollutants than burning gasoline or diesel fuel do

C. less of certain pollutants than gasoline or diesel fuel

D. less of certain pollutants than those burning gasoline or diesel fuel

【解析】首先，我们要知道这道题的比较对象，比较对象应该是vehicles，即车辆，而不是burning of gasoline or diesel fuel，所以A、B、C选项都不对。D用those来指代车辆，是正确答案。所以，这道题是对比较对象是否对等的考查。

4. like, vs, as

① like表示"像"的时候，是一个介词，因此like后面只能跟名词、代词或者名词短语。

② as 既是介词，又是连词，后面可以跟句子。

③ 如果比较对象是两个名词，最好用like。

④ 在新SAT考试中，表示列举的时候，只能用such as，不能用like。

例*8.* Unlike several decades ago, today's librarians teach students to evaluate the accuracy and objectivity of online resources in addition to helping them find particular books.

A. NO CHANGE

B. Unlike those of

C. Contrary to

D. Contrary to those

【考点意识】看到Unlike A，B do的结构就要想到A，B的比较事物一定是可比的事物。

【解析】很明显；A选项中的several decades ago和librarians不是同类的比较事物。

B选项中的those可以指代图书管理员，所以为正确答案。

C、D选项用的是对比，改变了原句本来就正确的意思。

例*9.* Unlike computer skills or other technical skills, there is a disinclination on the part of many people to recognize the degree to which their analytical skills are weak.（二维码编号：

2603）

A. NO CHANGE

B. Unlike computer skills or other technical skills, which they admit they lack, many people are disinclined to recognize that their analytical skills are weak.

C. Unlike computer skills or other technical skills, analytical skills bring out a disinclination in many people to recognize that they are weak to a degree.

D. Many people, willing to admit that they lack computer skills or other technical skills, are disinclined to recognize that their analytical skills are weak.

【考点意识】看到Unlike A, B do的结构就要想到AB之间是否可比的事物。

【解析】我们根据这个原则可以迅速排除A项和B项，C选项中的computer skills or other technical skills和analytical skills是属于同类事物的，所以很多同学在这道题上选了C，但是我们对比D后发现，C选项虽然在语法上没有太大的问题，但是逻辑是有问题的，C选项说，分析能力导致了人们不愿意承认他们在这方面很弱。但正确的逻辑正如D选项所说，应该是人们通常不愿意承认他们在分析能力上比较弱。

5. 有关*as...as...*结构的本质

我们来看一个句子：

例***10.*** She is as beautiful as her mother (is beautiful).

【解析】这个句子的as...as结构中，第一个as是副词，后跟形容词或者副词，而第二个as是一个连词，后跟一个句子。那么为什么我们通常看到的形式是She is as beautiful as her mother呢？是因为her mother后的成分is beautiful和主句部分形成了重复，所以被省略了。

我们再看下面一道题：

例***11.*** The world's deepest cave, Pierre St. Martin in the Pyrenees Mountains is almost three times as deep as the Empire State building is high.

A. NO CHANGE

B. that the Empire State Building is higher

C. is higher than the Empire State Building

D. and the Empire State Building's height

【解析】正确答案是A，我想大家应该都能选出来，但是A选项的这个结构大家是否能够彻底理解呢？

要理解这个结构，我们先从最简单的as...as结构开始讲起，比如大家看之前我们讲过的句子：

She is as beautiful as her mother.

这个句子我们非常熟悉，但是，大家请注意，这个句子中的两个as的词性是不同的，第一个as是副词，后常接形容词、副词，第二个as的词性是连词，后可以接句子。所以，上面那个句子的完整写法是：

She is as beautiful as her mother is beautiful.

只不过由于重复，as后面的从句往往被省略了而已。

好，我们来想一想，如果比较两个事物的时候，所用的修饰语不同呢，用as...as...的句型如何来表示?

The aquarium is as long as the table is wide.

这个鱼缸的长度和那个桌子的宽度是一样的。

由于修饰主语aquarium的修饰语long和修饰table的修饰语wide不同，所以我们在连词as后是不能省略其修饰语的。

The world's deepest cave, Pierre St. Martin in the Pyrenees Mountains is almost three times as deep as the Empire State building is high.

我们看题干中的这个句子的时候，会发现修饰cave的deep和修饰Empire State Building的high是不同的，所以在第二个as后的从句中不能省略。

*6. as*用于引导非限定定语从句的情况

as引导非限定定语从句时，通常用来指代整个主句的内容。

as与which 引导定语从句指代前面整句话的区别是：as从句的位置相对比较灵活，而which引导的非限定定语从句通常位于主句之后。

As we all know, Stratford-on-Avon has only one industry-William Shakespeare.（正确）

Which we all know, Stratford-on-Avon has only one industry-William Shakespeare.（错误）

我们来看下面一道可汗学院的语法例题：

例*12.* Also, studies have found that those students who major in philosophy often do better than students from other majors in both verbal reasoning and analytical writing. These results can be measured by standardized test scores.

Which choice most effectively combines the sentences at the underlined portion?

A. writing, as

B. writing, and these results can be

C. writing, which can also be

D. writing when the results are

【解析】我们首先来分析一下这个句子的逻辑意思，这个句子是要表述：研究表明，哲学专业的学生比其他专业的学生在verbal reasoning和analytical writing方面要更强，正如标准化测试衡量的那样。看完逻辑意思后，我们来看选项：

A选项，as是一个连词，引导定语从句，当as引导定语从句的时候，可以指代前面整句话的内容。比如：The volcano is still active, as evidenced by the recent eruption. 所以，在这句话中，as指代的就是前面主句的内容。

B选项，these results用了复数，不太妥当，并且这个表达相比A选项较为赘余。

C选项，which指代前面整句话，在语法上没有问题，但是相比A选项，which并没有更好地表达主句和从句的顺接关系，而A选项表示正如……在语义上是最为贴切的。

D选项，用when来表达两句的逻辑关系是不恰当的。

比较级的三重性质

比较级的性质*1.* 对称性

He plays table tennis better than ***she plays table tennis***.

【解析】比较级最大的特点就是和平行结构一样，完全对称，但是，我们在一般情况会将句子写成：He plays table tennis better than she does.

比较级的性质*2.* 倒装性

He plays table tennis better than ***does she***.

【解析】一般情况下，我们会把句子写成...she does。但是倒装结构does she也是正确的结构，这样的用法是比较结构倒装性的体现。

注意：通过倒装结构，修饰的问题也可以得到很好的解决：

① He plays tennis better than she, the monitor of his class, does.

② He plays tennis better than does she, the monitor of his class.

【解析】① 句中，she和助动词的相隔很远，所以，习惯上，我们用倒装来规避这个问题，经过倒装, she和其修饰成分，同位语的位置更近，② 句在逻辑上更加准确了。

比较级的性质*3.* 省略性

He plays table tennis better than ***she***.

【解析】说到比较结构的省略性，我们不得不说这也是平行结构的一种类型，所以比较结构的省略性和平行结构的省略性类似，than后面的句子内容和than前面的句子有结构内容相同的，都可以省略，除了介词以外。

特别注意：在比较结构中，than的右边有可能出现be/do/have等情态动词，当补出这些助动词/be动词时，我们通常可以认为比较对象是两个句子或者是两种情况，具体补出什么，需要由than左边句子的谓语动词的形式来决定。

我们来看一道题：

例. She still speaks and reads Korean better than <u>she does English</u>.

Which of the following alternatives to the underlined portion would ***NOT be acceptable***?（二维码编号：2604）

A. English

B. she speaks and reads English

C. English is

D. she can speak and read English

【解析】A选项正确，符合比较结构的省略性。

B选项正确，符合比较级的对称性的特点。

C选项错误，助动词is的使用错误，speaks对应的补出助动词应该是does。

D选项正确，符合比较级的对称性特点。换了助动词，对句意的影响不大。

比较级的固定用法

用法*1. as*＋形容词原级＋名词词组＋*as*

例*1.* Tom is as efficient a worker as Jack.

【翻译】Tom和Jack一样有很高的工作效率。

用法*2. no more than=only*

例*2.* I have taken no more than 6 courses this semester.

【翻译】这学期我只上6门课。

用法*3. no less than=at least*

例*3.* We have to write an essay with no less than 15 pages.

【翻译】这篇论文，我要写至少15页。

用法*4. not so much...as...*

例*4.* It was not so much his appearance I liked as his personality.

【翻译】比起他的外貌，我更喜欢的他的个性。

第五节 “魔鬼”动词

新SAT对于一般现在时的4种常见考查情况

① 表示客观规律真理。

② 描述政府法令法规。

③ 描述科研成果和统计资料表明的结果。

④ 文学作品中的描述以及对于文学作品的评价。

例*1.* Adopted in 1997, the Kyoto Protocol was the international agreement to reduce the greenhouse gas emissions of industrialized nations over a five-year period. （二维码编号：2701）

A. NO CHANGE

B. was when it was internationally agreed

C. was where the international agreement was

D. is the international agreement

【解析】很多同学看到1997这个时间状语就果断选择A选项，但是，忽略了一点，这道题仅仅是对于客观规律的一种描述，另外，Kyoto Protocol解释为京都议定书，可以视为法律法规，用一般现在时是最合适的。B、C选项不但时态用法不正确，而且相对表达也比较啰嗦，所以排除。正确答案是D选项。

例*2.* One of two companies fail at the first several years.

A. NO CHANGE

B. fails

C. will fail

D. failed

【解析】这是一个客观规律内容的句子，同时，也是描述科研成果和统计资料的结果，所以应该选择B选项。虽然A选项也用的是一般现在时，但是没有注意到主谓一致的正确性，所以排除。

例*3.* At the conclusion of the novel *The Great Gatsby*, Nick Carraway, a young Midwesterner recently ***arrives*** in New York, and moodily ***watches*** the blinking green light at the tip of Long Island.

【解析】这段文字是对小说内容的描写和评价，在这种文字的背景下，我们应该用一般现在时。当然，如果题目中有明确的时间状语，那么动词的时态要紧跟时间状语。

注意：表示一般状态的动词不用进行时，比如***know, signify***。

This inscription is signifying the emperor’s birth. 错误

This inscription signifies the emperor’s birth. 正确

现在完成时与一般过去时的区别

现在完成时表示一个行为发生在过去，但状态继续到现在，或者是仍然对现在有所影响。现在完成时的标志词：

> since + 过去一个时间点
>
> within/over/during/in + 时间段
>
> than ever before
>
> the world has ever seen

例*1.* She will pay you when you have taken out the garbage.

(The time of will pay is later than the future time of have taken)

一般过去时表示一个行为发生在过去，已经结束且对现在没有影响。

标志词：

> in 1980
>
> from 1980 to 1990
>
> during the 19th century
>
> last year
>
> originally
>
> ...ago
>
> at a recent session
>
> during the formation of the universe...

例*2.* <u>Known as the festival of Solstice, for thousands of years Scandinavians have celebrated</u>

the longest day of summer with a special meal.（二维码编号：2702）

A. NO CHANGE

B. Known as the festival of Solstice, for thousands of years Scandinavians have celebrated the longest day of summer

C. For thousands of years, Scandinavians have celebrated the festival of Solstice, the longest day of summer

D. For thousands of years Scandinavians having celebrated the festival of Solstice, the longest day of summer

【考点意识】句中出现for + 一段时间，这是现在完成时的标志。

【解析】A、B选项共同存在的问题是逻辑主语一致性的问题。known as...的主语应该是节日，而不是Scandinavians。

C选项为正确答案，将介词短语前置，逻辑会更加清晰。

D选项，整句话没有谓语动词，是一个典型的错误。

过去范畴的时态

1. 两个行为都发生在过去，则较早的那个要用过去完成时；如果要想表达过去范畴的动作，需要将原本句子中的一般现在时转化为过去时，过去时转化为过去完成时，将来时转化为条件状态（*will—would*）

例*1.* The man believes that the machine will be wonderful.

The scientist ***believed*** that the machine ***would be*** wonderful.

错误：The man believes that the machine would be wonderful.

The man believed that the machine will be wonderful.

2. 如果两个分句的主语相同，且以*and*，*before*，*but*等连接，且句子逻辑上存在先后顺序的话，两个分句都用一般过去时

例*2.* Laura ***locked*** the dead bolt before she ***left*** for work.

3. 有时候我们可以在前一个分句中用一般过去时表示“过去”，在后一个分句中用过去完成时表示从“过去”一直延续下去，即一般过去时在过去完成时之前

例*3.* The band U2 ***was*** one of many new groups on the rock music scene in the early 1980's, but less than ten years later, U2 ***had fully eclipsed*** its early rivals in the pantheon of popular music.

接下来我们来看这样一道题：

例*4.* By the end of the nineteenth century, it had become clear to many scientists that it would be necessary to intensify attempts to conserve forests around the world.

A. NO CHANGE

B. it had become clear to many scientists that it would be necessary to intensify attempts for conserving

C. becoming clear to many scientists, it was necessary to intensify attempts to conserve

D. scientists clearly saw how necessary is intensifying attempts at conserving

【考点意识】当我们看到时间状语by the end of the nineteenth century这个表达法的时候，就应该想到主句的谓语动词用过去完成时。因为这个短语表示的是在过去的过去发生的动作。

【解析】A选项：主句时态是正确的，从句的时态也是正确的。

B选项：主从句的时态是正确的，但是固定搭配attempt to do sth.在B选项中错误地变成了attempt for doing sth.。

C选项：分词短语作状语的结构，主句的逻辑主语应该和分词的逻辑主语一致，但很明显，主句的主语是一个形式主语，不能作分词短语的逻辑主语。

D选项：改变了语气，变成了感叹句，逻辑重心发生了变化，是错误答案。

动词语态问题的实质

【定义】在新SAT语法考试中，有关主被动语态的实质可以概括如下：在一个句子中，主动语态意味着句子有限定的主语，而句子中主语的缺失会造成句子涉及的范畴变大。我们通常讲的主动语态优先于被动语态使用，指通常在上下文语境下，句子会因为主语的存在而缩小范畴，从而更符合语义。

例*1.* ① He was named Tom.

② ***His mother*** named him Tom.

【解析】这两个句子的差异在于：句子① 动作的发出者缺失，句子② 动作的发出者存在。这两个句子的差异在于：句子① 中的语义范畴无限大，解释为任何人都可以给他取名字叫Tom，而句子② 由于主语的存在，缩小了句子的范畴，表明只有他的母亲才能给他取名叫Tom，很明显，根据语境，不可能阿猫、阿狗都可以给他取名叫Tom。所以，在习惯上，如果一个句子中有动作的发出者，我们用这个动作的发出者作为句子的主语，形成主动语态，而不用动作的承担者作为主语，形成被动语态。

例*2.* <u>Because their flight was missed, the bride’s parents ran</u> frantically to another part of the airport to catch another plane that might still arrive in time for the wedding.（二维码编号：2703）

A. NO CHANGE

B. Because the bride’s parents missed their flight, they had to ran

C. The bride’s parents missed their flight, thus, finally, running

D. The bride’s parents had missed their flight, then they ran

【解析】A选项用的被动语态，表示任何人都能错过他们的飞机，很显然，只有bride’s parents才能错过自己的飞机，所以A错误。

B选项，正确答案。将被动语态改为主动语态，主从句的主语变得一致，缩小了句子范畴。句子结构是正确的。

C选项，添加了finally，改变了原句的意思和逻辑，除非是原句逻辑错，不然在答案中尽量不要添加实义词。

D选项，主句用了过去完成时态，但是run和miss并没有明显的动作发生的先后关系，而应该是并列的关系，所以不能用过去完成时。另外，then作为副词，不能连接两个句子。

例*3.* Richard Rodriguez pointed out that Mission San Luis Rey, a Spanish church with an Arabic dome getting its name to honor a French king.（二维码编号：2704）

A. NO CHANGE

B. Mission San Luis Rey, a Spanish church with an Arabic dome, was named in honor of a French king.

C. Mission San Luis Rey, being a Spanish church with an Arabic dome got named in honor of a French king.

D. they named Mission San Luis Rey, a Spanish church in honor a French king that had an Arabic dome.

【解析】A选项为句子结构错误，错误在于从句没有谓语动词。

B选项为正确答案，虽然用了被动语态，但是我们要注意，这个句子的谓语没有逻辑主语，也就是说没有动作的发出者，是谁name了San Luis Rey呢？可能是任何人。所以在没有动作发出者的前提下用被动语态是可以的。

C选项中，being放在了名词之前，这是一个典型的不简洁的结构，且从句没有谓语动词。

D选项中，they出现了，但是是无指代的情况，所以是错误的。

例*4.* The mountain's summit having been reached, the weary climbers gazed down upon a scene of indescribable grandeur.（二维码编号：2705）

A. NO CHANGE

B. The summit of the mountain being reached

C. At the mountain's summit, when they reached it

D. When they reached the mountain's summit

【解析】A选项为独立主格结构，句子的结构没有语法错误，但是从逻辑上来看，并非是任何人到达山顶以后，精疲力竭的登山者才能看到美景的，一定是登山者自己爬上山后才能看到美景，所以一定要加上主语，缩小句子范畴。

B选项的错误和A选项类似。

C选项的逻辑略显错乱，应该是登山者到达山顶，不应该将介词短语置于句首。

D选项，加上了句子的主语，缩小了句子的范畴，表示登山者自己到达山顶以后，才能欣赏到美景。

动词单项训练

1. Roger had just walked into his office and that was when he was told that his plan had finally been approved.

A. NO CHANGE

B. and then he learned

C. when it was learned by him

D. when he learned

2. Rilke, the great German poet, could not continue his search for angelic spirits until he can rely on a strength greater than his own.

A. NO CHANGE

B. could rely on a strength greater than his own

C. would be able to rely on a strength greater than his own

D. can rely on a strength greater than his strength

3. At Versailles after the First World War, the Allies believed they had drafted a treaty that would have ensured permanent peace.

A. NO CHANGE

B. would ensure permanent peace

C. had ensured permanent peace

D. will ensure permanent peace

4. No sooner had Andrea del Sarto traveled to France to work for the French king but his wife persuaded him to return to Italy.

A. NO CHANGE

B. but his wife had him persuaded into returning

C. than he was persuaded by his wife that he will return

D. than his wife persuaded him to return

5. As I entered Pantheon, a building that has existed in Rome since ancient times, my brother is turning to me to whisper that the great rotunda of the Pantheon was a haven of peace and harmony.

A. NO CHANGE

B. turned to me and whispered

C. turns to me and is whispering

D. turns and also whispers to me

6. Isolated by the sea, the aboriginal peoples of Australia had developed a unique culture long before the arrival of Europeans.

A. NO CHANGE

B. had a unique culture and it developed

C. having developed a unique culture

D. have a unique culture, it developed

7. The three volumes of memories by Wole Soyinka begin with his childhood in a Nigerian village and culminate with his years at the University of Ibadan, one of the best universities in West Africa.

A. NO CHANGE

B. that begin with his childhood in a Nigerian village and culminate

C. have begun with his childhood in a Nigerian village and culminating

D. are begun as a child in a Nigerian village and culminate

8. Mr Lee and his grandchildren practiced traditional Chinese calligraphy together so that the children would be knowing an art cherished by earlier generations of their family.

A. NO CHANGE

B. would know

C. will know

D. were known to

动词单项训练答案解析

1. D。本题考查动词的使用。A选项的时间状语不能用来作was 的表语；英语是一门形合语言，尽量用较少的语法单位表达句意，所以此句没有必要将时间状语从句改成单独的一个主句，故排除B选项。C选项为被动表达，主动优于被动。

2. B。根据主句时态could continue，可知从句需使用过去时态，故排除D；表示能力，直接使用could do，无须改成would be able to...这种繁杂的结构。

3. B。believed后面所接宾语从句中，主句使用了过去完成时，后面接定语从句。翻译：能够确保永久和平的条例。A选项would have done表示对过去情况进行推测，故排除；C选项使用过去完成时，并无可比较的过去时态。

4. D。根据固定搭配no sooner...than... “一旦……就……”可以先排除A、B选项；C选项后半句用的动词will时态错误，故选D。

5. B。As引导时间状语从句，“a building + 定语从句”为Pantheon的同位语，根据时间状语的过去时态，判断主句应使用过去时态，故选B。

6. A。A选项使用过去完成时。翻译：由于四周环海，澳大利亚的原住民有自己独特的文化，并在欧洲人到达之前就已经发展起来。所以应该是过去完成时。

7. A。B选项无谓语动词；C选项and后面所接的culminating没有可以并列的结构；D选项，begin无被动用法。

8. B。根据主句谓语动词practiced为一般过去时，判断出目的状语从句中应为过去时间，故排除C；A选项为过去进行时，不符合句意：“Lee 先生和孙子们一同练习中国传统书法，希望孩子们能够了解家里先辈们所珍惜的艺术”；D选项为过去将来时，be known to... “众所周知……”不符合句意。

第六节 “百变”代词

单复数问题

代词指代中单数、复数错误最为常见，代词单数、复数指代必须一致。

【定义】这是代词在新SAT考试中的最基本考法，也是代词的最基本概念，即it指代单数名词（不包括人），they指代复数名词。

例*1.* Scientists have long known that soot particles facilitate melting by darkening snow and ice, limiting its ability to reflect sun's rays.

A. NO CHANGE

B. It's

C. there

D. their

【解析】这是新SAT中一道非常基本的指代题，我们看到limit后面有代词出现，就会想到这个代词一定是指代从句的主语soot particles, soot particles是一个复数名词，所以我们应该用their，即D选项。

例*2.* Because today's students can expect to hold multiple jobs—some of which may not even exist yet—during our lifetime, studying philosophy allows them to be flexible and adaptable.

A. NO CHANGE

B. one's

C. his or her

D. their

【解析】A选项，注意，前面的主语students是第三人称，指代第三人称复数的时候应该用their。

B选项：one's指代单数，而students是复数。所以B选项是错误的。

C选项：his or her这个答案要注意一下，只能指代单数表示“人”的名词，无法指代复数表示“人”的名词，很明显，在这里students是个复数表示“人”的名词，故his or her无法指代。

D选项，正确答案，students应该用their复数代词来指代。

指代相同

同一句话中相同代词必须指代相同的事物，相同代词可以是不同的格they/them/their/theirs。

【定义】在同一个句子里面，相同的代词只能指代同样的名词，不能指代不同的名词。不能因为同一句话中，代词的格(case)转变了，指代的对象就发生变化。

例*1.* The library is <u>older than it but still just as beautiful as the courthouse.</u>（二维码编号：2801）

A. NO CHANGE

B. older than the courthouse but just as beautiful

C. just as beautiful as the courthouse but it is older than it

D. older than the courthouse; and it is just as beautiful as it

【解析】A选项，我们看到it后，想到代词指代的问题。it的指代对象在句中有library和courthouse两个名词，所以会存在指代不清的情况。

B选项，正确答案。将it替换为courthouse，用名词替换代词是正确答案的标志。

C选项，句中有两个代词it，但是指代的对象却不一样，一个指代的是library，另一个指代的是courthouse，因为相同代词在句中不能指代不同名词，所以C选项也错误。

D选项，同C选项，也是一个错误答案。

例*2.* <u>The rules that govern political contributes are less stringent in local elections than they are in national elections because they typically involve smaller amounts of money and present less opportunity for abuse.</u>（二维码编号：2802）

A. NO CHANGE

B. Because they typically involve smaller amounts of money and present less opportunity for abuse, the rules that govern political contributions are less stringent in local elections than the rules are less stringent in local elections than the rules are in national elections.

C. Because local elections typically involve smaller amounts of money and present less opportunity for abuse than national elections, the rules that govern local political contributions are less stringent than national contributions.

D. The rules that govern political contributions are less stringent in local elections than they are in national elections because local elections typically involve smaller amounts of money and present less opportunity for abuse.

【解析】A选项中有两个they，所以要思考的考点是两个代词是否指代同一事物，很明显，两个they 指代的内容是不同的，一个指代的是local elections，还有一个指代的是national rules，所以，在同一句话中，相同代词指代的对象不同。所以A选项错误。

B选项：出现了they这样的一个代词，根据代词的指代原则，they应该优先指代rules，这样一来B选项的句意就出现了错误，成了rules typically involve smaller amounts of money，这是一个典型的逻辑错误。

C选项的指代问题是解决了，用名词local elections替换了they。但是有一个问题，就是C选项中出现了比较对象不对等的情况，用rules和elections来比较，是不对等的。

D选项，既改正了代词指代的错误，也改正了比较级比较对象不对等的错误，所以D选项是正确答案。

特定对象

代词优先指代一个特定对象，不能指代一个句子。

【定义】在代词的使用过程中，我们一定要注意一个问题，那就是在SAT考试中，代词是不能指代一句话的。就比如不能出现这样的句子：

I have won the first prize in the competition, and I was really excited by it.

好，让我们看一下在具体真题中的例子：

例. When the Berlin Wall, along a symbol of the Cold War, began to be torn down in 1989, five million people went to Berlin <u>to celebrate that</u>.

A. NO CHANGE

B. for its celebration

C. to celebrate

D. in celebration of that

【解析】A选项中的that指代的是Berlin Wall began to be torn down这件事情，但是我们知道代词只能指代一个特定对象，不能指代一个句子，所以A为错误答案。

B选项中，its也指代的是Berlin Wall began to be torn down这件事情，所以也是错误的。

C选项，正确答案，而且是一个非常简洁的答案。动词是简洁答案的标志。

D选项：that指代Berlin Wall began to be torn down这件事情，所以也为错误答案。

指代明确

代词必须有明确的指代对象，不能指代不清。

【定义】所谓指代不清，就是指代词前有相应的两个或以上单复数名词的情况，且代入句子中语法都正确。

代词指代不清的修改方法：

① 重复指代对象。

② 用一个名词概括指代对象。

特别注意：正确答案出现的标志——用名词替换代词。

例*1*. As researchers continue to probe the highly expressive vocal and postural language of wolves, <u>their close resemblance to dogs has become</u> ever more sailing.（二维码编号：2803）

A. NO CHANGE

B. the closeness of their resemblance to dogs has become

C. the close resemblance between them and dogs has become

D. the close resemblance between wolves and dogs becomes

【解析】A选项中的代词their存在指代不清的问题，既可能指代researchers，又可能指代

wolves。

B选项中的their也存在指代不清的问题，和A选项的问题是一样的。

C选项中them虽然和their是不同的格，但是同样指代不清。

D选项为正确答案，选项中用wolves替代了代词，重复了指代对象，用名词替换代词是正确答案的标志。

例2. More than five thousand years ago, Chinese scholars accurately described the flow of blood as a continuous circle controlled by the heart, but it went unnoticed in the West.

A. NO CHANGE

B. but it was

C. although it was

D. but the discovery went

【解析】A选项中it指代的不是一个特定的对象，而是整个句子，所以A选项是错误的。

B、C选项和A选项的问题是一样的，D选项有新名词的出现，the discovery，是正确答案的标志。

代词优先

在复合句中，代词优先于主句主语出现，代词优先指代主句主语。

【定义】代词在复合句中，如何确定其指代的先后顺序呢？代词指代的优先顺序依次是主句主语>主句宾语>从句主语>从句宾语。

例1. Although just inside the orbit of Jupiter, amateur astronomers with telescopes should be able to see the comet within the next few weeks.

A. NO CHANGE

B. Although it is just inside the orbit of

C. Just inside the orbit of

D. Orbiting just inside

【解析】A选项是逻辑主语的一致性错误，A选项的逻辑是：天文学家在木星轨道上，逻辑错误。B选项：选项中有代词it，应该指代句子中的comet这个词，是正确答案。C、D选项都是逻辑主语不一致的问题比较突出，和A选项是一样的问题。

例2. As a baby emerges from the darkness of the womb with a rudimentary sense of vision, it would be rated about 20/500, or legally blind if it were an adult with such vision.（二维码编号：2804）

A. NO CHANGE

B. A baby emerges from the darkness of the womb with a rudimentary sense of vision that would be rated about 20/500, or legally blind as an adult.

C. A baby emerges from the darkness of the womb with a rudimentary sense of vision that would be rated about 20/500; an adult with such vision would be deemed legally blind.

D. As a baby emerges from the darkness of the womb, its rudimentary sense of vision, which would deemed legally blind for an adult, would be rated about 20/500.

【解析】这是一道相对来说比较难的题目，也需要大家有比较强的考点判断能力。

A选项：画线句中的代词it，优先指代句子的主语baby，但是按照逻辑，baby的视力是0.04，而不是baby是0.04， 那如果it指代sense of vision是否就正确了呢？也不正确，因为视力不能说是否blind。

B选项，定语从句中，that就近指代sense of vision，视力可以是0.04， 但是不能说是否是blind的。

C选项后面出现了新名词，an adult，用名词替换单词是正确答案的标志，所以C选项是本题的正确答案。

D选项中代词的指代是正确的，但是which的指代是错误的，which就近指代sense of vision句子的逻辑是有问题的，所以D答案也是错误的。

例外原则

代词必须要有明确的指代对象，但是也有例外。

【定义】在句子中，代词要有明确的指代对象，但是也有例外的情况，这些例外的情况指的是：虽然代词"it"在句子中不指代特定名词，但是句子结构也正确的情况。

这样的情况有以下几种：

情况*1*. 可以作形式主语。

作形式主语指代的条件：

① 后面跟不定式：It is important for me ***to have*** a break after an exciting game.

②后跟that从句：It is necessary that every one of us become an omnivorous reader.

情况*2*. 可以作形式宾语。

作形式宾语指代的条件：

① 后面的不定式：I find it important for me to have a break after an exciting game.

② 后跟that从句：I find it necessary that every one of us become an omnivorous reader.

情况*3*. 虚拟语气的用法。

与过去事实相反的虚拟条件句的倒装：

Had it not been for your help, I wouldn't have been succeeded.

情况*4*. 强调句用法。

It is when I was sick that I would stop my work at hand.

注意：强调句的关系代词只能是*that*或者*who*。

再比如：It was Tom who I met in the cathedral.

例. When a ton of wheat was being moved from Buffalo to New York City before the opening of the Erie Canal in 1825, it took three weeks and cost $100, but when the canal was used, it took less than eight days and cost less than $6.（二维码编号：2805）

A. NO CHANGE

B. Moving a ton of wheat from Buffalo to New York City before the opening of the Erie Canal in 1825, it took three weeks and cost $100; using the canal, it

C. Before the opening of the Erie Canal in 1825, moving a ton of wheat from Buffalo to New York City took three weeks and cost $100; on the canal the move

D. To move a ton of wheat in 1825 from Buffalo to New York City took three weeks before the opening of the Erie Canal, costing $100, but in using the canal, the move

【解析】A选项，根据考点意识，看到这个it一定要想到代词的指代问题，在这里it took three weeks…形式虽然比较类似于形式主语，但是，很明显，后面没有跟to do或者that，所以A选项是错误的。

B选项，分号后面的it的错误和A选项的错误是一样的。

C选项正确，分号后将代词it换成了名词the move，所以，用代词替换名词是一个正确答案的标志。

D选项是一个错误答案，因为此选项改变了原句的逻辑，原句说的是Erie Canal的通航是在1825年，但是D项把in 1825放在了move后面，改变了句意，所以也错误。

定语从句中的关系代词指代

① 关系代词that紧跟在所修饰名词的后面，在定语从句中作宾语时可以省略。

② 在定语从句中作主语时，不能省略。which前有逗号或介词，一般指代逗号前离which最近的名词，在定语从句中，关系代词which不能指代整句话。

③ A 介词 B, which...可能指代A，也可能是B，但在大多数情况下指代中心词A。

④ who/whom只能指人，不能指物。

⑤ 关系代词*that*、*which*任何情况下都不能指代前面整个句子。

例*1.* Some beaches are frequently contaminated by untreated sewage that flows into the ocean, which can last for several days.（二维码编号：2806）

A. NO CHANGE

B. ocean, that can last for several days

C. ocean, it can last for several days

D. ocean, the contamination can last for several days

【解析】A选项，从逻辑上来看，which指代的是前面整句话，这个句子的逻辑是，海水被污染这件事，能持续很多天，而不是sewage能持续很多天。

B选项，在定语从句中，关系代词that指代离它最近的名词，这样的话就变成了ocean能持续很多天，很明显逻辑是不对的。

C选项，是一个典型的run-on sentence。

D选项，在定语从句中，which不能指代前面整句话，指代前面整句话的可以是现在分词或者是新名词，所以在这道题中the contamination是一个新名词，它能够指代前面整个句子，表示海水被污染这件事情已经持续很多天了。

例*2.* Crimson fruit crows are large birds ***that live in South American forests, having bright red feathers.***

【解析】要注意，这个句子中逗号后面的having bright red feathers在语法上作后置定语修饰large birds，但是，根据语法规则，后置定语应该靠近其修饰对象。这个句子可以这么写：Crimson fruit crows, large birds having bright red feathers, live in South American forests.

例*3.* Crimson fruit crows are large birds with bright red feathers ***that live in South American forests***.

【解析】来看一下这个由上面的那个句子演变而成的句子，定语从句也属于后置定语的一种情况，但是that跟在feathers之后，很多同学认为这道题是个修饰错误，但是我们看这道题的先行词：large birds with bright red feathers是一个典型的A介词B的结构，当先行词是一个A介词B的结构时，关系代词that修饰中心词A，在这个句子中修饰large birds，所以这个句子的结构是正确的。

代词单项训练

1. The African continent comprises more than 50 countries, each <u>diverse in their</u> cultures and languages.

A. NO CHANGE

B. diverse in its

C. is diverse in its

D. of them being diverse in their

2. Because a horse is easily startled, <u>one should approach them</u> quietly, speaking softly and keeping arm movements to a minimum.

A. NO CHANGE

B. one should approach it

C. they should be approached

D. it should be approached

3. It took the Museum of Modern Art in New York half a century of creative and persistent effort and it required the outstanding Picasso collection.

A. NO CHANGE

B. before their outstanding Picasso collection being acquired

C. and finally they had an outstanding Picasso collection there

D. to acquire its outstanding Picasso collection

4. When Sheila and Lucy visited the restaurant, she noticed that the menu had changed and that their favorite dish was no longer offered.

A. NO CHANGE

B. She notices that the menu has changed

C. Sheila has noticed the menu changed

D. Sheila noticed that the menu had changed

5. There is a special relationship between a conductor and the members of an orchestra, when at its best can be creative and at its worst, destabilizing.

A. NO CHANGE

B. when at their best can be creative and at their worst, destabilizing

C. who at its best is creative and at worst, destabilizing

D. which at its best can be creative and at its worst, destabilizing

6. Without adequate amounts of sleep, people's newly acquired skills and also new factual information may not get properly encoded into their memory circuits.

A. NO CHANGE

B. Without the adequate amount of sleep they need, people's newly acquired skills and even

C. If they do not have adequate amounts of sleep, people's newly acquired skills and even

D. If people do not get adequate amounts of sleep, newly acquired skills and even

代词单项训练答案解析

1. B。解析：首先，diverse在句中是一个形容词而非动词，所以排除C。D选项being表示这种现象，而句子要表达的是每一种文化和语言都有变化，所以也排除了。A选项中用their指代each是个典型的错误，排除。正确答案是B。

2. B。解析：A选项用them指代a horse，单复数指代不一致，排除。B选项改正了这样的错误。C选项同样单复数指代不一致。D选项用的是被动语态，但是伴随状语speaking在句中就成了修饰it，也就是马了，逻辑错误。所以选择B。

3. D。解析：It在句中没有明确的指代对象，又放在了主语的位置上，所以我们应该想到的是形式主语的用法，形式主语正确的前提是，后面有不定式或者that从句，所以，直接定位到D。

4. D。解析：纵向比较发现，选项中有人称代词和具体人名，结合上下文语境后，我们发现，如果用人称代词会造成指代不清的情况，所以应该用C、D选项，但是前面的时态是visited，所以我们应该用过去范畴的时态。

5. D。解析：根据上下文语境，指挥家和乐队成员之间如果关系最佳，那么演奏效果会很好，如果关系不好，那么演奏效果会很糟糕，排除单复数指代错误的选项B，关系代词错误的选项A、C，选D。

6. D。解析：without...的附加短语应该修饰句子主语people，因此排除A、B。C选项中的they指代错误，应该指代人，而在这里they指代了skills，逻辑错误。

第七节 "巧解"形容词/副词

形容词/副词的修饰原则

① 形容词修饰名词。

② 副词修饰动词、形容词。

例*1.* elaborate-decorated house 错误

elaborately-decorated house 正确

【翻译】精心装修的房子

例*2.* According to educational statistics, the average age of college students has risen quite ***noticeably*** over the past 25 years.

【解析】在这个句子中，noticeably是用来修饰rise这个动词的，表示非常显著的增长。

例*3.* Lost for many years and presumed stolen, the portrait of the nineteenth-century writer had been stored ***inadvertently*** in the museum basement.

【解析】在这个句子中，inadvertent这个词是用来修饰store这个动词的，所以应该用它的副词形式来修饰动词store。

有关系动词

1. 系动词后接形容词原形

例*1.* Because the casserole ***smelled*** surprisingly ***bad*** as it baked, the food science teacher came over to ask us what we had put in it.

【解析】在这个句子中，smell是系动词，这就意味着后面的形容词必须以形容词原形的形式出现。

2. 系动词的分类

第1类	最纯粹的系动词	be, seem
第2类	感官动词	smell, taste, look, feel
第3类	表示动态变化过程的系动词	remain, go, become，grow

说be和seem是最纯粹的系动词的原因在于，be是一个仅仅起连接作用的动词，而不包含任何其他的含义。而seem也是一个比较纯粹的系动词，是因为：

① 在句子中，seem可以被be取代，而句子的逻辑意思没有变化。

② seem 一般只有系动词用法，而没有不及物和及物动词用法。

例2. More than five thousand years ago, Chinese scholars accurately described the flow of blood as a continuous circle controlled by the heart, but it went unnoticed in the West.

A. NO CHANGE

B. but it was

C. although it was

D. but the discovery went

【解析】这道题我们在看的时候，除了需要看代词的指代问题（在这道题中，it是不能指代整个句子的），我们还应该能够看到D选项中有一个表示动态过程的系动词go。

请大家注意：在新SAT语法考试中，选项中有表示动态过程的，如果该选项语法没有问题的话，表示动态过程的系动词要尽量保留，所以从这个层面上来看，我们基本上一步就能得到这道题的正确答案。

要想让现在分词作补语，谓语动词必须是感官动词。

I saw a boy standing under the tree.

3. 主语＋*be*＋形容词＋*to do*的结构

【定义】在这种结构中，很多同学往往会认为后面会接to be done的结构，事实上，这是一个主动表被动的结构。

比如：The water is ***nice*** to drink.

【解析】当to do表语形容词的状语和句中主语构成逻辑上的动宾关系时，不定式多用主动形式。这是因为人们往往认为形容词后省去了for one或for people。这里的主语是The water，表语形容词的状语是to drink，构成了逻辑上的动宾关系。

4. 在新*SAT*语法考试中，由于存在词汇题，所以会利用形容词/副词的形近异义词来出题

例3. Demographers would have to know a great deal more than they do now about the social and *economic*/*economical* determinants of fertility.

【解析】和social并列的一定是economic经济上的，不可能是economical节约的，就比如说：aggravate（加重），aggravating（恼火的）。对于这些词我们需要单独总结、记忆。

例*4.* Sam found his new job as foreman at the factory so mentally stressful and physically tiring that he came home every night *exhaustive/exhausted* and irritable.

【解析】从上下文的语境来看，使得自己心力交瘁的工作一定是"累人的"，也就是exhausted，而exhaustive表示"彻底的"。

第三章

Expression of Ideas

SAT

——我要征服你

Affairs that are done by due degrees are soon ended.

╲简洁的要素

╲用逻辑击破新SAT语法中的5大“阅读题”

Grammar

第一节 简洁的要素

结构简洁原则和用词简洁原则

1. 新SAT中的用词简洁原则

动词 > 形容词 > 抽象名词

【定义】在新SAT考试中，虽然这个考试是看似是和语法相关的，但是从根本上来讲，它考查的是我们有效的沟通能力，即能否用最简洁的语言表达最明确的意思，所以从这个角度来讲，动词在句子中间是最为简洁且有效的。

我们来看以下的句子：

例*1.* Unlike computer skills or other technical skills, analytical skills bring out a ***disinclination*** in many people to recognize that they are weak to a degree.

【解析】从这个句子上来判断，我们发现这个句子的语法没有太大问题，只不过在逻辑的表达和用词的简洁性上有点欠缺。正确的句子逻辑应该是：人们不愿意承认他们在分析能力上是有弱点的。所以综合上述句子的欠缺，把上述句子整理修改如下：Many people, willing to admit that they lack computer skills or other technical skills, are ***disinclined*** to recognize that their analytical skills are weak.

首先，我们修正了逻辑，其次，可以看到原本的抽象名词disinclination改为了disinclined，所以我们能从这个修改中看到英语语言书面语表达中的用词习惯，那就是能用简单词和结构，我们就尽量不多啰唆。

注意： 抽象名词指的是形容词和动词的名词化，而不能仅仅把抽象名词理解为“抽象意义”的名词。比如：develop—development; invite—invitation…

例*2.* The harmful effects of smoking on the vascular system ***is increasingly well documented***.

A. NO CHANGE

B. is more and more documented

C. are increasingly well documented

D. are increasing in better documentation

【考点意识】纵向比较考点后，我们想到的是主谓一致的考点。

【解析】利用考点意识排除了A、B选项以后，来看C、D选项。其实，这两个选项本身并不存在语法问题，我们需要观察的就是C选项用了documented，而D选项用的是documentation，所以综合下来我们一定选择相对用词简洁的答案C。

从逻辑上来理解这个句子：吸烟对心血管系统方面的影响已经越来越多地被证明了，也就是说有很多事情证明了吸烟对心血管方面是不好的。但是，吸烟的负面影响并不是“证明”这个行为本身，而是被证明这个动作。

重要提醒：简洁原则在做题时运用的前提是要保证句子在没有语法错误的前提下，如果句子本身有语法错误，则先考虑句子本身的语法错误。

2. 新*SAT*考试中的结构简洁原则

从句一般不考虑优先使用。

【定义】在新SAT考试中，大家一定要注意的是，从句一定是最后才考虑选择的，因为它在表达句意的时候给予的修饰内容最多，有时难免显得啰唆。所以，如果选项中有语法正确且使用动词/形容词/介词短语甚至其他类型后置定语的答案，我们会优先考虑。

来比较以下句子：

① They have ideas about bats ***that are flawed***.

② They have ideas ***that are mistaken about bats***.

③ They have ***erroneous*** ideas about bats.

④ These are mistaken ideas ***that they've about bats***.

【解析】在这4个句子中，最简洁的句子是第3句，并不是因为第3句是最短的它就是最简洁的。而是因为第3句中的用词最为简捷有效。我们说过，如果能用形容词表达的，我们不用从句，如果能用动词表达的我们不用抽象名词。

再来看下一道题：

例3. In 1903, physicist Marie Curie was the first woman to win the Nobel Prize, moreover, in 1911, she became the first person to win it a second time.

A. NO CHANGE

B. Marie Curie, a physicist, won the Nobel Prize which was the first time a woman won it, then

C. Physicist Marie Curie became the first woman to win the Nobel Prize; moreover

D. Marie Curie won the Nobel Prize for the first time as a woman who was a physicist, and

【解析】A、B选项可以通过比较简单的句法结构加以排除：逗号是不能连接两个句子的，且moreover和then也没有连词功能。

接下来我们来看C、D选项。C选项给的是一个动词became，相对是比较简洁的，但是D选项给出的是一个从句，从句虽然表达的句意很具体，但是稍嫌啰唆，所以这道题应该选择C选项。

逻辑分析角度：我们通常习惯将涉及范畴小的名词放在主语的位置，反之则置于宾语或者表语的位置上。很显然，叫Marie Curie的可能会不止一个人，但是叫这个名字的物理学家可能只有一个人，所以这个句子的主语应为Physicist Marie Curie。

有关重复表达

【定义】在新SAT中，有关重复表达的问题是一个重点考查对象，同学们要具备在句中去识别重复表达的能力。

1. 能够识别常见的重复表达及其对应的简洁表达

annually…a year	2选1
attempt to try	attempt to do
attribute as the cause of	attribute something to
blazing…luminous/radiant	2选1
by…used/with…used	using
continue的现在分词形式或者复合时态形式	continue to do
die…lethal	语义重复，2选1
fatally…perish	语义重复，2选1
in the last decade…over the past decade	2选1
glance…look	2选1
now…currently	2选1
opposition against	opposition to
orbit… around/in orbit	orbit
rise/raise/grow/soar/increase连用	5选1
recur..again	2选1
superiority over	superiority to
the reason is that…	because
whether or not	whether
with…included	2选1
withhold…disclosure	2选1

2. 能够在具体题目中通过纵向比较，观察出用词的重叠性

例*1.* Response to the advertisement was overwhelming, even tremendous, and Harvey soon replaced the male servers at the restaurant with women.

A. NO CHANGE

B. Response to the advertisement was overwhelming

C. Overwhelming, even tremendous, was the response to the advertisement

D. There was an overwhelming, even tremendous, response to the advertisement

例*2.* The soviets tried to thwart the operation by bugging and harassing pilots with blinding spotlights.

A. NO CHANGE

B. harassing

C. harassing and making flying extremely difficult for

D. making flying difficult and challenging for

解析：我们同时解析这两道题的时候，发现即使不知道文中特定的用词是否重复，也可以这样推断出正确答案：

① 趋于选择最简洁的答案放回原文看逻辑是否正确，语法结构有无错误。

② 纵向比较以发现重复的问题。

我们用了这样的方法以后，会发现两道题的B选项都为用词最为简洁的答案，这样回到原文定位，我们发现句子的逻辑和语法都没有错误，再回过来看题目中的其他答案，顿时发现overwhelming和tremendous在意义上重复，harassing就是making flying extremely difficult for，所以排除了其余的啰唆答案。

因此：从这个层面上来说，做这类题的时候应当将最简洁的答案代入，看是否正确，如果逻辑或者语法有问题，可以通过选项内的纵向比较后，再考虑其他选项。

第二节 用逻辑击破新SAT语法中的5大“阅读题”

在新SAT考试中，由于考查单位由单句转变成篇章，因此在出题的过程中，“阅读题”的引入对我们在语法考试中对句间关系的理解、段落关系的理解甚至是文章作者观点和中心意思的把握，提出了新的要求。根据新SAT的官方样题、真题以及可汗学院31篇新SAT语法题中的阅读题，我们将语法中的阅读题分成了以下5大题型：

① 细节寻读题。

② 细节关联题。

③ 修辞作用题/句子保留删除题。

④ 合并句子题。

⑤ 句子插入/段落插入题。

细节寻读题

细节寻读题是新SAT语法的阅读题中比较简单的题目类型，主要是通过题干中的具体名词、形容词或者动词直接可以定位到选项的正确答案。

1. 题型特征

① 题干相对比较长。

② 题干中会有描述事物/人物特征的形容词、动词或者名词。

③ 题干中会提示选择正确答案时所对应文章的具体位置。

2. 解题步骤

① 在题干中画出描述事物/人物特征的形容词、动词或者名词。

② 在选项中找到对应关键词进行对应。

3. 练习

练习*1.* The writer wants a conclusion that conveys how the shortcomings of 1-MCP presented in the passage affect the actions of people in the fruit industry.

Which choice best accomplishes this goal?

A. The problem may be that consumers are overly concerned with superficial qualities rather than the actual freshness of the fruit. (NO CHANGE)

B. Many of the improvements to fruit quality they have discovered so far have required trade-offs in other properties of the fruit.

C. For now many fruit sellers must weigh the relative values of aroma, color, and freshness when deciding whether to use 1-MCP.

D. It must be acknowledged that 1-MCP, despite some inadequacies, has enabled the fruit industry to ship and store fruit in ways that were impossible before.

练习*2.* At this point, the writer wants to further reinforce the paragraph's claim about the safety of nonorganic food.

Which choice most effectively accomplishes this goal?

A. To be labeled organic, a product must meet certain standards determined and monitored by the US Department of Agriculture.

B. Organic food, however, is regulated to eliminate artificial ingredients that include certain types of preservatives, sweeteners, colorings, and flavors.

C. Moreover, consumers who are concerned about ingesting pesticide residue can eliminate much of it by simply washing or peeling produce before eating it.

D. In fact, the Environmental Protection Agency estimates that about one-fifth of the pesticides used worldwide are applied to crops in the United States.

4. 练习解析

练习*1.*

【解析】题干中的关键词affect, actions of people表明这道题的要求，即1-MCP这种农药的缺点是怎么影响人们行为的。

A选项：只提及了consumers的情绪，overly concerned，从严格意义上来讲，对……很担忧不能算作一种action，所以A选项先排除。

B选项的重心没有放在人们的action上，而是放在水果质量的提升上，所以B选项也被排除了。

C选项：首先提及的是people: fruit sellers，然后讲的是行为：weigh the relative values of...whether to use 1-MCP。先权衡利弊因素，之后再决定是否使用，是非常符合题干要求且和题干关键词形成了一一对应。

D选项：将关键词放在了强调1-MCP的优势上，而不是人们的具体行为上，故排除D选项。

练习2.

【解析】这道题的题干给出了非常明显的要求，那就是safety of nonorganic food，也就是我们需要找的选项中能够对“无机食品”也比较安全这一事实加强的答案。

A选项：食品必须经过严格的检测才能成为有机食品，这是和题干相反的答案，逻辑上削弱了这个事实。

B选项：有机食品没有人工色素，其实也是削弱了这个事实。

C选项：吃无机食品时，通过削皮和冲洗可以去除农药，是加强了题干的事实。

D选项：说了一个客观事实，但是和题干的要求没有任何关系。

细节关联题

细节关联题要求考生能够正确理解词与句之间、句与句之间、段与段之间的逻辑关系以及句子中表达的信息和所在段落作者观点的一致性。

1. 题型特征

① 题干中有非常明显的提示词与句之间关系的词support, introduces, sets up the information…，也会有提示句与句之间关系的词transition, consistent, focus…。

② 题干中会表示出选项和要求判断逻辑关系的句子位置：following sentence, preceding sentence, within the paragraph等。

2. 解题步骤

① 如果出题位置在段落内部，通过观察题干确定是先行考虑在出题位置所在句子的上两句或者后两句句子中寻找关键词线索（名词、动词、形容词）来对应答案，还是通过句间关系来对应答案，一般题干为主旨，问focus，我们趋向于通过句间关系来解题。

② 如果出题位置在段落内部，在搜索关键词无法定位正确答案时， 可以考虑分析出题位置所在句子和前后句的逻辑关系来确定答案，在分析句间关系时，先确定句子之间的关系是顺接还是逆接，进行选项排除，再具体进行对应。

注意：如果出题位置在段中，则正确答案的线索一般不跨段。

③ 如果细节关联题的出题位置是在段首句或者是段末句，则需要进行段间关系的分析。

3. 练习

练习*1.* As an African American intimately familiar with the geography and people of the South, he was often the first photographer present as historic moments took place. Using his hometown as his base, he documented the key people and events of Q1<u>the world in which he grew up, observed, and learned</u>.

Given that all the choices are true, which one provides the most effective and most specific support for the statement made in the preceding sentence?（二维码编号：3201）

A. NO CHANGE

B. the Memphis music scene, baseball’s Negro Leagues, and the civil rights movement

C. his world, which have become memorable because of their significance

D. this place that he thought would be important or newsworthy

练习*2.* Across the United States, individuals and community groups are Q1turning their personal time into opportunities to both give and receive volunteer services. By donating their time and talents to others through nonprofit Time Dollar Exchange programs, participants are contributing to their communities and upgrading interaction.

Which choice most effectively introduces the basic idea of Time Dollar Exchange programs, as described elsewhere in the essay?

A. NO CHANGE

B. sacrificing their time for others to promote their organizations

C. searching for ways to inspire community members to buy their products and services

D. acquiring belongings with their new purchasing power

练习*3.* Lunar rainbows, or “moon bows,” are little known Q1 and, in that way, are like some other aspects of the natural world. The moon must be full and low in the sky, and rain must be falling. Also, because moonlight is less powerful than sunlight, lunar rainbows are faint and easily obscured by surrounding lights and air pollution.

Given that all the choices are true, which one best indicates the focus of this paragraph?

A. NO CHANGE

B. in the same way that some constellations are more familiar than others

C. because they are difficult to see and because the conditions required to create them rarely occur

D. even though, given the chance, most people would like to see one

4. 练习解析

练习*1.*

【解析】第*1*步：虽然这个句子的出题位置是在段落末尾，但是题干中有非常明显的答案线索位置(preceding sentence)，所以，我们先通过关键词来定位答案，我们定位到了As an ***African American*** intimately familiar with the ***geography and people of the South***, he was often the ***first photographer*** present as ***historic moments*** took place. Using his hometown as his base and documenting the key people and events这样一些关键名词。

第*2*步：对应选项，A选项说the world in which he grew up，句子的意思比较抽象，无法对应所圈定名词。B选项，the Memphis music scene, baseball’s Negro Leagues, and the civil rights movement. 这是枚举的一些节日名或者运动的名称，如果同学不知道前两个意味着什么，对于最后的一个名词：美国民权运动，大家应该比较熟悉，这是第二次世界大战后，美国黑人反对种族隔离与歧视，争取民主权利的群众运动。这可谓是美国历史上的historic moment。C选项，说他的世界变得memorable，但是没有一个词对应“难以忘怀”。D选项，同样没有关键词对应newsworthy。

综上，选择B选项。

练习*2.*

【解析】第*1*步：搜索关键词对应答案。注意：细节关联题中，如果画线部分在段落内部，则答案线索不跨段，可以在段内找答案线索，By donating their time and talents to others through ***nonprofit*** Time Dollar ***Exchange*** programs, participants are ***contributing*** to their ***communities*** and ***upgrading interaction***.

第*2*步：对应选项，A选项：用自己的个人时间去做义工或者享受别人的免费服务，其实这就是一种non-profit而且exchange的举动。B选项：只有付出，没有收获不符合exchange的内涵。C选项中注意关键词to buy和exchange是不符合的。D选项和关键词中的non-profit和exchange都没有任何关系。

练习*3.*

【解析】第*1*步：读题的时候看到关键词focus of the paragraph，说明本题考查的是类似主旨和段落作者观点的题目，解答这种题目的时候我们首先看的是作者观点，但是看到段落首句，无法推断出作者观点，所以从句间关系入手。出题所在位置后一句：The moon must be full and low in the sky, and rain ***must be*** falling. 我们从两个must be其实可以发现，这句话描述的是某种现象所需要的条件，那么前面一句话需要的是某种现象，这样才能使得这两个句子之间形成顺接关系。

第*2*步：观察选项：A选项并不是描述某种现象，排除。B选项，有现象提及some constellations，但是句子侧重的是familiar to us，并不是现象本身及其形成条件。C选项说moon bows这种现象很难看见，而且后面讲了形成的条件很难，恰好可以和后面的句子形成顺接。D选项也没有提到现象。

修辞作用题

修辞作用题从题型上来讲是比较容易辨认的，这种题型主要考查的是对句子本身或者是句子中不同类型的成分对文章和段落在结构和主旨的影响和作用。

1. 题型特征

① If the writer were to delete sentence X, the essay would primarily lose…

② Sentence X primarily serves to…

2. 解题步骤

① 辨识句子或段落中被删除内容的具体功能，通过具体功能来解题。

② 如果不能判断被删除内容的具体性质，则通过句间关系来解题。

句子中可能被删除的内容	被删除内容的具体功能
枚举的信息或者内容	范围之广，程度之强(diversity, variety)
举例的内容	是观点的证据(evidence)
具体短语/单词/词组	细节，相关信息，相关描述(relevant details)
时间	表示时间之久，跨度之长(length of time)

3. 练习

练习*1.* They set out soon after landing. Q1Hiking unassisted up the 10,000-foot-high Sygyn Glacier, each woman pulled a sled that weighed more than 260 pounds. The sleds carried all the women's supplies, including a tent, a one-burner camp stove, diaries, two sets of skis, a laptop computer, and a snow shovel.

If the writer were to delete the underlined sentence, the essay would primarily lose details that

A. reveal why Arnesen and Bancroft were each limited to carrying about 260 pounds of supplies.

B. expand upon information provided in Sentence Q1 and also give readers a sense of what the women needed for their journey.

C. suggest that the women brought more supplies than they thought they would need for their journey.

D. contradict the information provided in Sentence Q1 about the weight of Arnesen and Bancroft's supplies.

练习*2.* Collecting coins brings other time periods into focus. For instance, the change in the metal composition of U.S. ***coins, minted during World War II***, points out the adjustments made as part of the war effort. Q

If the writer were to delete the sentence Q, the essay would primarily lose: （二维码编号：3203）

A. information that ties this paragraph in with the main point of the preceding paragraph.

B. an example that supports the point the writer is making in this paragraph about the historical significance of coins.

C. a reference to the sources that the writer relies on to verify the value of coins.

D. details that have been included elsewhere and are unnecessarily repetitive.

练习*3.* Before publishing *Bamboo Among the Oaks*, Moua founded the first Hmong English American literary journal. To fill this gap, she decided to support the talent Hmong American writers by creating *Paj Ntaub Voice*, a bilingual publication in Hmong and English.

If the writer were to delete the underlined phrase from the sentence, the essay would primarily lose:

A. a suggestion that Moua had considered publishing the *Paj Ntaub Voice* in Hmong only.

B. a relevant detail of how the writings in *Paj Ntaub Voice* are presented.

C. a fact that reveals that *Paj Ntaub Voice* was one of the first bilingual literary journals.

D. information that reveals why the journal is very popular in courses in Asian American studies.

4. 句子保留删除题

我们认为，句子保留删除题是修辞作用题的一种反向考法，都是考查句子中部分内容的功能或者段落中句子的功能，只不过在考试中，句子保留删除题和修辞作用题的呈现形式不一样，但是就考查实质来讲，它们是一致的。

Through the 1920s, waist overalls or jeans were primary considered work pants. However, in the 1930s, due to the increasingly admired image of the rugged, jeans-wearing Western cowboy, jeans became associated with adventure and individualism.

In the 1950s, young film stars such as James Dean and Marlon Brando, T-shirted and jeans-wearing renegades who listened to rock music, wore their blue jeans in the spirit of rebellion. In the 1960s and 1970s, hippies personalized their jeans—which had taken on the relaxed look of the wide "bell" bottom—with embroidery, quilted patches, and beads.

The writer is considering deleting the phrase "***with embroidery, quilted patches, and beads***" from the pre-ceding sentence (adjusting the punctuation as needed). Should this phrase be kept or deleted?

A. Kept, because it provides examples that help readers understand how hippies personalized jeans.

B. Kept, because it suggests that hippies sold decorated jeans at retail stores in the 1960s and 1970s.

C. Deleted, because it detracts from the sentence's claim about the popularity of bell-bottom jeans in the 1960s and 1970s.

D. Deleted, because it doesn't describe what the embroidery, patches, and beads looked like.

5. 练习解析

练习*1.*

【解析】我们首先看一下画线部分的内容，来分析一下画线部分内容的性质，其中including…是枚举的信息，请注意，枚举信息和举例子略有不同，举例是对于具体事例的叙述，而枚举则是对于单个词或者词组的罗列。

上面已经讲过，枚举的功能是表示范围之广或者程度之强。结合上下文，在此句中，对于女人具体出行supplier的罗列表明女人出行带的东西多，范围广。对应一下选项，纵向看了以后，我们发现B选项中的一个词expand恰好是表示范围的，和枚举的功能相符合。综上所述选择B。

练习*2.*

【解析】这道题的句间关系比较容易分析，那就是后面那个例子来证明前面那个论点，那么逻辑就是如果失去了那个例子，论点也就没有了支撑。

A选项：这个选项出现了一个比较大的问题，那就是我们之前说过的，无论在细节关联题中还是在修辞作用题里，如果出题位置是在段落中间的话，那么答案线索是基本不跨段的。所以可以排除A选项。

B选项：表达的意思就是例子是支持论点的，例子的删除意味着论点失去了支撑。这个例子要表明的就是historical significance of coins。

C选项：证明coins的价值，段落内容讲的是coins的历史意义，而非价值。

D选项：说应该被删掉，很明显这个句子不能被删掉，因为例子是论点的evidence。综上所述，应该选择B。

练习*3.*

【解析】这道题我们看原句的画线部分，似乎很难分辨画线部分内容的具体功能，所以当我们不能快速分辨句子内容的功能时，就需要利用句间逻辑来解题。

*Paj Ntaub Voice*这本杂志是用来为Hmong American writer的才能提供展示的舞台的，而后面的画线部分内容从句间关系看是同位语，解释说明这本杂志的具体性质。

A选项：说这本杂志只有Hmong文，但这本杂志是bilingual，双语的。

B选项：说杂志的内容是怎么展示的，怎么展示的呢？是以双语形式展示的，说明了这本杂志的性质。

C选项：说这是第一本双语杂志，我们暂且不管是不是第一本，至少画线部分的内容不具备提示“这是第一本双语杂志”这一信息的功能。画线部分的内容只是说明了这个杂志本身的性质而已。

D选项：说为什么这本杂志在某项课程中如此受欢迎，这是一个和题目无关的答案。

综上所述，答案为B。

6. 句子删除保留题解析

【解析】我们发现删除的部分内容是枚举的信息，首先，枚举的功能我们已经了解了，那么枚举能否发挥这样的功能，则要看一下，这个枚举的内容能否解释前面的主要观点，前面的主要观点是Hippies 的牛仔裤非常的有个性，那么怎么有个性呢？就是有embroidery, patches, and beads这些东西，所以说在这里枚举是可以发挥其范围之广的作用的，因此答案为A。

合并句子题

合并句子题是对于句法和逻辑的综合运用和考查，这个题型是贯穿在新旧SAT中的常考题型。

1. 解题步骤

第*1*步：阅读题干。

① 判断原句是否有重复或者冗余信息。

② 判断原句的逻辑关系。

③ 判断原句是否有语法错误。

第2步：阅读选项。

① 判断选项是否保留了原句冗余或者重复的内容。

② 判断选项是否修改了原句正确的逻辑关系。

③ 判断选项是否改正了原句的语法错误。

2. 练习

练习*1.* In fact, librarian's training now includes courses on research and Internet search methods. Many of whom teach classes in Internet navigation, database and software use, and digital information literacy.

Which choice most effectively combines the underlined sentences?（二维码编号：3206）

A. In fact, librarian's training now includes courses on research and Internet search methods; many librarians teach classes in Internet navigation, database and software use, and digital information literacy is taught by them.

B. In fact, many librarians, whose training now includes courses on research and Internet search methods, teach classes in Internet navigation, database and software use, and digital information literacy.

C. Training now includes courses on research and Internet search methods; many librarians, in fact, are teaching classes in Internet navigation, database and software use, and digital information literacy.

D. Including courses on research and Internet search methods in their training is, in fact, why many librarians teach classes in Internet navigation, database and software use, and digital information literacy.

练习*2.* Based on the patterns he observed, Mendeleev suggested that the properties of elements are a reflection of their atomic weight. Also based on these patterns, Mendeleev made concrete predictions about elements that had yet to be discovered.

Which choice most effectively combines the underlined sentences?（二维码编号：3207）

A. Mendeleev made concrete predictions about elements that had yet to be discovered, and before this he even suggested, based on the patterns he observed, that properties of elements are a reflection of their atomic weight.

B. Based on the patterns he observed, Mendeleev not only suggested that the properties of elements are a reflection of their atomic weight, but he also made concrete predictions about elements that had yet to be discovered.

C. Mendeleev made concrete predictions, based on the patterns he observed, about elements that had yet to be discovered, although he also suggested that the properties of elements are a reflection of their atomic weight.

D. Elements that had yet to be discovered, according to Mendeleev, could be predicted concretely, and he also suggested that the properties of elements are a reflection of their atomic weight, based on the patterns he observed.

练习*3.* Rosie appeared as a white woman on posters. Changes ushered in by the campaign added significant opportunities for African American women as well.

Which choice most effectively combines the underlined sentences?（二维码编号：3208）

A. Although Rosie appeared as a white woman on posters, changes ushered in by the campaign added significant opportunities for African American women as well.

B. Changes ushered in by the campaign added significant opportunities for African American women as well, while Rosie appeared as a white woman on posters.

C. Rosie appeared as a white woman on posters, and changes ushered in by the campaign added significant opportunities for African American women as well.

D. Changes ushered in by the campaign added significant opportunities for African American women as well, with Rosie appearing as a white woman on posters.

3. 练习解析

练习*1.*

【解析】A选项：读了这个句子我们发现，librarians在这个句子中出现了两次，说明句子通过合并没有改正重复的问题。A选项存在的第二个问题是digital information is taught by them用了被动语态，这个运用是没有必要的。所以排除A选项。

B选项：用了whose的定语从句连接了两个句子，且从逻辑上也没有问题。是正确答案。

C选项：注意in fact的位置问题，原句中in fact的位置在librarian's training 之前，强调的重心就是图书管理员接受培训课程的内容。而C选项in fact的位置变了，放在了teaching之前，所以这是一个改变句子逻辑中心的错误。

D选项：错误比较明显，我们看到句子里面有...is why，这是非常明显的改变句子逻辑意思的标志。原句中并没有因果，而在选项中加入了因果，是一个典型的错误。

练习*2.*

【解析】A选项中有一个表示时间顺序先后的词before，但是原句用的是表示顺接的逻辑关系词also，所以A选项改变了原句的逻辑关系。

B选项：用not only…but also…连接不但保留了原句并列的逻辑关系，而且还巧妙地改正了原句重复的问题，所以是正确答案。

C选项：句中的although改变了原句的逻辑关系，将原来句子之间的顺接关系改变成了逆接关系，排除C选项。

D选项：首先用了could be predicted这个被动语态是一个逻辑错误，因为这里用被动动态表示"任何人"都可以预言，但是根据语境应该是Mendeleev才能预言。而且作出预言也是based on the patterns he observed的，这一点D选项也没有体现出来，排除D选项。

练习*3.*

【解析】这个题目，我们先来读原句，发现原句中没有任何逻辑关系词，且是两个独立的句子，前面一个句子说Roise在海报上显得像白人，后面句子说改革带来了变化，黑人也会有工作机会，请注意appear，解释为看上去是，也就是说Roise实际上是一个黑人，也就是说本来以为白人才有工作机会，想不到黑人也会有，那么这两个句子应该是逆接关系。

在四个选项中C、D是顺接关系，我们直接排除。B选项用了while，在让步状语从句中表示“尽管”，也是一个逆接标志词，我们想想while表达的意思是什么？举个例子：While she studied hard, she failed the exam. while引导的让步状语从句的主句部分表达的是负向结果，从句部分表达的是正向过程。

从逻辑上来看，似乎也是对的，但是while还有表示when的顺接含义，表示两个句子的相关性。所以在逻辑上的意义是不单一、有歧义的，综上答案应该选A。

句子插入题

句子插入题是对文章作者观点以及段落大意、句间关系、句子相关性的综合考查。

1. 解题步骤

① 寻找插入句中的解题点。

② 判断解题点本身和文章内容应该存在的内部关系。

③通过插入句中的解题点和段落中句意的相关性来获得正确答案。

2. 句子插入题的主要解题点分类

句子插入题的主要解题点	例句
指示代词类 (this, that, these, those, such)	***This*** technique, also known as “open excavation,” became the standard for subway tunneling for nearly sixty years.
逻辑关系词类 (when/while; because/due to; however, although)	Yet, ***despite*** such strong ties, we moved far apart as adults and lost touch.
代词类 (it, they, their)	He immortalized his subjects in the middle of ***their*** performances as well as in quiet moments backstage.
时间类	***Early in the semester***, I opened the bag of battered negatives and began to examine them.
专有名词类（人名/地名）	***Ocloo*** always wore bright African clothes and loved to cook.

3. 练习

练习*1.* [1] In addition to jade’s aesthetic importance, a spiritual value stemmed from its early associations with traditional Taoist beliefs. [2] This belief inspired Taoist physicians to create a digestible form of jade powder, that they hoped would increase human longevity. [3] These traditional beliefs in the extraordinary powers of jade invested the stone with a significance far beyond its usefulness as a tool or as a medium for artistic expression.

Upon reviewing the Paragraph and finding that some information has been left out, the writer compose the following sentence incorporating that information:

This stone was thought to have the power to protect the human body from decay.

This sentence would most logically be placed:

A. before Sentence 1.

B. after Sentence 1.

C. after Sentence 2.

D. after Sentence 3.

练习*2.* [1] Wither's professions gave him access to famous people. [2] He has photographed seven of the last eight U.S presidents and every major civil rights leader since the 1950s. [3] Well known and well liked, Wither often traveled with and photographed such historic figures as Martin Luther King Jr. Medgar, and James Meredith. [4] For instance, his photos of Memphis's Beale Street Jazz and Blues musicians include the likes of B.B King, Aretha Franklin, and Elvis Presley.

Upon reviewing the Paragraph and finding that some information has been left out, the writer compose the following sentence incorporating that information:

He immortalized his subjects in the middle of their performances as well as in quiet moments backstage.

This sentence would most logically be placed:

A. after Sentence 1.

B. after Sentence 2.

C. after Sentence 3.

D. after Sentence 4.

练习*3.* [1] 1-MCP works by limiting a fruit's production of ethylene, a chemical that causes fruit to ripen and eventually rot. [2] While 1-MCP keeps apples firm and crisp for months, it also limits their scent production. [3] This may not be much of a problem with certain kinds of apples that are not naturally very fragrant, such as Granny Smith, but for apples that are prized for their fruity fragrance, such as McIntosh, this can be a problem with consumers, who will reject apples lacking the expected aroma. [4] But some fruits do not respond as well to 1-MCP as others do, and some even respond adversely. [5] Furthermore, some fruits, particularly those that produce a large amount of ethylene, do not respond as well to 1-MCP treatment.

To make this paragraph most logical, ***sentence 4*** should be placed:

A. where it is now.

B. after Sentence 1.

C. after Sentence 2.

D. after Sentence 5.

4. 练习解析

练习*1.*

【解析】第*1*步：先来看这个插入句子的解题点，我们非常快速地找到了this这个指示代词，但在这里this是作形容词修饰stone。

第*2*步：通过这个解题点分析，既然在这里说this stone，也就是说上文一定是提到过这块石头, 不然，从逻辑角度来说，这里不会用this来修饰。

第*3*步：结合原文相关性，我们看到[1]的内容中含有jade这个词，其实就是那块石头，那么我们有感觉应该将这句话插在[1]后面，我们再确定一下，看一下[2]、[3]，[2]讲的是有关belief的问题，[3]是以指示代词的形容词形式these beliefs开头的，说明[2]、[3]是不能分开的，所以我们应该将这句话插在[1]后，答案是B。

练习*2.*

【解析】第*1*步：先来看这个插入句子的解题点，我们非常快速地找到了their这个代词，但在这里their所有格后面跟的是performances，也就是说前面应该是提到不止一个人，而且是和表演相关的信息。

第*2*步：结合原文的相关性：我们发现[3]后面和[4]后面都有人名，首先判断这句话应该跟在这两句话后面，但是我们要注意：第三句话后面的人名，如Martin Luther King是美国历史上有名的政治人物，但是原句中含有performances, backstage，可见这个句子中暗含了一些娱乐的信息，另外，第三、第四句话在逻辑上的结合相对也是比较紧密的，而第四句话的末尾给了Elvis Presley这个我们耳熟能详的娱乐明星的名字，所以更坚定了我们选D的信心。

练习*3.*

【解析】第*1*步：先来看这个插入句子的解题点，But some fruits do not respond as well to 1-MCP as others do, and some even respond adversely. 我们非常快速地找到了but这个转折关系。

第*2*步：分析转折后的内容，说的是有些水果对1-MCP的反应并不好，而且出现了相反的效果。那么可以确定，前面的内容肯定是在论述1-MCP的优势的。

第*3*步：结合原文信息：我们看到第一句话是讲1-MCP的化学原理，它可以有效防止苹果中乙烯的释放，从而为苹果保鲜，但是，后面的内容急转直下，都是论述1-MCP的弊端的，主要的证据是第二句话中的also limits their scent production。所以我们确定，后面的内容基本都是在讲1-MCP的弊端的，因此应该将第四句话插在第一、第二句话中间，起一个过渡的作用，所以正确答案是B。

第四章

新SAT写作，

SAT

你是何方神圣？

Affairs that are done by due degrees are soon ended.

＼知己知彼——新旧SAT写作比对

＼寻找写作的灯塔——新SAT写作部分评分标准解读

＼新SAT写作备考策略

Writing

第一节 知己知彼——新旧SAT写作比对

2016年1月，旧SAT画上了完满的句号。旧SAT要求考生根据题干要求，在25分钟内写一篇大概400字的文章；新SAT的写作部分要求考生先读一篇文章，然后对文章的内容和表达效果进行分析和评论，总时长是50分钟。考试主要从文章了解、例证引用、行为逻辑、书面语言四个方面来评分。旧SAT中，写作部分是必考，而在新SAT中，写作部分为选考。

首先，旧SAT的写作部分(Essay)主要依赖学生个人的自由表达，例证可以来自事实，也可以来自学生的个人经历。由于不是每个人都有那么多素材可以挖掘，很多学生会瞎编乱造个人经历，严重违背了College Board一切以事实为准绳的严谨风格。其次，多项研究表明，加不加写作后的结果对学生大学表现的预测效果并无太大影响。这直接导致了第三个影响因子：大学的招生官对于Essay部分的评价存在严重分歧。作为上游机构的大学提出异议，College Board自然也无法强行要求。

SAT写作 (Essay) 由必考变为选考并不意味着考生真的可以自由选择是否参考，因为只要考生申请的任何一所学校要求Essay分数，该考生就必须参加考试。

我们先来看看官方指南上对于两个写作考试给出的样题及写作要求。

旧*SAT*写作样题

Think carefully about the issue presented in the following excerpt and assignment below:

> An actor, when his cue came, was unable to move onto the stage. He said, “I can’t get in, the chair is in the way.” And the producer said, “Use the difficulty. If it’s a drama, pick the chair up and smash it. If it’s a comedy, fall over it.” From this experience the actor concluded that in any situation in life that is negative, there is something positive you can do with it.
>
> Adapted from Lawrence Eisenberg, “Caine Scrutiny”.

Assignment: Can any obstacle or disadvantage be turned into something good? Plan and write an essay in which you develop your point of view on this issue. Support your position with reasoning and examples taken from your reading, studies, experience, or observations.

新*SAT*写作样题

> As you read the passage below, consider how Paul Bogard uses
>
> - evidence, such as facts or examples, to support claims.
> - reasoning to develop ideas and to connect claims and evidence.
> - stylistic or persuasive elements, such as word choice or appeals to emotion, to add power to the ideas expressed.

Adapted from Paul Bogard, “Let There Be Dark.” ©2012 by *Los Angeles Times*. Originally published December 21, 2012.

At my family's cabin on a Minnesota lake, I knew woods so dark that my hands disappeared before my eyes. I knew night skies in which meteors left smoky trails across sugary spreads of stars. But now, when 8 of 10 children born in the United States will never know a sky dark enough for the Milky Way, I worry we are rapidly losing night's natural darkness before realizing its worth. This winter solstice, as we cheer the days' gradual movement back toward light, let us also remember the irreplaceable value of darkness.

All life evolved to the steady rhythm of bright days and dark nights. Today, though, when we feel the closeness of nightfall, we reach quickly for a light switch. And too little darkness, meaning too much artificial light at night, spells trouble for all.

Already the World Health Organization classifies working the night shift as a probable human carcinogen, and the American Medical Association has voiced its unanimous support for "light pollution reduction efforts and glare reduction efforts at both the national and state levels." Our bodies need darkness to produce the hormone melatonin, which keeps certain cancers from developing, and our bodies need darkness for sleep. Sleep disorders have been linked to diabetes, obesity, cardiovascular disease and depression, and recent research suggests one main cause of "short sleep" is "long light." Whether we work at night or simply take our tablets, notebooks and smartphones to bed, there isn't a place for this much artificial light in our lives.

The rest of the world depends on darkness as well, including nocturnal and crepuscular species of birds, insects, mammals, fish and reptiles. Some examples are well known—the 400 species of birds that migrate at night in North America, the sea turtles that come ashore to lay their eggs—and some are not, such as the bats that save American farmers billions in pest control and the moths that pollinate 80% of the world's flora. Ecological light pollution is like the bulldozer of the night, wrecking habitat and disrupting ecosystems several billion years in the making. Simply put, without darkness, Earth's ecology would collapse...

In today's crowded, louder, more fast-paced world, night's darkness can provide solitude, quiet and stillness, qualities increasingly in short supply. Every religious tradition has considered darkness invaluable for a soulful life, and the chance to witness the universe has inspired artists, philosophers and everyday stargazers since time began. In a world awash with electric light...how would Van Gogh have given the world his "Starry Night"? Who knows what this vision of the night sky might inspire in each of us, in our children or grandchildren?

Yet all over the world, our nights are growing brighter. In the United States and Western Europe, the amount of light in the sky increases an average of about 6% every year. Computer images of the United States at night, based on NASA photographs, show that what was a very dark country as recently as the 1950s is now nearly covered with a blanket of light. Much of this light is wasted energy, which means wasted dollars. Those of us over 35 are perhaps among the last generation to have known truly dark nights. Even the northern lake where I was lucky to spend my summers has seen its darkness diminish.

It doesn't have to be this way. Light pollution is readily within our ability to solve, using new lighting technologies and shielding existing lights. Already, many cities and towns across North America and Europe are changing to LED streetlights, which offer dramatic possibilities for controlling wasted light. Other communities are finding success with simply turning off portions of their public lighting after midnight. Even Paris, the famed "city of light," which already turns off its monument lighting after 1 a.m., will this summer start to require its shops, offices and public buildings to turn off lights after 2 a.m. Though primarily designed to save energy, such reductions in light will also go far in addressing light pollution. But we will never truly address the problem of light pollution until we become aware of the irreplaceable value and beauty of the darkness we are losing.

Write an essay in which you explain how Paul Bogard builds an argument to persuade his audience that natural darkness should be preserved. In your essay, analyze how Bogard uses one or more of the features in the directions that precede the passage (or features of your own choice) to strengthen the logic and persuasiveness of his argument. Be sure that your analysis focuses on the most relevant features of the passage.

Your essay should not explain whether you agree with Bogard's claims, but rather explain how Bogard builds an argument to persuade his audience.

旧SAT Essay的题目提示（Prompt）是由引言（Excerpt）及任务（Assignment）构成，考生需在25分钟内完成写作任务，即回答其所提出的问题，引言的主要目的是帮助考生理解写作任务。在回答任务里提出的问题时，考生必须给出自己的观点，并运用逻辑说理和举例论证的方式来支持自己的观点。考生所举之例可以来源于自己的阅读、研究、经验、观察。

新SAT Essay题目形式与上述现行形式有非常明显的区别。它是由一个题目提示（Prompt）和一篇长度介于650～750个英文单词之间的议论文构成。这篇待分析的议论文难度为美国高中阅读材料难度。另外，值得注意的是，不同于现行的25分钟写作时间安排，在新SAT Essay考试中，考生将利用50分钟完成写作。

从上述样题可以看出，这篇需要分析的样文最初发表于2012年12月，其标题为"Let There Be Dark"。虽然每次考试考生需要分析的议论文是不一样的，题目提示在新SAT Essay考试中会相对比较固定，都是要求考生针对指定的议论文章来分析其特点（特点包括但不限于以下方面：证据使用、逻辑推理、风格/体裁上及说服方法上的元素——下文中有更详细的说明）。题目最后一段明确说明，在新SAT Essay考试中，考生不应该阐述自己是否同意源文本作者的观点，只需要解释上述作者是如何展开自己的论述以说服读者的。

DIFFERENCES BETWEEN THE ORIGIANL SAT ESSAY AND THE REDESIGHNED SAT ESSAY

Feature	Original SAT Essay (available until Jan. 2016)	Redesigned SAT Essay (available from Mar. 2016)
Required or optional	Required	Optional
Position within the SAT test	At the beginning of the SAT test, before any of the multiple-choice sections	At the end of the SAT test, after both multiple-choice sections have been given

Test length	25 minutes	50 minutes
Number of prompts (questions) and responses (answers)	1 each	1 each
Nature of prompt	Take a position on an issue	Analyze an argument
Prompt varies?	Yes; general format stays the same; reading and prompt change from test to test	No; general format stays the same; reading changes from test to test; prompt is virtually the same every time
Reading included	Brief (80-100 words) passage designed mainly to get students thinking about an issue	Extended (650-750 words) passage designed to be the main focus of the task
Support to be used	Reasoning and examples taken from students' own reading, studies, experiences or observations	Reasoning and textual evidence from the included reading
Scores	One holistic Essay score (2-12), combined with the score on the multiple-choice writing portion to get a Writing score on a 200-800 scale	Three analytic Essay scores (2-8 each): Reading, Analysis, and Writing; scores not combined with each other or with any other scores on the test

总结一下，这次的作文改革，带来了五大变化：

变化*1*：考试形式变化

从论证自己观点到分析别人如何论证观点。这可以说是新SAT作文最根本的变化，中国考生可能会感到很不适应。旧SAT要求就某个议题（议题的描述较短，长约80～100个单词）选择立场，然后写一篇议论文。然而，新SAT要求考生先阅读一篇长650～750个单词的带有观点的文章（通常选自英美报刊或是美国名人演讲），然后要求考生分析作者（或演讲者）如何论证他或她的观点。这感觉有点像写书评。中国学生写议论文并不陌生，但若要分析别人如何论证观点，这种模式对于我们来说是新鲜的，也是中国学生并不擅长的，因此改革将给我们带来很大挑战。

变化*2*：考点变化

旧SAT作文主要考查英文写作能力。然而，新SAT作文（虽然还叫作文）可以说是考查学生阅读、分析和写作的“三栖”作战能力。具体讲就是：学生先要把给出的一篇不短的文章读懂，然后分析作者如何在文章中论证观点，最后要用写作的手段将分析过程表达出来。因此，新SAT作文打分分三项评分：阅读、分析和写作，每项分值为2～8分，分值不合并计算。

变化*3*：从必考到选考

旧SAT作文是必考，新SAT作文可选考。但是这里需要多说一句的是，选考并不意味着就可以不考了。事实上，但凡要考SAT的学生都心系美国名校梦，如今进入名校的竞争惨烈，如果别的学生考了作文，但自己没考，毫无疑问在申请中会失分。因此，可以预见，即使新SAT变为选考，大部分学生也还是会选择要考。

变化4：考试时间长度发生变化

旧SAT作文时长为25分钟，新SAT作文为50分钟。相应新SAT作文理想长度也增加到600个单词左右，考生的工作量加大。

变化5：在考试中出现顺序变化

旧SAT作文出现在考试首部分，新SAT作文出现在整个SAT考试最后部分。总的说来，变化对考生注意力和体力是一种考验，因为在新SAT考试中，考生在完成了阅读和数学部分后已经较累，但接下来还有50分钟的阅读＋分析＋写作，任务不轻。

第二节 寻找写作的灯塔
——新SAT写作部分评分标准解读

新SAT写作评分规则介绍

要进行一篇文章的写作，了解其评分标准、规则是首要任务。新SAT写作也不例外。那么，我们先来看看官方指南第180页到183页对于阅读、分析和写作的评分要求。

ESSAY TEST RUBRIC

The Essay Demonstrates…

4—Advanced

(Reading) A strong ability to comprehend the source text, including its central ideas and important details and how they interrelate; and effectively use evidence (quotations, paraphrases, or both) from the source text.

(Analysis) A strong ability to evaluate the author's use of evidence, reasoning, and/or stylistic and persuasive elements, and/or other features of the student's own choosing; make good use of relevant, sufficient, and strategically chosen support for the claims or points made in the student's essay; and focus consistently on features of the source text that are most relevant to addressing the task.

(Writing) A strong ability to provide a precise central claim; create an effective organization that includes an introduction and conclusion, as well as a clear progression of ideas; successfully employ a variety of sentence structures; demonstrate a consistent use of precise word choice; show a strong command of the conventions of standard written English so that the essay is free of errors.

4分

阅读：答卷显示出考生对提供的文章能深入理解，考生掌握了文章的中心思想和最重要的细节，对文章有综合的理解。答卷对文章的分析中没有事实或解读方面的错误，熟练地使用了文本证据（引用、诠释或两者兼有），显示出对文章有全面的理解。

分析：答卷对所提供的文章作出了有见地的分析，显示出考生充分理解分析任务。答卷对文章的作者如何使用论据、推理以及文体和说理技巧或者考生自选的特别技巧做出了透彻的、深思熟虑的评价。考生对自己的论点或提出的看法提供了相关的、充分的、精心选择的论据支持，答卷始终围绕对所分析文章至关重要的特点进行分析。

写作：答卷一气呵成，浑然一体，显示出高效使用和驾驭语言的能力。答卷有一个精确的中心论点，有精心设计的引言和结论。作文显示，无论是在各个段落中，还是在全文中，思想的表达都流畅自如、高度有效。答卷中句型多变，用词精确，文体正规，语调客观。答卷显示出考生牢牢掌握了英文书面语写作的规范，全篇没有或基本上没有错误。

3—Proficient

(Reading) Satisfactory ability to comprehend the source text, including its central ideas and important details and how they interrelate; and use evidence (quotations, paraphrases, or both) from the source text.

(Analysis) Satisfactory ability to evaluate the author's use of evidence, reasoning and/or stylistic and persuasive elements, and/ or other features of the student's own choosing; make use of relevant and sufficient support for the claims or points made in the student's essay; and focus primarily on features of the source text that are most relevant to addressing the task.

(Writing) Satisfactory ability to provide a central claim; create an organization that includes an introduction and conclusion, as well as a clear progression of ideas; employ a variety of sentence structures; use precise word choice; maintain an appropriate formal style and objective tone; and show control of the conventions of standard written English so that the essay is free of significant errors.

3分

阅读：答卷显示出考生对提供的文章能有效理解，考生掌握了文章的中心思想和最重要的细节，对文章的分析没有事实或解读方面的大错。答卷适当地使用了文本证据（引用、诠释或两者兼有），显示出对文章的理解。

分析：答卷对所提供的文章作出了有效的分析，显示出考生理解分析任务。答卷对文章的作者如何使用论据、推理以及文体和说理技巧或者考生自选的特别技巧做出了合理的评价。考生对自己的论点或提出的看法提供了相关的、充分的论据支持，答卷基本上围绕对所分析文章至关重要的特点进行分析。

写作：答卷基本上结构紧凑，显示出有效使用和掌控语言的能力。答卷有一个中心论点或未挑明的中心思想，有有效的引言和结论。作文显示，无论是在各个段落中，还是在全文中，思想的表达都很明确。答卷采用了不同的句型，用词精确，文体正规，语调客观。答卷显示出考生掌握了英文书面语写作的规范，全篇没有影响作文质量的大错。

2—Partial

(Reading) Limited ability to comprehend the source text, including its central ideas and important details and how they interrelate; and use evidence (quotations, paraphrases, or both) from the source text.

(Analysis) Limited ability to evaluate the author's use of evidence, reasoning, and/or stylistic and persuasive elements, and/or other features of the student's own choosing; make use of support for the claims or points made in the student's essay; and focus on relevant features of the source text.

(Writing) Limited ability to provide a central claim; create an effective organization for ideas; employ a variety of sentence structures; use precise word choice; maintain an appropriate style and tone; or show control of the conventions of standard written English, resulting in certain errors that detract from the quality of the writing.

2分

阅读：答卷显示出考生对提供的文章有一定的理解，考生懂得文章的中心思想，但不了解重要的细节，答卷中可能有事实或解读方面的错误。答卷中有限地、零星地使用了文本证据（引用、诠释或两者兼有），显示出对文章有一定的理解。

分析：答卷对所提供的文章作出了有限的分析，显示出考试只有部分理解分析任务。答卷对于作者使用的论据、推理以及文体和说理技巧或考试自选的技巧给出的分析比较有限。答卷对自己的论点或看法几乎没有提出论据或者支持，没有明显的聚焦于所分析文章至关重要的特点。

写作：答卷不够紧凑，显示出使用和掌控语言的能力有限。答卷可能没有明确的中心论点或中心思想，或者在行文中偏离了论点。答卷缺少有效的引言和结论，虽然在某些段落中有一些思想表达，但通篇来看思想不明确。答卷中使用的句型变化太少，同一结构的句型多次重复。答卷中用词笼统、含糊、单调、重复。作文可能偏离了正规的文体和客观的语调。答卷显示出考生对英文书面语写作的规范掌握有限，存在影响作文质量、妨碍对作文作出理解的错误。

1—Inadequate

(Reading) Little or no ability to comprehend the source text or use evidence from the source text.

(Analysis) Little or no ability to evaluate the author's use of evidence, reasoning, and/or stylistic and persuasive elements, choose support for claims or points, or focus on relevant features of the source text.

(Writing) Little or no ability to provide a central claim, organization, or progression of ideas; employ a variety of sentence structures; use precise word choice, maintain an appropriate style and tone, or show control of the conventions of standard written English, resulting in numerous errors that undermine the quality of the writing.

1分

阅读：答卷显示考生对提供的文章基本没有理解，对文章理解的基本能力欠缺，同时，未使用或者较少使用原文中提供的论据。

分析：答卷对所提供的文章没有作出分析或者没有作出有效的分析。答卷对文章的作者如何使用论据、推理以及问题和说理技巧提及很少或未有提及。答卷没有聚焦于文章与分析任务相关的特点。

写作：答卷结构松散，显示出使用和掌控语言的能力不足。答卷没有一个明确的中心论点或中心思想，也看不出思路如何展开。答卷中，句子结构变化较少，句型单一重复；用词普通、含糊，选词贫乏或不当。答卷可能没有使用正规的问题和客观的语调，显示出考生对英文书写的规范掌握甚少，有一些有损作文质量的错误。

从新SAT写作评分规则我们可以看出，评分是从Reading（阅读）、Analysis（分析）、Writing（写作）三个角度全方位地考查考生的写作功底。阅读考查考生是否掌握了文章的中心思想和最重要的细节，是否显示出对文章有综合的理解，同时，对文章的分析中没有事实或解读方面的错误。另外，论据引用方式的层面也需要有解读。就分析层面来看，考生在理解原文的基础上，必须选择其中的一个中心要点，分析作者是如何对自己的观点展开论证说理的。考生应该对作者在原文中所使用的evidence（论据）、reasoning（逻辑推理）以及language（语言风格）等作出自己的识别和判断，并选择其中最相关的论证去解释作者是如何运用它们达到说服读者的目的。考生的阅读和分析能力最终都会通过本篇文章的写作来体现。谈到写作能力的评分，这个角度是基于考生对于语言文字的掌控能力，同时对于文章框架、遣词造句能力也有考查。

评分要点后，我们来看看考官到底是如何为考生评分的。改革之后，新SAT文章写作的评判依然由两位阅卷人同时评分。每一位阅卷者会根据上述三个标准为考生的文章打分，每一个标准的评分范围为1～4分，考生的最后得分为两位考官的评分之和，这意味着考生的写作成绩最后会有三个角度的评分，每个角度的最后得分将介于2～8分，从阅读、分析和写作三个角度考查考生的写作，可以更加全面、客观地评判考生的批判思想、逻辑推理和独立思考等能力。

新SAT满分范文评分解析

分析完评分规则，我们分别来看看《官方指南》上给出的一篇满分范文评分解析。样题来自《官方指南》第203页，范文来自学生范文6。

Scoring Explanation Sample 6: This response scored a 4/4/4.

在阅读部分，作者给出了全文的主旨和中心思想（he argues against the possible laws hindering Californians from using plastic bags at grocery stores），同时，使用间接引用和改写把文章中心思想和重要的相关细节联系起来（He talks about the price increase in Ireland, and the documented health hazards of reusable bags; the legislations intent to stir up a repeat bill）。此外，考生能够清晰有条理地说明Summers如何使用细节来支持主旨。这篇文章没有对材料文章事实的误读或曲解。总而言之，此文反映出了考生优秀的阅读理解技巧。

分析部分同样可以体现出考生的功底。考生通过使用修辞技巧、推理等方法，使得读者成功的站在自己一边。对于作者使用的论据、推理、修辞等手段进行了逐一分析评价，进一步推进了自己论说的严谨性。例如在引用数据（“Plastic bags...make up only about 1.6 percent of all municipal solid waste materials.”）时，考生重点强调了作者引用数据的真实性及语言使用的准确性。这篇文章展现了考生深刻透彻的分析能力并展现出考生对分析技巧这一要求的深刻理解，此文反映出了考生优秀的分析技巧。

写作部分也显示出考生对于语言的把握能力。语言组织的严谨使得读者不得不相信

Summers所说很有道理，这其中考生看出了作者使用了修辞手段和说服性语言。同时，文章的衔接紧密，逻辑到位。句型和词汇的多样性可见（While one might view this as selfish, Summers reassures the reader that they are not alone in feeling this way, further contributing to his argument）。考生用词准确，措辞得当，同时没有任何失误（tactical reasoning; his ingenious qualification only adds to the strength of his argument; disparaging tone of annoyance and anger）。这篇文章能说明考生熟练地掌握了标准书面英语的能力。总而言之，此文反映出考生的优秀写作能力。

总结一下，一篇优秀的评析性文章，在阅读方面，要求考生通透理解全文，把握要领。分析方面，能够找出论据，论证技巧，词汇选择方面作者的优势。最后，从写作方面看，考生需要具备深厚的语言功底及很强的语言驾驭能力。

第三节 新SAT写作备考策略

新SAT作文（Essay）的完成过程包括三个步骤：阅读、分析和写作。

第一，需要读懂文章的主体意思，第二步需要根据要求对文章进行全面分析，第三步则是把阅读和分析过的内容用简洁、清晰、符合逻辑的语言表达出来。阅读是第一步，如果考生文章读不懂，后面两个步骤就基本没有意义了。

第二，新SAT对考生的要求不再是被动地提取信息，也不会给考生几个选项让他们自行选择，而是要求考生主动理解信息，找到信息之间的关联，并进行论证。这对考生的思维能力提出了很大的挑战，考生不仅需要读懂文章，还需要站在作者的角度对文章进行品鉴。而大部分考生都习惯于被动思维，很少主动去评判和分析已知信息，会让他们在新的考试模式中处于劣势。其中，新SAT中的改述（paraphrase）能力非常重要，改述能力差能反映出考生没有能力分辨出作者论述中最重要的部分在哪里。此外，考生还极少使用引用，而引用的重要性在于能够显示考生对文章的理解。

第三，新SAT作文的落脚点主要在"写作技巧和英文修辞"上，意味着"写作技巧和英文修辞"在新SAT中是最基础的内容，考生不仅要了解，而且需要精通。考生在分析部分的表现差，他们的分析往往是对文章条条框框的总结，而这些总结只局限于文章的某些部分，以及这些部分是如何支撑作者的论点的。作文中看不出来他们为什么选择分析这些部分，并且照搬文章内容太多，反映出考生没有能力集中分析关键点。他们不能提供准确的证据来支撑自己的观点，并且在论述时，往往不能提炼出具体的词汇或句子，而是一下子引用许多句子，甚至是一段话。通常情况下，考生能够很好地在作文中使用数据或专家的观点来支撑自己的论点，但他们却缺乏对作者预设情感与文体的理解，也只有少数考生能够理解并表达文章的组织和过渡如何影响作者的论述。

总而言之，新SAT考试中，作文部分可能是对中国学生造成最大困难的部分，学生只有对文章构成模式、英文的表达习惯、常用的写作技巧运用熟练甚至烂熟于胸才有可能分析到位。针对新考试的要求，扎扎实实地在各方面提升自己的水平，才可能有所突破。

第五章

越写越精彩

SAT

Affairs that are done by due degrees are soon ended.

\丰满你的作文“羽翼”——新SAT写作中主体段落扩展方法

\我要的“点睛笔”——新SAT写作中的修辞精解

\材料分析必须“指哪打哪”——新SAT写作中的证据分类

\新SAT写作表达句式总结

Writing

第二节 丰满你的作文"羽翼"——新SAT写作中主体段落扩展方法

英文写作常见的主体段扩展方法

英文写作常见的主体段扩展方法如下：

方法***1.*** 列举法

先用段首句点明主题内容（以下各法均同）：再通过列举一系列的论据对主题句中提出的论点进行广泛全面的陈述或解释，其顺序可以按照所列各点内容的相对重要性、时间、空间顺序等进行排列；最后从段落内容中得出合乎逻辑的结论。例如：

In a large urban area, there are some good reasons for owning a car. First, a car allows a person to move around freely. With a car, there is no need to check a bus schedule or wait for a train. Second, a car is a comfortable way to travel, especially in the winter. In bad weather, the driver stays warm and dry, while the poor bus or train rider might have to stand in the rain. Finally, a driver is usually safe in a car at night. The rider might need to walk down a dark street to get to a shop, or wait on a dark corner.

列举常用的连接词：for one thing, for another, finally, besides, moreover, one another, still another, first, second, last, also, to begin with, next, still, on one hand, on the other hand等。

方法***2.*** 举例法

举例法是通过举出具体事例来阐述、说明主题句的内容。严格地讲，举例法也是列举法的一种，它们的区别在于：列举法侧重罗列事实，所列事实力求全面，而举例法侧重通过典型事例来解释作者的观点，事例可多可少。一般而言，使用举例法扩展的段落结构为：

主题句→举例说明（可以用几个相关的例子，也可以只用一个主要的例子）→重申主题句要点。例如：

Computers have a wide application in commerce and industry. Here are some examples. First, computers are very good for handling repetitive clerical work efficiently. We can take two examples of this. The first is the widespread use of computers in handling payrolls, that is, paying employees. Details about each employee (his salary, his tax-code, etc.) are fed into a computer. The computer makes the necessary calculation and prints out a pay slip. Another example is the use of computers by banks to provide up-to-date records of clients' accounts.

举例常用的连接词：for example, for instance, one example is, besides, furthermore, moreover, in addition, in fact, of course, specifically, such as, the following example, to illustrate, after all, in other words, as follows, let me cite as proof, to substantiate, as an illustration, take…for example, according to statistics等。

方法*3.* 比较法

也叫对比，即比较两个或多个事物的异同点，或进行分项比较（即先讨论一事物，再讨论另一事物），或进行逐项比较（即取出对比方要点中的每一项进行逐一对比）。对比能使文章内容充实，使主题和论据都有所依托。例如：

分项比较：

On campus living arrangements are quite different from off-campus ones. In a dorm, the supervision is usually greater; it is more an extension of the watchfulness of parents, with other people noticing your comings and goings, establishing fixed eating times, sometimes restricting guests. Living on campus also means sharing with many other students, not only a room but also meals, showers, telephones, and soap operas. Privacy and dorm living are mutually exclusive, but loneliness is unlikely. Off campus housing, on the other hand, allows much more personal freedom. Whether or not you go out or come home is up to you. Eating or starving is up to you. Privacy is a constant option, but also the enforced privacy of loneliness is more possible. Off campus, you really notice when there's nothing to do.

逐项比较：

The city and the country are two very different places to live. The city is mostly covered with buildings, both large and small, while the country consists mostly of farms, fields of crops and trees, and plenty of animals. Traffic is often unbearable in the city: it is all hustle and bustle. On the contrary, the country is quiet and relaxed. You see very few cars on the roads. The streets in the city are mostly office-related. In contrast, people in the country work on farms; they prepare and clean crops for sale. Families from the city buy most, if not all, of the food they eat. A lot of people in the country grow most of their own food. City life and country life both have their advantages and disadvantages.

比较常用的连接词：similarly, also, likewise, in comparison, compared with, on the one hand, on the other hand, in contrast to, opposed to, contrasted with, however, unlike, on the contrary, in contrast, be like (unlike), just as, be the same as, while, whereas, yet, but, as well as, otherwise, both, to be parallel in…, resemble等。

方法*4.* 分类法

分类法就是把文章要说明的主题按照某一标准进行归纳分类，以便说明和论述，使读者有更为清晰的认识。需要注意的是，划分类别时应泾渭分明，相互之间不能重叠。各类别的排列应合乎逻辑，而不能随心所欲地罗列。例如：

As far as political views are concerned, people fall into three categories. First are the conservative people. Conservatives are opposed to sudden or great changes. As long as they are comfortable, they want to keep things they are. Second are the liberal people. These people are in favor of progress and reform. But their opinions often seem too idealistic. The third type is the moderate people or "middle of the raiders" as they are sometimes called. The moderates keep everything within reasonable limits. They are more practical in this hard world.

分类常用词：kind, sort, type, group, classification, category, division, region, base, attribute, factor, era, branch, class, classify, divide, belong to, fall into, according to, with respect to..., there be, contain, consist of, comprise, include, be composed of, be comprised, make up, constitute, compose等。

方法5. 因果法

这种段落的展开方式通常用于解释某件事情发生的原因和结果。可以原因在前，结果在后，即陈述某一具体现象，然后再分析这一现象导致的结果；也可以结果在前，原因在后，即先陈述某种情况或事实，之后再分析造成这种情况或事实的原因。例如：

原因一结果法

A recent census reported that the American population is rapidly getting older. The aging of the nation will bring about serious effects. The most obvious effect is perhaps an economic one: how will the country bear the cost of caring for too many old people? The old are considerable more expensive to maintain. They now live mainly at home and need more services, and medical costs at present are almost twice the bill for people under 65. To support the old, the social security system already pays more than it receives, and within a matter of four years, it will not be able to help the retired. Then, to keep the system going, working Americans will simply have to work harder and receive less pay. But there is a danger: the young may refuse to contribute when the burden gets too heavy. In that case, the system will have to allow the elderly to work over 65. In fact, a number of major firms have already modified their retirement policies. However, as more and more elderly people stay at their posts, the younger generation will find it even harder to find jobs.

结果一原因法

The role of women in today's society is changing. One reason is that women have begun to assert themselves as independent people through the women's movement. Also, women are aware of alternatives to staying at home. Another reason is that increasing numbers of women who enter new fields and interests serve as role model for other women. Moreover, men are becoming more conscious of the abilities of women and have begun to view their independence positively.

因果分析法常用的连接词：because, so, as a result, accordingly, consequently, for this purposes, hence, so, then, therefore, for this reason, due to, in that case, that being so, in these circumstances, thus, lead to, result from, result in, arising from this, so that等。

值得一提的是，主体段的扩展方法并不限于以上提到的几种，考生可以试着自己分析一些范文的主体段，总结其他扩展法，并运用于实际写作中去。

第二节 我要的"点睛笔"——新SAT写作中的修辞精解

英文19种修辞手法的解释和例句

1. 明喻 (*Simile*)

An expression that describes something by comparing it with something else, using the words "as" or "like", for example, "as white as snow".

明喻是将具有共性的不同事物作对比。这种共性存在于人们的心里，而不是事物的自然属性。

标志词常用 like, as, seem, as if, as though, similar to, such as等。例如：

① He was like a cock who thought the sun had risen to hear him crow.

他就像一只公鸡，认为太阳已经升起听他鸣叫。

② I wandered lonely as a cloud.

我就像云朵一样孤独地游荡着。

③ Einstein only had a blanket on, as if he had just walked out of a fairy tale.

爱因斯坦只裹着一块毛毯，好像他刚刚从一个童话故事中走出来。

④ Then came the buildup in Vietnam, and I watched this program broken and eviscerated, ***as if*** it were some idle political plaything of a society gone mad on war, and I knew that America would never invest the necessary funds or energies in rehabilitation of its poor so long as adventures like Vietnam continued to draw men and skills and money ***like*** some demonic destructive suction tube.

这段文字有两个明喻，分别使用了as if 和like。第一个明喻将this program也就是前文所指的the buildup in Vietnam比作idle political plaything；第二个明喻将adventures比喻成恶魔般毁灭性的吸管。

2. 隐喻，暗喻（*Metaphor*）

A way of describing something by referring to it as something different and suggesting that it has similar qualities to that thing.

隐喻是简缩了的明喻，是将某一事物的名称用于另一事物，通过比较形成。例如：

① Hope is a good breakfast, but it is a bad supper.

希望就像一顿很好的早餐，却是一顿糟糕的晚餐。

② Some books are to be tasted, others swallowed, and some few to be chewed and digested.

一些书适合浅尝辄止，另外一些书适合囫囵吞枣，还有一些书应该细细咀嚼，好好消化。

3. 借喻，转喻（*Metonymy*）

The act of referring to something using a word that describes one of its qualities or features.

借喻不直接说出所要说的事物，而使用另一个与之相关的事物名称。

- 以容器代替内容。例如：

① The kettle is boiling.

水开了。

② The room sat silent.

全屋人安静地坐着。

- 以资料、工具代替事物的名称。例如：

Lend me your ears, please.

请听我说。

- 以作者代替作品。例如：

  a complete Shakespeare 莎士比亚全集

- 以具体事物代替抽象概念。例如：

  I had the muscle, and they made money out of it.

  我有力气，他们就用我的力气赚钱。

4. 提喻（借代）(*Synecdoche*)

A part of something is used to refer to the whole of it, for example "a pair of hands" for "a worker", or the whole of something is used to refer to a part, for example "the law" for "a police officer".

提喻用部分代替全体，或用全体代替部分，或特殊代替一般。例如：

① There are about 100 hands working in his factory.（部分代整体）

他的厂里约有100名工人。

② He is the Newton of this century.（特殊代一般）

他是本世纪的牛顿。

③ The fox goes very well with your cap.（整体代部分）

这狐皮围脖与你的帽子很相配。

5. 通感，联觉，移觉 (*Synaesthesia*)

A condition in which someone experiences things through their senses in an unusual way, for example by experiencing a color as a sound, or a number as a position in space.

这种修辞法是以视、听、触、嗅、味等感觉直接描写事物。通感就是把不同感官的感觉沟通起来，借联想引起感觉转移，"以感觉写感觉"。

通感技巧的运用，能突破语言的局限，丰富表情达意的审美情趣，起到增强文采的艺术效果。比如：欣赏建筑的重复与变化的样式会联想到音乐的重复与变化的节奏；闻到酸的东西会联想到尖锐的物体；听到缥缈轻柔的音乐会联想到薄薄的半透明的纱子；又比如朱自清《荷塘月色》里的"微风过处送来缕缕清香，仿佛远处高楼上渺茫的歌声似的"。例如：

① The birds sat upon a tree and poured forth their lily-like voice.（用视觉形容听觉，鸟落在树上，由它发出的声音联想到百合花）

鸟儿落在树上，倾泻出百合花似的声音。

② Taste the music of Mozart.（用嗅觉形容听觉）

品尝Mozart的音乐。

6. 拟人 (*Personification*)

The description of an object or an idea as if it had human characteristics.

拟人是把生命赋予无生命的事物。例如：

① The night gently lays her hand at our fevered heads.（把夜拟人化）

② I was very happy and could hear the birds singing in the woods.（把鸟拟人化）

③ Instead of tearing open ***the heart of our greatest refuge***, we should use our resources more wisely.

把refuge拟人化，破坏这里的环境就像撕裂它的心脏一样。

④ If ***America's soul*** becomes totally poisoned, part of the autopsy must read: Vietnam.

如果美国的灵魂完全被毒害了，验尸分析一定有一部分写着：越南。这个句子把美国比作人，有灵魂。

⑤ Standing on the coastal plain, I was saddened to think of the tragedy that might occur if this great wilderness was ***consumed by a web of roads and pipelines***, drilling rigs and industrial facilities.

把道路和管道拟人化，可以吞食这块土地。

7. 夸张（*Hyperbole*）

A way of speaking or writing that makes someone or something sound bigger, better, more, etc. than they are.

夸张是以言过其实的说法表达强调的目的。它可以加强语势，增加表达效果。例如：

① I beg a thousand pardons.

我请求一千次的原谅。

② Love you. You are the whole world to me, and the moon and the stars.

我爱你，你是我的整个世界，我的月亮和星星。

③ When she heard the bad news, a river of tears poured out.

当她听到那个坏消息，泪水如同河水一样倾泻。

④ In a matter of a few minute, the sweep of tundra before us became ***flooded*** with life, with the sounds of grunting animals and clicking hooves filling the air.

这里用flood来表达这里的生物之多。

8. 排比，平行（*Parallelism*）

The use of matching sentence structures, phrases, or longer parts so as to balance ideas of equal importance.

这种修辞法是把两个或两个以上的结构大体相同或相似，意思相关，语气一致的短语、句子排列成串，形成一个整体。例如：

① No one can be perfectly free till all are free; no one can be perfectly moral till all are moral; no one can be perfectly happy till all are happy.

无人能够彻底自由，直到所有人获得自由；无人能够完全品德高尚，直到所有人都高尚；无人百分百的快乐，直到大家都快乐。

② In the days when all these things are to be answered for, I summon you and yours, to the last of your bad race, to answer for them. In the days when all these things are to be answered for, I summon your brother, the worst of your bad race, to answer for them separately.

当需要处理这些事情的日期来临的时候，我将召唤你和你这个邪恶家族的最后一人，来负责此事；当需要处理这些事情的日期来临的时候，我将召唤你这个邪恶家族最邪恶的人，你弟弟，来负责此事。

③ We were taking the black young men who had been crippled by our society and sending them eight thousand miles away to guarantee liberties in Southeast Asia which they had not found in southwest Georgia and East Harlem. ***And so we have been repeatedly faced*** with the cruel irony of watching Negro and white boys on TV screens as they kill and die together for a nation that has been unable to seat them together in the same schools. ***And so we watch them*** in brutal solidarity burning the huts of a poor village, but we realize that they would hardly live on the same block in Chicago.

两个相似句式的并列使用，加强语气。

④ ***For the sake of those boys, for the sake of this government, for the sake of the hundreds of thousands trembling under our violence***, I cannot be silent.

三个相似短语的使用，加强气势。

9. 委婉，婉辞（*Euphemism*）

A word or phrase used to avoid saying an unpleasant or offensive word.

婉辞法指用委婉，文雅的方法表达粗恶，避讳的话。例如：

① He is out visiting the necessary.

他出去方便一下。

② His relation with his wife has not been fortunate.

他与妻子关系不融洽。

③ He passed away in 1997.

他1997年去世了。

10. 讽喻，比方（原义“寓言”）（*Allegory*）

The characters and events represent particular qualities or ideas that relate to morals, religion, or politics.

建立在假借过去或别处的事例与对象之上，传达暗示、影射或者讥讽现世各种现象的含义。

英文解释：an expressive style that uses fictional characters and events to describe some subjects by suggestive resemblances; an extended metaphor 摘自英语专业《大学英语教程》一书。

这是一种源于希腊文的修辞法，意为“换个方式的说法”。它是一种形象的描述，具有双重性，表层含义与真正意味的是两回事。例如：

① Make the hay while the sun shines.

表层含义：趁着出太阳的时候晒草。

真正意义：趁热打铁。

② It's time to turn sword into plough.

表层含义：是时候把剑铸成犁了。

真正意义：化干戈为玉帛。

11. 反语 (*Irony*)

Something which is intended to have a particular result has the opposite or a very different result.

反语指用相反意义的词来表达意思的作文方式。如在指责过失、错误时，用赞同过失的说法，而在表扬时，则近乎责难的说法。例如：

① It would be a fine thing indeed not knowing what time it was in the morning.

早上没有时间观念还真是一件好事啊（真实含义是应该明确早上的时间观念）。

② "Of course, you only carry large notes, no small change on you." the waiter said to the beggar.

"当然，你只带大票子，身上没有小额钞票。" 服务员对乞丐说。

12. 双关 (*Pun*)

A humorous use of a word or phrase that has several meanings or that sounds like another word.

双关就是用一个词在句子中的双重含义，借题发挥，作出多种解释，旁敲侧击，从而达到意想不到的幽默、滑稽效果。它主要以相似的词形、词义和谐音的方式出现。例如：

① She is too low for a high praise, too brown for a fair praise and too little for a great praise.

她对于一个过高的赞扬来说太矮了，对于一个白皙的赞扬来说太黑了，对于一个宏大的赞扬来说太渺小了。

② An ambassador is an honest man who lies abroad for the good of his country.

一个大使是一个为了自己国家的利益而在海外撒谎的诚实的人。

③ If we don't hang together, we shall hang separately.

要么团结起来，要么分别被吊死。

13. 仿拟 (*Parody*)

Writing, music, art, speech, etc. that intentionally copies the style of someone famous or copies a particular situation, making the features or qualities of the originalmore noticeable in a way that is humorous.

这是一种模仿名言、警句、谚语，改动其中部分词语，从而使其产生新意的修辞。例如：

① Rome was not built in a day, nor in a year.

罗马不是一天建好的，一年也建不好。

② A friend in need is a friend to be avoided.

患难见遁形。

③ If you give a girl an inch nowadays she will make address of it.

得寸进尺。

14. 修辞疑问（反问）(*Rhetorical question*)

A question, asked in order to make a statement, that does not expect an answer.

它与疑问句的不同在于，它并不以得到回答为目的，而是以疑问为手段，取得修辞上的效果。其特点是：肯定问句表示强烈否定，而否定问句表示强烈的肯定。它的答案往往是不言而喻的。例如：

① How was it possible to walk for an hour through the woods and see nothing worthy of note?

花了一个小时穿过树林结果什么都没有发现，怎么可能呢？

② Shall we allow those untruths to go unanswered?

难道我们会允许那些疑团永远无解吗？

③ In a world awash with electric light… ***how would Van Gogh have given the world his “Starry Night”? Who knows what this vision of the night sky might inspire in each of us, in our children or grandchildren?***

文中提出了两个问句，但并不是真的要询问读者凡·高怎么才能画出《星夜》呈现给世人，谁知道夜空的美景会对我们、我们的子孙有什么启发，而是要引起大家的注意，强调作者想要表达的意思。

15. 对照，对比，对偶（*Antithesis*）

The rhetorical contrast of ideas by means of parallel arrangements of words, clauses, or sentences.

这种修辞指将意义完全相反的语句排在一起对比的一种修辞方法。例如：

① Not that I loved Caeser less but that I loved Rome more.

不是我爱恺撒少些，而是我更爱罗马。

② You are staying; I am going.

你留着，我离开。

③ Give me liberty, or give me death.

要么给我自由，要么给我死亡。

16. 隽语（*Paradox*）

A situation or statement that seems impossible or is difficult to understand because it contains two opposite facts or characteristics.

这是一种貌似矛盾，但包含一定哲理的意味深长的说法，是一种矛盾修辞法。例如：

① More haste, less speed.

欲速则不达。

② The child is the father to the man.（童年时代可决定人之未来）

三岁看大，七岁看老。

17. 反意，逆喻（*Oxymoron*）

Two words used together that have, or seem to have, opposite meanings.

这也是一种矛盾修辞法，用两种不相调和的特征形容一个事物，以不协调的搭配使读者领悟句中微妙的含义。例如：

① No light, but rather darkness visible.

没有光亮，黑暗却清晰可见。

② The state of this house is cheerless welcome.

房屋的状态让人痛楚得开心。

18. 渐进，层进（*Climax*）

The most important or exciting point in a story or situation, especially when this happens near the end.

这种修辞是将一系列词语按照意义的大小、轻重、深浅、高低等逐层渐进，最后达到顶点。可以增强语势，逐渐加深读者印象。例如：

① I am sorry, I am so sorry, I am so extremely sorry.

我抱歉，真的抱歉，特别抱歉。

② Eye had not seen nor ear heard, and nothing had touched his heart of stone.

眼不见，耳不听，没有任何东西可以打动他坚硬的心。

19. 渐降（*Anticlimax*）

An event or experience that causes disappointment because it is less exciting than was expected or because it happens immediately after a much more interesting or exciting event.

与climax相反的一种修辞法，将一系列词语由大到小，由强到弱地排列。例如：

① On his breast he wears his decorations, at his side a sword, on his feet a pair of boots.

在他的胸部，他戴着配饰，腰侧是一把剑，脚部是一双靴子。

② The duties of a soldier are to protect his country and peel potatoes.

士兵的责任是保卫国家和削土豆皮。

第三节 材料分析必须"指哪打哪"——新SAT写作中的证据分类

新SAT写作中的论据及分类

新的写作评分标准主要包括阅读(Reading)、分析(Analysis)和写作(Writing)，其中的分析对大多数中国考生来讲，是比较少接触的部分。分析的时候，要求全面，尤其是论证和风格要素。在满分的评分标准中，明确要求一篇好的文章应该能够"offers a thorough, well-considered evaluation of the author's use of evidence, reasoning, and/or stylistic and persuasive elements, and/or features(s) of the student's own choosing"。换句话说，考生需要去分析作者怎样应用证据、说理或其他有说服力的风格要素来证明自己的观点。

在分析《官方指南》和样题后，除去两篇演讲"Seasons of Life and Land"和"Beyond Vietnam"，剩下五篇"The Digital Parent Trap"，"Let There Be Dark"，"Why Literature Matters"，"Foreign News at a Crisis Point"和"Bag Ban Bad for Freedom and Environment"都包含了大量的论据(evidence)。论据是作者用来证明文章中心思想的依据，有了论据，议论文的论点才能站得住脚。新SAT选择的素材都来自美国主流报刊，或者是美国的名人演说，质量比较高。我们来看看怎么去定义论据(evidence)。《官方指南》的第178页是这样描述的："Evidence is information and ideas that the author uses to support a claim. Evidence takes many forms,...Evidence can come in the form of facts, statistics, quotations from (other) experts, the results of experiments or other research, examples, and the like..."从这段描述我们可以看到，论据(evidence)可能出现的形式是事实、数据、引用别人的话、实验或研究的结果、具体的例子等。例如：

1. 数据(*Data*)

① According to the U.S. Environmental Protection Agency, plastic bags, sacks, and wraps of all kinds (not just grocery bags) make up only about 1.6 percent of all municipal solid waste materials.

这里引入数据来说明塑料制品产生的固体垃圾占比很少。

② Back in 2003, *American Journalism Review* produced a census of foreign correspondents then employed by newspapers based in the United States, and found 307 full-time people. When AJR repeated the exercise in the summer of 2011, the count had dropped to 234.

这里引入数据来说明国际新闻在逐渐减少。

2. 例证(*Example*)

① It was happening as domestic politics grappled with the merits and consequences of a global war on terror, as a Great Recession was blamed in part on global imbalances in savings.

作者通过举出具体的事例来说明其实国际新闻和每个人的生活息息相关。

② The 1894 Harvard-Yale football game, for example, generated $119,000, according to the *New York Times*. That's nearly $3 million in today's dollars.

作者通过举例哈佛—耶鲁比赛能够赚取的收入，与运动员收入甚少形成鲜明对比，想表达运动员权益低下。

3. 引用（*Quotation*）

① "If you look at applying for college or a job, that's on the computer," says Shawn Jackson, principal of Spencer Tech, a public school…

作者通过引用专家的话来说明电子产品能够带来的好处。

② "As large public institutions spread into sparsely populated states, the competition for students grew fierce," says Allen Sack.

作者通过引用Allen Sack的话，来说明大学生运动员竞争激烈。

4. 事实（*Fact*）

① …including nocturnal and crepuscular species of birds, insects, mammals, fish and reptiles. Some examples are well known—the 400 species of birds that migrate at night in North America…

通过应用事实和事例来说明没有黑暗，地球的生态系统将会崩溃。

② Wright found that San Francisco's plastic bag ban in 2007 resulted in a subsequent spike in hospital emergency room visits due to E. coli, salmonella, and campylobacter-related intestinal infectious diseases.

通过应用禁止使用塑料制品导致患病人数增加来说明禁止使用塑料袋并无益处。

5. 个人轶事（*Personal anecdote*）

At my family's cabin on a Minnesota lake, I knew woods so dark that my hands disappeared before my eyes. I knew night skies in which meteors left smoky trails across sugary spreads of stars. But now, when 8 of 10 children born in the United States will never know a sky dark enough for the Milky Way, I worry we are rapidly losing night's natural darkness before realizing its worth.

通过作者的一件个人轶事，住在湖边，夜晚伸手不见五指来引出读者的好奇心以及本篇文章的主旨：让黑暗来临。

考生在阅读文章中，看到这些相关的内容时，如数字，for example，引用一些专家的话等，就需要在写作时仔细地分析作者是怎样用这些证据去构建文章的论证的。

evidence在写作时如何处理呢？首先要identify它出现的位置，然后能够去解释说明在这里出现怎样才能证明文章的主干内容，这个是analysis得分非常关键的一点。从《官方指南》中给出的几篇范文，我们发现对于Analysis部分的评分规律基本如下：

1分：没有指出evidence（或reason/stylistic）出现的位置；

2分：指出evidence（或reason/stylistic）出现的位置，但是没有分析作用；

3分：指出evidence（或reason/stylistic）出现的位置，分析对于文章主干的作用；

4分：指出evidence（或reason/stylistic）出现的位置，深度分析其作用。

更多的考生可能会关注怎样算做深度分析。考生可以参考《官方指南》第212页的3/3/4分范文的第二段和第214页的4/4/4分范文的第二段。

"The author's statistics cited throughout the article reinforce his argument and provide a solid base. In the fourth paragraph he mentions the most common plastic grocery bags, which"make up just 0.3 percent of solid municipal waste materials. The author also cites the "77 percent increase in the sale of plastic trash can liner bags" as a result of a similar ban in Ireland. These statistics appeal to the readers logic and ensure that they can follow a logical path to support the author and oppose the ban. The statistics provide solid evidence that are "enhanced by the numbers and cannot be easily argued against." (3/3/4)

"Plastic bags...make up only about 1.6 percent of all municipal solid waste materials," Summers ventures, his first utilization of a cold, hard fact. The truth in the numbers is undeniable, and he cites his sources promptly, making the statement that much more authentic. Knowledge is often viewed as power, and with information as direct as a statistic, Summers is handing that power to the reader—the power to agree with him. Not only does Summers spread the facts with numbers, he also does so with trends. He talks about the price increase in Ireland, and the documented health hazards of reusable bags. He uses the truth, backed by reliable sources, to infiltrate the readers' independent mind. His thoroughness in this regard carefully builds his argument against this piece of legislation, and this is just one of the many ways he spreads his opposition. (4/4/4)

不难发现，这两个段落主要的内容基本一致，但明显第二篇范文在evidence的引用和解析方面要更加深刻些，本篇作文的考生用了"Summer is handling that power to the reader—the power to agree with him..."，"he uses the truth, backed by reliable sources, to infiltrate the readers' independent mind."。相比之下第一篇文章对于evidence的论述明显浅显很多，考生只是引用，没有深入分析对于作者构建argument的作用。

总而言之，在新SAT写作部分，考生在分析文章内容时，需要能够迅速辨认出明确的论证方法，其中evidence最为明显。在文章中一定要identify 文章中evidence等论证出现的位置，然后深刻分析这些evidence是怎样佐证作者的观点的。

第四节 新SAT写作表达句式总结

评析性写作常用句式表达总结

1. The author…begins his argument with an anecdote illustrating…that…	作者……用一个典故展开他的论证……
2. The author further develops his argument by broadening the claim of…from…	作者进一步通过……拓宽他的观点……来进行论证

3. The author exemplifies the…, setting up him to introduce the argument that…	作者通过举例子……，引入观点……
4. Having debunked the most outrageous claims of…, the author shows the reader the other side of his argument…	通过否定最荒谬的观点……，作者向读者展示他论点的另外一方面。
5. The author expands his defense of the argument by discussing…	通过讨论……，作者进一步强化了论点。
6. The author introduces…to maintain his argument.	通过引入……来说明他的论点。
7. The author further strengthens his argument by stressing again…	通过再次强调……，作者进一步强化了论证。
8. The author reinforces the argument made earlier by pointing out…	通过指出……，作者强调了之前的论点。
9. The author summarizes his prior points and shapes them into a coherent thesis statement.	作者总结了之前的论点，并且形成了一个紧密的论点。
10. To make his argument seem balanced, the author moves to another point in his argument about…	为了使观点结构平衡，作者对另外一个论点……进行深化。
11. The author strengthens his points made earlier by summarizing…	通过总结……作者加强了之前的观点。
12. The author ends the passage by restating the thesis.	作者通过再次重述论点来结束文章。
13. The author builds an argument to persuade his audience that…through the presentation of statistics, connections to social media as well as using specific diction to establish his argument.	通过数字的呈现、社交媒体的联系和专门词汇的运用，作者形成了一个论证来劝说读者……
14. The author uses statistics and facts, as presented by…, in order to show…in order to persuade his audience that…	作者使用数字和事实，如在……中呈现的，为了说明……，最终为了使他的读者认可……
15. The author begins his essay with the statistic saying that…	作者通过在文章开始展现数字来说明……
16. The author uses this to build his argument by evoking his audience to think that…	作者通过这种方法支持他的观点，促使读者认可……
17. He uses…to establish the fact that…, asking his audience to consider…	作者使用……以形成这样的事实……，同时要求读者考虑到……
18. The author says this to evoke a concern within audience about the truth in media author accounts for that...	作者这么说为了引起读者思考材料的真实性。大胆地总结，作者推断……
19. Author uses personal pronouns to show that…, not only establishing his credibility on the subject, but also aiding in his persuasion of his audience by allowing…	作者通过使用人称代词来说明……，不仅加强了论题的可信度，而且通过……增加了说服读者了力度。

20. Through his word choice, the author further establishes his argument by ascribing…	通过选词，作者进一步强化他的观点，认为……
21. In the author's "…" editorial for the…, he argues against…	在作者的"有关……的评论"，他反对……
22. By the end of this piece the readers will likely find themselves nodding in agreement with…	在文章的结尾读者很容易发现他们不住地点头认可……
23. The author, like any good writer, employs tactical reasoning and persuasive devices to plead with audience to take his side.	同其他优秀的作者一样，这里作者也使用了推理逻辑和说服技巧来呼吁读者支持他的观点。
24. "…," the author ventures, his first utilization of a cold, hard fact.	通过……作者使用了一个冷冰冰的客观事实，作者亮出了他的观点。
25. The truth in the numbers is undeniable, and he cites his sources promptly, making the statement that much more authentic.	数字的真实性是不容置疑的，作者有效地利用了资源，使自己的论证无懈可击。
26. Not only does the author spread the facts with numbers, he also does so with trends.	作者不仅罗列了数字来展现事实，而且也用此方法来预测趋势。
27. His thoroughness in this regard carefully builds his argument against this piece…, and this is just one of the many ways he spreads his opposition.	作者在这方面的严密性有效地形成了他反对……的论证，而且这只是他表达反对观点的很多方法之一。
28. Additionally, the author appeals to the ethical and emotional side of individual.	另外，作者激发了大家在伦理和道德方面的思考。
29. With key phrases like "…" and "…," the author activates…	通过关键词汇如……和……，作者表达了……
30. While one might view this as selfish, the author reassures the reader that they are not alone in feeling this, further contributing to his argument.	或许有人认为这是自私的，作者强调了这样的观点并非个别现象，进一步强化了他的观点。
31. By putting himself beside the reader as a…, he equals them, and makes himself more likeable in the process.	通过将自己同处于读者的处境当作一个……，作者使自己在整个过程中更加真实可信。
32. Appealing to…, too, the author qualifies that they "…"	也为了吸引……，作者使用……
33. An article focusing on the choice between "…" and how that choice might…, but by adjusting his diction (i.e. using well-known phrases, selecting words with strong connotations), the author creates something out of the ordinary.	一篇关于在……方面如何选择和这样的选择……将如何的文章，作者通过改变措辞(如使用俗语表达，选用有丰富内涵的词语)来表达了一个不落窠臼的观点。

34. It is with word choice such as "…" that the author reveals the….	通过比如……的选词用法，作者揭示了这样一个观点……
35. Negative words with specifically poor connotations also aid the author in his persuasive struggle.	有着特殊内涵的消极词语也有助于作者的论证。
36. "…," "…," and "…" all depict a…tone of…, surely helping the author to spread his message.	……，……和……都营造了一个……的基调，有力地帮助了作者表达他的观点。
37. It is through many rhetorical devices that the author sells his argument.	通过许多修辞技巧，作者表达了他的观点。
38. The author has created a highly plausible argument that…	作者形成了一个非常有力的论点，就是……
39. He has developed valid claims that are backed up with crucial evidence and has been able to properly persuade the reader by appealing to logos and other rhetorical strategies.	通过关键论据支持，作者建立了一个牢固的有效论证，同时运用逻辑推理和其他修辞技巧，作者能够令人信服地说服读者。
40. The author uses his words and research to reason with the reader and explain…	作者通过使用措辞和研究来和读者讲道理，并且解释了……
41. However, the author delivers an appealing argument …	然而，作者抛出了一个难以抗拒的论证。
42. This excerpt creates another claim that leaves the reader wondering if… are really worth it.	这段文字形成了另外一个观点，引导读者思考是否……真的值得。
43. These past two claims are connected well because they both draw the reader back to the idea of…	上面的两个观点结合很紧凑，因为他们带领读者回到这个观点……
44. The another claim by author, "…"	作者的另外一个观点是……
45. Evidence is a key component of this passage and the author is sure to include this when presenting us with key facts.	论据是这个文章的关键部分，作者通过给出关键事实来论述。
46. He references important agencies such as the…	作者引用了重要的机构如……
47. Evidence he also uses are facts such as, "…"	作者使用的论据有事实，如……
48. These facts back up the author's claims that … are the better choice.	这些事实支持了作者的观点……是更好的选择。
49. Without evidence, his passage would not mean a thing to us readers and we would never be able to believe what he has said.	如果没有论据，作者的文章对我们读者就没有意义，我们也不会相信作者文中所述的内容。
50. Persuasive elements are what make this passage successful.	劝说性方法的运用是这篇文章的成功要诀。

51. He appeals to logos when stating all of his claims about…, but he also appeals to pathos because this passage described…	通过论述……作者对读者晓之以理，而且还动之以情，因为这篇文章描述了……
52. Throwing examples at us, “…” persuade the reader as well.	通过举例，……本身就有说服力。
53. With rhetorical strategies and direct examples, the author is clearly able to persuade the reader to choose…next time.	通过修辞技巧和直接举例，作者明显地能够说服读者下次选择……
54. The author has made the choice obvious with his persuasive and effective passage.	作者通过他的有说服力的文章，已经可以使读者做出正确的选择了。
55. He has been able to develop several ideas and backed them up with evidence that we readers can trust.	作者已经展开几个观点，并且对他们进行论据支持，我们读者能够给予信任。
56. After we read this passage, there seems to be no other choice than…	读完这篇文章，除了选择……似乎别无他途。

第六章

新SAT官方试题

SAT

参考范文与批注

Affairs that are done by due degrees are soon ended.

\新SAT官方指南写作材料解读

\新SAT官方指南题目与参考范文

Writing

第二节 新SAT官方指南写作材料解读

1. *OG1*批注版

As you read the passage below, consider how Jimmy Carter uses:

- **Evidence, such as facts or examples, to support claims.**
- **Reasoning to develop ideas and to connect claims and evidence.**
- **Stylistic or persuasive elements, such as word choice or appeals to emotion, to add power to the ideas expressed.**

Adapted from former US President Jimmy Carter, Foreword to Arctic National Wildlife Refuge: Seasons of Life and Land, A Photographic Journey by Subhankar Banerjee. 2003 by Subhankar Banerjee.

阅读文章	批注
...Wildlife Refuge stands alone as America's last truly great wilderness. ① This magnificent area is as vast as it is wild, from the windswept coastal plain where polar bears and caribou give birth, to the towering Brooks Range where Dall sheep cling to cliffs and wolves howl in the midnight sun.	① 开篇这句气势宏大，形象生动，仅仅抓住了保护区的特征：vast (in area) & wild (in natural setting and fauna)，用词生动，富于画面感 (word pictures)，如windswept, towering, cling to cliffs, (wolves) howl，midnight sun等。修辞角度，有alliteration押头韵的cling to cliffs。
...[my wife] Rosalynn and I had the fortunate opportunity to camp and hike in these regions of the Arctic Refuge. During bright July days, we walked along ancient caribou trails and ② studied the brilliant mosaic of wildflowers, mosses, and lichens that hugged the tundra. ③ There was a timeless quality about this great land. ④ As the never-setting sun circled above the horizon, we watched muskox, those shaggy survivors of the Ice Age, lumber along braided rivers that meander toward the Beaufort Sea.	② 用词生动准确，mosaic of wildflowers, mosses, and lichens，画面感十足，hugged the tundra形象而生动，充满感情，说明当地的生态和谐。 ③ 言简意赅的典范，抓住了荒野的特征。 ④ 形容词和动词的用法贴切生动，never-setting, shaggy survivors, braided rivers, meander等，都让读者有身临其境之感。
⑤ One of the most unforgettable and humbling experiences of our lives occurred on the coastal plain. We had hoped to see	⑤ 承上启下，特别是引出下面的独特经历，使得结论更具说服力。

caribou during our trip, ..., we witnessed the migration of tens of thousands of caribou with their newborn calves. In a matter of a few minutes, ⑥ the sweep of tundra before us became flooded with life, with the sounds of grunting animals and clicking hooves filling the air. ⑦ The dramatic procession of the Porcupine caribou herd was a once-in-a-lifetime wildlife spectacle.We understand firsthand ...	⑥ 动感十足，grunting animals, clicking hooves，运用了拟声词onomatopoetic words。 ⑦ once-in-a life wildlife spectacle，说明保护区的珍贵与独特，是一辈子难得一见的奇观，突出要保护的事物之美好，从理论上和情感上说明保护的重要性和必要性。
Standing on the coastal plain, ⑧ I was saddened to think of the tragedy that might occur if this great wilderness was consumed by a web of roads and pipelines, drilling rigs and industrial facilities. ⑨ Such proposed developments would forever destroy the wilderness character of America's only Arctic Refuge and disturb countless numbers of animals that depend on this northernmost terrestrial ecosystem.	⑧ 笔锋一转，上文描述保护区的美好，这儿提出石油开发将会让这一切美好不复存在。 ⑨ 两相对比，石油工业将要吞没的是如此宝贵和美好的财产，用了destroy和disturb两个简单粗暴的动词。语气上也用了虚拟，说明这行为即将带来的不好结果。would forever也强调了这样做的不可取，而countless numbers of animals又与前文相呼应。
⑩ The extraordinary wilderness and wildlife values of the Arctic Refuge have long been recognized by both Republican and Democratic presidents. In 1960, President Dwight D. Eisenhower established the original 8.9 million-acre Arctic National Wildlife Range to preserve its unique wildlife, wilderness, and recreational values. ...	⑩ 从历史角度寻找保护的依据，即：这片土地历来都被很好地保护着，两任总统签署的法令也都明令禁止和限制工业性的开发。
⑪ Since I left office, there have been repeated proposals to open the Arctic Refuge coastal plain to oil drilling. ⑫ Those attempts have failed because of tremendous opposition by the American people, including the Gwich'in Athabascan Indians of Alaska and Canada, ... ⑬ Having visited many aboriginal peoples around the world, I can empathize with the Gwich'ins' struggle to safeguard one of their precious human rights.	⑪ 不光是政治家们，民众也是一心要保护该区域。 ⑫ 反对者是大众，还有原住民印第安人。更印证了它的特殊意义，保护这片生态也就是保护了原住民文化的完整性。 ⑬ 保护生态，也就是捍卫了当地文化赖以生存的土壤，更是在捍卫当地居民的人权。

⑭ We must look beyond the alleged benefits of a short-term economic gain and focus on what is really at stake. At best, the Arctic Refuge might provide 1 to 2 percent of the oil our country consumes each day. We can easily conserve more than that amount by driving more fuel-efficient vehicles...	⑭本段论述在此开发石油的理由，所为的不过是"a short-term economic gain"，充其量at best, 所能提供的不过是微不足道的1%～2%的石油消耗量，而这点油完全不需要付出如此大的代价，解决方法很多，比如列举的开节能车，更加明智地节约和利用能源等。
⑮ There are few places on earth as wild and free as the Arctic Refuge. It is a symbol of our national heritage, a remnant of frontier America that our first settlers once called wilderness. ⑯ Little of that precious wilderness remains.	⑮最后再次重申该保护区的独特性，并且上升到国家意义层面，是国家遗产的象征，是美国先驱们称为荒野的仅存"硕果"。 ⑯短小精悍，说明剩下这片土地弥足珍贵。
⑰ It will be a grand triumph for America if we can preserve the Arctic Refuge in its pure, untrammeled state. To leave this extraordinary land alone would be the greatest gift we could pass on to future generations.	⑰总结出保护的意义，同时if条件句告诉人们，这一切还不晚，而保护下来的意义重大，功在当代，利在千秋。

Write an essay in which you explain how Jimmy Carter builds an argument to persuade his audience that the Arctic National Wildlife Refuge should not be developed for industry. In your essay, analyze how he uses one or more of the features listed in the box that precedes the passage (or features of your own choice) to strengthen the logic and persuasiveness of his argument. Be sure that your analysis focuses on the most relevant features of the passage.

Your essay should not explain whether you agree with Carter's claims, but rather explain how the author builds an argument to persuade his audience.

2. OG2批注版

As you read the passage below, consider how Jimmy Carter uses:

- **Evidence, such as facts or examples, to support claims.**
- **Reasoning to develop ideas and to connect claims and evidence.**
- **Stylistic or persuasive elements, such as word choice or appeals to emotion, to add power to the ideas expressed.**

Adapted from Martin Luther King Jr., "Beyond Vietnam—A Time to Break Silence." The speech was delivered at Riverside Church in New York City on April 4, 1967.

阅读文章	批注
...There is at the outset a very obvious and almost facile connection between the war in Vietnam and the struggle I, and others, have been waging in America. ① A few years ago there was a shining moment in that struggle. It seemed as if there was a real promise of hope for the poor...through the poverty program. There were experiments, hopes, new beginning. Then came the buildup in Vietnam, and I watched this program broken and eviscerated, ② as if it were some idle political plaything of a society gone mad on war, and I knew that ③ America would never invest the necessary funds or energies in rehabilitation of its poor so long as adventures like Vietnam continued to draw men and skills and money like some demonic destructive suction tube...	① 回顾历史，说曾经给人们希望，反衬而今带来的只有失望乃至绝望。 ② Understatement, 轻描淡写，来突出战争的残酷。 ③ 条件句/虚拟语气，从宏观着眼，写战争是杀人机器，又是不停地劳民伤财。修辞上用了明喻Simile/Analogy, 更加生动。
④ Perhaps a more tragic recognition of reality took place when it became clear to me that the war was doing far more than devastating the hopes of the poor at home. ⑤ It was sending their sons and their brothers and their husbands to fight and to die in extraordinarily high proportions relative to the rest of the population. ⑥We were taking the black young men who had been crippled by our society and sending them eight thousand miles away to guarantee liberties in Southeast Asia which they had not found in southwest Georgia and East Harlem. And ⑦so we have been repeatedly faced with the cruel irony of watching Negro and white boys on TV screens as they kill and die together for a nation that has been unable to seat them together in the same schools. ⑧And so we watch them in brutal solidarity burning the huts of a poor village, but we realize that they would hardly live on the same block in Chicago. ...	④ 承上启下，继续谴责战争的罪恶：不仅仅让国内的人们心生绝望。 ⑤ 一针见血，指出战争的残酷之处。因为越战吞噬的是美国家庭的儿子、兄弟、丈夫的宝贵生命。 ⑥ 黑人青年们被送到八千英里外去给当地人争取自由，而他们自己在本国却受到不公正的待遇，没有完全的自由。超长句，气势磅礴。 ⑦ 指出黑人在国内遭受的不公平待遇，无法与白人同校、享受同样的教育。 ⑧ 指出黑人生活的贫困，在国内无法和白人享受同样的生活。

My [next] reason moves to an even deeper level of awareness, ⑨ for it grows out of my experience in the ghettos of the North over the last three years—especially the last three summers. As I have walked among the ⑩ desperate, rejected, and angry young men, I have told them that Molotov cocktails and rifles would not solve their problems. I have tried to offer them my deepest compassion while maintaining my conviction that social change comes most meaningfully through ⑪ nonviolent action. But they ask—and rightly so—⑫ what about Vietnam? They ask if our own nation wasn't using massive doses of violence to solve its problems, to bring about the changes it wanted. ... ⑬ For the sake of those boys, for the sake of this government, for the sake of the hundreds of thousands trembling under our violence, I cannot be silent.	⑨ Personal anecdote，使得论证更有说服力。 ⑩ 用词充满了同情。 ⑪ 和平主义者的困境，现实打碎了通过非暴力行动nonviolent action来争取权益的美好想法。 ⑫ Rhetorical questions. ⑬ Rhetorical repetition，气势宏大，义正词严，不容置疑。
For those who ask the question, "Aren't you a civil rights leader?" and thereby mean to exclude me from the movement for peace, I have this further answer. ⑭ In 1957 when a group of us formed the Southern Christian Leadership Conference, we chose as our motto: "To save the soul of America."... Now, it should be incandescently clear that ⑮ no one who has any concern for the integrity and life of America today can ignore the present war. ⑯ If America's soul becomes totally poisoned, part of the autopsy must read: Vietnam. ...	⑭ 例证，Exemplification。 ⑮ 语气迫切，斩钉截铁。 ⑯ 形象生动，条件句，来说明美国参加越战的错误和危害。

Write an essay in which you explain how the writer builds an argument to persuade his audience that the American involvement in the Vietnam War is unjust. In your essay, analyze how he uses one or more of the features listed in the box that precedes the passage (or features of your own choice) to strengthen the logic and persuasiveness of his argument. Be sure that your analysis focuses on the most relevant features of the passage.

Your essay should not explain whether you agree with Carter's claims, but rather explain how the author builds an argument to persuade his audience.

*3. OG3*批注版

As you read the passage below, consider how Jimmy Carter uses:

- **Evidence, such as facts or examples, to support claims.**
- **Reasoning to develop ideas and to connect claims and evidence.**
- **Stylistic or persuasive elements, such as word choice or appeals to emotion, to add power to the ideas expressed.**

Adapted from Eliana Dockterman, "The Digital Parent Trap." ©2013 by Time Inc. Originally published August 19, 2013.

阅读文章	批注
By all measures, this generation of American kids (ages 3 to 18) is the tech-savviest in history: ① 27% of them use tablets, 43% use smartphones, and 52% use laptops. And in just a few weeks they will start the most tech-saturated school year ever: ② Los Angeles County alone will spend $30 million on classroom iPads this year, outfitting 640,000 kids by late 2014.	① 数字例证。Exemplification。 ② 以一个例子开头，说明该问题的不容忽视，可见也是大势所趋，为下文自己的观点作铺垫，foreshadowing。
③ So who's right—the mom trying to protect her kids from the perils of new technology or the dad who's coaching his kids to embrace it? It's an urgent question at a time when more than 80% of U.S. school districts say they are on the cusp of incorporating Web-enabled tablets into everyday curriculums.	③ 设问，引发思考。Rhetorical question。
For years, the Parental Adage was simple: ④ The less time spent with screens, the better. That thinking stems from, among other things, reports about the rise of cyberbullying...	④ 传统观点以及反对派观点的依据是那些网络带来的不良影响。
There's also a fundamental aversion to sitting kids in front of screens, thanks to decades of studies proving that watching too much TV can lead to ⑤ obesity, violence and attention-deficit/hyperactivity disorder.	⑤ Exemplification, 使得危害更具体。
In that vein, ⑥the Waldorf Schools—a consortium of private K-12 schools in North America designed to "connect children to nature" and "ignite passion for lifelong learning"...	⑥ 看似成功的例子以及做法。

⑦ But it's not that simple. While there are dangers inherent in access to Facebook, new research suggests that social-networking sites ⑧ also offer unprecedented learning opportunities. "Online, kids can engage with specialized communities of interest," says Mimi Ito, an anthropologist at the university of California at Irvine who's studying how technology affects young adults. ⑨ "They're no longer limited by what's offered in school."	⑦ 转折，过渡到自己的观点：支持学生接触新科技产品。 ⑧ Advantage 1: offering learning opportunities. ⑨ direct quote, 更有说服力，前文也有直接引语。
Early tech use has cognitive benefits as well. Although parenting experts have questioned the value of educational games—⑩ as Jim Taylor, author of Raising Generation Tech, puts it, "they're a load of crap...meant to make money"—new studies have shown they can add real value. ⑪ In a recent study by SRI, a nonprofit research firm, kids who played games like Samorost (solving puzzles) did 12% better on logic tests than those who did not. And at MIT's Education Arcade, playing the empire-building game Civilization piqued students' interest in history and was directly linked to an improvement in the quality of their history-class reports.	⑩ 例证，反对派的声音。 ⑪ 两个主要例子，来说明早接触电脑的优点。
The reason: engagement. ⑫ On average, according to research cited by MIT, students can remember only 10% of what they read, 20% of what they hear and 50% of what they see demonstrated. But when they're actually doing something themselves—in the virtual worlds on iPads or laptops—that retention rate skyrockets to 90%.	⑫ Comparison and contrast, 反映出网络的强大功能和作用。
This is a main reason researchers like Ito say the American Academy of Pediatrics' recommendation of a two-hour screen-time limit is an outdated concept: ⑬ actively browsing pages on a computer or tablet is way more brain-stimulating than vegging out in front of the TV.	⑬ 语言风格较为口语化，way more brain-stimulating ...vegging out...

⑭ The most convincing argument for early-age tech fluency, however, is more basic: staying competitive. "If you look at applying for college or a job, that's on the computer," says Shawn Jackson, principal of Spencer Tech, a public school in one of Chicago's lower-income neighborhoods...	⑭ 承上启下，指出接触科技的好处。
None of this means kids deserve unfettered access to the gadget of their choice—especially if, as McGrath notes, they've already been caught abusing it. As with any childhood privilege, ⑮ monitoring is key. But parents should keep an open mind about the benefits of tech fluency.	⑮ 预想counterargument使得立论更站得住脚。

Write an essay in which you explain how the writer builds an argument to persuade her audience that there are benefits to early exposure to technology. In your essay, analyze how he uses one or more of the features listed in the box that precedes the passage (or features of your own choice) to strengthen the logic and persuasiveness of his argument. Be sure that your analysis focuses on the most relevant features of the passage.

Your essay should not explain whether you agree with her claims, but rather explain how the author builds an argument to persuade his audience.

*4. OG4*批注版

As you read the passage below, consider how Paul Bogard uses

- **evidence, such as facts or examples, to support claims.**
- **reasoning to develop ideas and to connect claims and evidence.**
- **stylistic or persuasive elements, such as word choice or appeals to emotion, to add power to the ideas expressed.**

Adapted from Paul Bogard, "Let There Be Dark." ©2012 by *Los Angeles Times*. Originally published December 21, 2012.

阅读文章	批注
① At my family's cabin on a Minnesota lake, I knew woods so dark that my hands disappeared before my eyes. I knew night skies in which meteors left smoky trails across sugary spreads of stars. But now, when 8 of 10 children born in the United States will never know a sky dark	① Personal anecdote, 个人经历，间接入题，让读者明白黑夜的重要性。语言诗意，形象生动，用词上比如smoky trails, sugary spreads of stars...同时为下面的转折设了伏笔，foreshadowing the loss of darkness。

enough for the Milky Way, ... This winter solstice, as we cheer the days' gradual movement back toward light, ② let us also remember the irreplaceable value of darkness.	② Thesis statement。直白地亮出观点：黑夜的不可替代性。
All life evolved to the steady rhythm of bright days and dark nights. Today, though, when we feel the closeness of nightfall, we reach quickly for a light switch. ③ And too little darkness, meaning too much artificial light at night, spells trouble for all.	③承上启下，下面引出黑暗的缺失带来的问题。
Already the World Health Organization classifies working the night shift as a probable human carcinogen, and the American Medical Association has voiced its unanimous support for "light pollution reduction efforts and glare reduction efforts at both the national and state levels." ④ Our bodies need darkness to produce the hormone melatonin, which keeps certain cancers from developing, and our bodies need darkness for sleep. Sleep disorders have been linked to ⑤ diabetes, obesity, cardiovascular disease and depression, and recent research suggests one main cause of "short sleep" is "long light." ...	④黑夜对人体的重要意义。 ⑤医学证据proofs from the medical perspective。
⑥ The rest of the world depends on darkness as well, including nocturnal and crepuscular species of birds, insects, mammals, fish and reptiles. Some examples are well known...and some are not, such as the bats that save American farmers billions in pest control and the moths that pollinate 80% of the world's flora. Ecological light pollution is like the bulldozer of the night, wrecking habitat and disrupting ecosystems several billion years in the making. Simply put, without darkness, ⑦ Earth's ecology would collapse...	⑥承上启下，后面举例。 ⑦总结句，说明黑夜对于生态系统的重要性。

⑧ In today's crowded, louder, more fast-paced world, night's darkness can provide solitude, quiet and stillness, qualities increasingly in short supply. Every religious tradition has considered darkness invaluable for a soulful life, and the chance to witness the universe has inspired artists, philosophers and everyday stargazers since time began. In a world awash with electric light...⑨ how would Van Gogh have given the world his "Starry Night"? Who knows what this vision of the night sky might inspire in each of us, in our children or grandchildren?	⑧ Topic sentence for this paragraph. 转移到黑夜给人带来的精神及灵性的喜悦。 ⑨ Rhetorical questions。以凡·高的星空为例，说明黑夜的特殊魅力，对艺术的巨大启发作用。
⑩ Yet all over the world, our nights are growing brighter. In the United States and Western Europe, the amount of light in the sky increases an average of about 6% every year. ...	⑩ 转折到现实中黑夜的流失。数据的引用使得立论更科学可靠。
⑪ It doesn't have to be this way. Light pollution is readily within our ability to solve, using new lighting technologies and shielding existing lights. ...Other communities are finding success with simply turning off portions of their public lighting after midnight. ⑫ Even Paris, the famed "city of light," which already turns off its monument lighting after 1 a.m., will this summer start to require its shops, offices and public buildings to turn off lights after 2 a.m. ... ⑬ But we will never truly address the problem of light pollution until we become aware of the irreplaceable value and beauty of the darkness we are losing.	⑪ 提出解决光污染的方法，并以城市为例。 ⑫ Exemplification。以巴黎为例。 ⑬ 总结全文，点题。

Write an essay in which you explain how Paul Bogard builds an argument to persuade his audience that natural darkness should be preserved. In your essay, analyze how Bogard uses one or more of the features in the directions that precede the passage (or features of your own choice) to strengthen the logic and persuasiveness of his argument. Be sure that your analysis focuses on the most relevant features of the passage.

Your essay should not explain whether you agree with Bogard's claims, but rather explain how Bogard builds an argument to persuade his audience.

5. OG5批注版

As you read the passage below, consider how Peter S. Goodman uses

- **evidence, such as facts or examples, to support claims.**
- **reasoning to develop ideas and to connect claims and evidence.**
- **stylistic or persuasive elements, such as word choice or appeals to emotion, to add power to the ideas expressed.**

Adapted from Peter S. Goodman, "Foreign News at a Crisis Point." ©2013 by TheHuffingtonPost.com, Inc. Originally published September 25, 2013. Peter Goodman is the executive business and global news editor at TheHuffingtonPost.com.

阅读文章	批注
① Back in 2003, *American Journalism Review* produced a census of foreign correspondents then employed by newspapers based in the United States, and found 307 full-time people. When AJR repeated the exercise in the summer of 2011, the count had dropped to 234. And even that number was significantly inflated by the inclusion of contract writers who had replaced full-time staffers.	① 例证，数据确凿，说明该行业全职人员之缺乏。
The same AJR survey zeroed in on a representative sampling of American papers from across the country and found that ② the space devoted to foreign news had shrunk by 53 percent over the previous quarter-century.	② 因果关系，foreign news数量的锐减。
③ All of this decline was playing out at a time when the U.S. was embroiled in two overseas wars, with hundreds of thousands of Americans deployed in Iraq and Afghanistan. It was happening as domestic politics grappled with the merits and consequences of a global war on terror, as a Great Recession was blamed in part on global imbalances in savings, and as world leaders debated a global trade treaty and pacts aimed at addressing climate change. It unfolded as American workers heard increasingly that their wages and job security were under assault by competition from counterparts on the other side of oceans.	③ 提供背景信息，长句，信息量大，气势宏大。

④ In short, news of the world is becoming palpably more relevant to the day-to-day experiences of American readers, and it is rapidly disappearing.	④ Short and to the point.
We are intent on forging fresh platforms for user-generated content: testimonials, snapshots and video clips from readers documenting issues in need of attention. Too often these sorts of efforts wind up feeling marginal or even patronizing: ⑤ "Dear peasant, here's your chance to speak to the pros about what's happening in your tiny little corner of the world." We see user-generated content as a genuine reporting tool, one that operates on the premise that we can only be in so many places at once. ⑥ Crowd-sourcing is a fundamental advantage of the web, so why not embrace it as a means of piecing together a broader and more textured understanding of events?	⑤ Direct quote. ⑥ 反问。
We all know the power of ⑦ Twitter, Facebook and other forms of social media to connect readers in one place with images and impressions from situations unfolding far away. We know the force of social media during the Arab Spring, as activists convened and reacted to changing circumstances...⑧ Facts and insights reside on social media, waiting to be harvested by the digitally literate contemporary correspondent.	⑦ Exemplification. ⑧ 可报道的素材的丰富性，暗示出此处可大有作为。
And yet those of us who have been engaged in foreign reporting for many years will confess to unease over many of the developments unfolding online, even as we recognize the trends are as unstoppable as globalization or the weather. ⑨ Too often it seems as if professional foreign correspondents, the people paid to use their expertise while serving as informational filters, are being replaced by citizen journalists who function largely as funnels, pouring insight along with speculation, propaganda and other white noise into the mix.	⑨ 期待与现实的反差。

⑩ We can celebrate the democratization of media, the breakdown of monopolies, the rise of innovative means of telling stories, and the inclusion of a diversity of voices, and still ask whether the results are making us better informed. Indeed, we have a professional responsibility to continually ask that question while seeking to engineer new models that can channel the web in the interest of better informing readers...	⑩ Parallel structures。平行结构，气势宏大。
...That makes this a particularly interesting time to be doing the work, but it also requires forthright attention to a central demand: ⑪ We need to put back what the Internet has taken away. We need to turn the void into something fresh and compelling. We need to re-examine and update how we gather information and how we engage readers, while retaining the core values of serious-minded journalism.	⑪ 排比句。
This will not be easy...⑫ But the alternative—accepting ignorance and parochialism—is simply not an option.	⑫ 强调和重申立场。

Write an essay in which you explain how Peter S. Goodman builds an argument to persuade his audience ***that news organizations should increase the amount of professional foreign news coverage provided to people in the United States.*** In your essay, analyze how Goodman uses one or more of the features listed in the box above (or features of your own choice) to strengthen the logic and persuasiveness of his argument. Be sure that your analysis focuses on the most relevant features of the passage.

*6. OG6*批注版

As you read the passage below, consider how Adam B. Summers uses

- **evidence, such as facts or examples, to support claims.**
- **reasoning to develop ideas and to connect claims and evidence.**
- **stylistic or persuasive elements, such as word choice or appeals to emotion, to add power to the ideas expressed.**

Adapted from Adam B. Summers, "Bag Ban Bad for Freedom and Environment." ©2013 by *The San Diego Union-Tribune*, LLC. Originally published June 13, 2013.

阅读文章	批注
Californians ① dodged yet another nanny-state regulation recently when the state Senate narrowly voted down a bill to ban plastic bags statewide, but the reprieve might only be temporary. Not content to tell us how much our toilets can flush or what type of light bulb to use to brighten our homes, some politicians and environmentalists are now ② focused on deciding for us what kind of container we can use to carry our groceries.	① 讽刺政府此举的多余和无聊。 ② 讽刺继续。
...The bill fell just three votes short of passage in the Senate...and Sen. Alex Padilla, D-Los Angeles, who sponsored the measure, has indicated that he would like to bring it up again, ③ so expect this fight to be recycled rather than trashed.	③ 讽刺。
While public debate over plastic bag bans often devolves into emotional pleas to save the planet or preserve marine life (④ and, believe me, I love sea turtles as much as the next guy), a little reason and perspective is in order.	④ 口语化，形象生动，嬉笑怒骂。
⑤ According to the U.S. Environmental Protection Agency, plastic bags, sacks, and wraps of all kinds (not just grocery bags) make up only about 1.6 percent of all municipal solid waste materials. High-density polyethylene (HDPE) bags, which are the most common kind of plastic grocery bags, make up just 0.3 percent of this total.	⑤ 数据论证，可见塑料污染并非所说的那么严重。
⑥ The claims that plastic bags are worse for the environment than paper bags or cotton reusable bags are dubious at best. In fact, compared to paper bags, plastic grocery bags produce fewer greenhouse gas emissions, ⑦ require 70 percent less energy to make, generate 80 percent less waste, and utilize less than 4 percent of the amount of water needed to manufacture them. This makes sense because plastic bags are lighter and take up less space than paper bags.	⑥ 立场鲜明，下面开始对比。 ⑦ 数据分析，有理有据。

⑧ Reusable bags come with their own set of problems. They, too, have a larger carbon footprint than plastic bags. Even more disconcerting are the findings of several studies that plastic bag bans lead to increased health problems due to food contamination from bacteria that remain in the reusable bags.	⑧ 驳斥纸袋之后，转向所谓环保的reusable bags，证明大家都差不多。
⑨ A November 2012 statistical analysis by University of Pennsylvania law professor Jonathan Klick and George Mason University law professor and economist Joshua D. Wright found that San Francisco's plastic bag ban in 2007 resulted in a subsequent spike in hospital emergency room visits due to E. coli, salmonella, and campylobacter-related intestinal infectious diseases. The authors conclude that the ban even accounts for several additional deaths in the city each year from such infections.	⑨ 例证其危害。
⑩ The description of plastic grocery bags as “single-use” bags is another misnomer（使用不恰当名称者）. The vast majority of people use them more than once, whether for lining trash bins or picking up after their dogs. (And still other bags are recycled.) ⑪ Since banning plastic bags also means preventing their additional uses as trash bags and pooper scoopers, one unintended consequence of the plastic bag ban would likely be an increase in plastic bag purchases for these other purposes. ⑫ This is just what happened in Ireland in 2002 when a 15 Euro cent ($0.20) tax imposed on plastic shopping bags led to a 77 percent increase in the sale of plastic trash can liner bags.	⑩ 为它正名。 ⑪ 指出其逻辑悖论。 ⑫ 此消彼长，问题仍没解决。例证。
⑬ And then there are the economic costs. The plastic bag ban would threaten the roughly 2,000 California jobs in the plastic bag manufacturing and recycling industry, although, as noted in the Irish example above, they might be able to weather the storm if they can successfully switch to producing other types of plastic bags...	⑬ 指出这么做的经济成本。

Notwithstanding the aforementioned reasons why plastic bags are not, in fact, evil incarnate, environmentalists have every right to try to convince people to adopt certain beliefs or lifestyles, ⑭ but they do not have the right to use government force to compel people to live the way they think best. In a free society, we are able to live our lives as we please, so long as we do not infringe upon the rights of others...	⑭指出环保者的理论漏洞和道德绑架。结论是这些鸡毛蒜皮的小事无须上纲上线，个人喜好就好。

Write an essay in which you explain how Adam B. Summers builds an argument to persuade his audience that plastic shopping bags should not be banned. In your essay, analyze how Summers uses one or more of the features listed in the box above (or features of your own choice) to strengthen the logic and persuasiveness of his argument. Be sure that your analysis focuses on the most relevant features of the passage.

Your essay should not explain whether you agree with Summers's claims, but rather explain how Summers builds an argument to persuade his audience.

*7. OG7*批注版

As you read the passage below, consider how Dana Gioia uses

- **evidence, such as facts or examples, to support claims.**
- **reasoning to develop ideas and to connect claims and evidence.**
- **stylistic or persuasive elements, such as word choice or appeals to emotion, to add power to the ideas expressed.**

Adapted from Dana Gioia, "Why Literature Matters" ©2005 by *The New York Times* Company. Originally published April 10, 2005.

阅读文章	批注
[A] strange thing has happened in the American arts during the past quarter century. While income rose to unforeseen levels, college attendance ballooned, and access to information increased enormously, ① the interest young Americans showed in the arts—and especially literature—actually diminished.	①指出问题的存在。
② According to the 2002 Survey of Public Participation in the Arts, a population study designed and commissioned by the National Endowment for the Arts (and executed by the US Bureau of the Census), arts participation by Americans has declined for eight of the nine	② Exemplification to show how serious the situation was.

major forms that are measured...The declines have been most severe among younger adults (ages 18—24) ...	
That individuals at a time of crucial intellectual and emotional development bypass the joys and challenges of literature is a troubling trend. ③ If it were true that they substituted histories, biographies, or political works for literature, one might not worry. But book reading of any kind is falling as well.	③虚拟语气，进一步突出问题的严重性。
...To call attention to the trend, ④ the Arts Endowment issued the reading portion of the Survey as a separate report, "Reading at Risk: A Survey of Literary Reading in America."	④例证。
⑤ The decline in reading has consequences that go beyond literature. The significance of reading has become a persistent theme in the business world. The February issue of Wired magazine, for example, sketches a new set of mental skills and habits proper to the 21st century, aptitudes decidedly literary in character: not "linear, logical, analytical talents," author Daniel Pink states, but ⑥ "the ability to create artistic and emotional beauty, to detect patterns and opportunities, to craft a satisfying narrative." When asked what kind of talents they like to see in management positions, business leaders consistently set ⑦ imagination, creativity, and higher-order thinking at the top.	⑤文学阅读的意义。 ⑥ Direct quote to add credibility. ⑦ Qualities that can be fostered in reading literature.
Ironically, the value of reading and the intellectual faculties that it inculcates appear most clearly as active and engaged literacy declines. ⑧ There is now a growing awareness of the consequences of nonreading to the workplace. In 2001 the National Association of Manufacturers polled its members on skill deficiencies among employees ...	⑧不阅读文学的危害。

The decline of reading is also taking its toll in the civic sphere...⑨ A 2003 study of 15—to 26-year-olds' civic knowledge by the National Conference of State Legislatures concluded, "Young people do not understand the ideals of citizenship…and their appreciation and support of American democracy is limited."	⑨ Exemplification.
⑩ It is probably no surprise that declining rates of literary reading coincide with declining levels of historical and political awareness among young people. One of the surprising findings of "Reading at Risk" was that literary readers are markedly more civically engaged than nonreaders, scoring two to four times more likely to perform charity work, visit a museum, or attend a sporting event...	⑩ 又一后果。
⑪ The evidence of literature's importance to civic, personal, and economic health is too strong to ignore. The decline of literary reading foreshadows serious long-term social and economic problems, and it is time to bring literature and the other arts into discussions of public policy...	⑪ 总结文学阅读的好处。
Reading is not a timeless, universal capability. Advanced literacy is a specific intellectual skill and social habit that depends on a great many educational, cultural, and economic factors. ⑫ As more Americans lose this capability, our nation becomes less informed, active, and independent-minded. These are not the qualities that a free, innovative, or productive society can afford to lose.	⑫ 长远意义和影响。

Write an essay in which you explain how Dana Gioia builds an argument to persuade his audience that the decline of reading in America will have a negative effect on society. In your essay, analyze how Gioia uses one or more of the features in the directions that precede the passage (or features of your own choice) to strengthen the logic and persuasiveness of his argument. Be sure that your analysis focuses on the most relevant features of the passage.

Your essay should not explain whether you agree with Gioia's claims, but rather explain how Gioia builds an argument to persuade his audience.

第二节 新SAT官方指南题目与参考范文

SAT Practice Essay #1

DIRECTIONS

The essay gives you an opportunity to show how effectively you can read and comprehend a passage and write an essay analyzing the passage. In your essay, you should demonstrate that you have read the passage carefully, present a clear analysis, and use language precisely.

Your essay must be written on the lines provided in your answer booklet: except for the planning page of the answer booklet, you will receive no other paper on which to write. You will have enough space if you write on every line, avoid wide margins, and keep your handwriting to a reasonable size. Remember that people who are not familiar with your handwriting will read what you write. Try to write or print so that what you are writing is legible to those readers.

You have 50 minutes to read the passage and write an essay in response to the prompt provided inside this booklet.

1. Do not write your essay in this booklet. Only what you write on the lined pages of your answer booklet will be evaluated.

2. An off-topic essay will not be evaluated.

As you read the passage below, consider how the author uses

- evidence, such as facts or examples, to support claims.
- reasoning to develop ideas and to connect claims and evidence.
- stylistic or persuasive elements, such as word choice or appeals to emotion, to add power to the ideas expressed.

Adapted from former US President Jimmy Carter, Foreword to Arctic National Wildlife Refuge: Seasons of Life and Land, A Photographic Journey by Subhankar Banerjee. 2003 by Subhankar Banerjee.

The Arctic National Wildlife Refuge stands alone as America's last truly great wilderness. This magnificent area is as vast as it is wild, from the windswept coastal plain where polar bears and caribou give birth, to the towering Brooks Range where Dall sheep cling to cliffs and wolves howl in the midnight sun.

More than a decade ago, [my wife] Rosalynn and I had the fortunate opportunity to camp and hike in these regions of the Arctic Refuge. During bright July days, we walked along ancient caribou trails and studied the brilliant mosaic of wildflowers, mosses, and lichens that hugged the tundra. There was a timeless quality about this great land. As the never-setting sun circled above the horizon, we watched muskox, those shaggy survivors of the Ice Age, lumber along braided rivers that meander toward the Beaufort Sea.

One of the most unforgettable and humbling experiences of our lives occurred on the coastal plain. We had hoped to see caribou during our trip, but to our amazement, we witnessed the migration of tens of thousands of caribou with their newborn calves. In a matter of a few minutes, the sweep of tundra before us became flooded with life, with the sounds of grunting animals and clicking hooves filling the air. The dramatic procession of the Porcupine caribou herd was a once-in-a-lifetime wildlife spectacle. We understand firsthand why some have described this special birthplace as "America's Serengeti."

Standing on the coastal plain, I was saddened to think of the tragedy that might occur if this great wilderness was consumed by a web of roads and pipelines, drilling rigs and industrial facilities. Such proposed developments would forever destroy the wilderness character of America's only Arctic Refuge and disturb countless numbers of animals that depend on this northernmost terrestrial ecosystem.

The extraordinary wilderness and wildlife values of the Arctic Refuge have long been recognized by both Republican and Democratic presidents. In 1960, President Dwight D. Eisenhower established the original 8.9 million-acre Arctic National Wildlife Range to preserve its unique wildlife, wilderness, and recreational values. Twenty years later, I signed the Alaska National Interest Lands Conservation Act, monumental legislation that safeguarded more than 100 million acres of national parks, refuges, and forests in Alaska. This law specifically created the Arctic National Wildlife Refuge, doubled the size of the former range, and restricted development in areas that are clearly incompatible with oil exploration.

Since I left office, there have been repeated proposals to open the Arctic Refuge coastal plain to oil drilling. Those attempts have failed because of tremendous opposition by the American people, including the Gwich'in Athabascan Indians of Alaska and Canada, indigenous people whose culture has depended on the Porcupine caribou herd for thousands of years. Having visited many aboriginal peoples around the world, I can empathize with the Gwich'ins' struggle to safeguard one of their precious human rights.

We must look beyond the alleged benefits of a short-term economic gain and focus on what is really at stake. At best, the Arctic Refuge might provide 1 to 2 percent of the oil our country consumes each day. We can easily conserve more than that amount by driving more fuel-efficient vehicles. Instead of tearing open the heart of our greatest refuge, we should use our resources more wisely.

There are few places on earth as wild and free as the Arctic Refuge. It is a symbol of our national heritage, a remnant of frontier America that our first settlers once called wilderness. Little of that precious wilderness remains.

It will be a grand triumph for America if we can preserve the Arctic Refuge in its pure, untrammeled state. To leave this extraordinary land alone would be the greatest gift we could pass on to future generations.

Write an essay in which you explain how the author builds an argument to persuade his audience that student athletes deserve fair compensation. In your essay, analyze how the author uses one or more of the features listed in the box that precedes the passage (or features of your own choice) to strengthen the logic and persuasiveness of his argument. Be sure that your analysis focuses on the most relevant features of the passage.

Your essay should not explain whether you agree with the author's claims, but rather explain how the author builds an argument to persuade his audience.

Sample Essay 1

In "Forward to Arctic National Wildlife Refuge: Seasons of Life and Land", former President Jimmy Carter voices his strong opposition against using the Refuge for industrial purposes, oil exploration to be more specific. His argument's power and persuasiveness mainly rests on his manifest logic and superior skills of diction.

Instead of highlighting the harms oil drilling can bring to the Arctic, Mr Carter focuses the reader on the natural beauties of the landscape that he is resolved to safeguard. The essay starts with a brief yet vivid narration of the National Wildlife Refuge and depicts it as a kingdom for animals "where polar bears and caribou give birth, to the towering Brooks Range where Dall sheep cling to cliffs and wolves howl in the midnight sun". In this way, the readers' imagination is ignited and curiosity aroused. Closely following is a more intriguing account of his personal experience and firsthand encounter of the wonderful land when he tells not only about the diversified fauna but the vast range of flora, such as wildflowers, mosses and the lichens. He even has the good fortune of witnessing the grand migration of millions of caribou with their calves, which, as Jimmy puts it, is not only "the most unforgettable and humbling experiences" but also was a "once-in-a-lifetime wildlife spectacle".

After such ample foreshadowing is laid, Mr Carter goes on to unveil his thesis: he would be "saddened to think of the tragedy that might occur if this great wilderness was consumed" by oil industry which "would forever destroy the wilderness character of America's only Arctic Refuge and disturb countless numbers of animals that depend on this northernmost terrestrial ecosystem". The argument is short yet assertive, and few would defy this point. Then he refers to history to further back his standpoint. "The extraordinary wilderness and wildlife values of the Arctic Refuge have long been recognized by both Republican and Democratic presidents", and support is not confined within the circle of statesmen but is from the general public, the American people, and even the aboriginal "Gwich' in Athabascan Indians of Alaska and Canada" whose culture grows out of this particular landscape play a part in making their voice heard.

Mr Carter does not stop here; he is much wiser. To make the argument more convincing, he needs another element: counterarguments—the benefits of developing oil industry in the region, which he identifies as "short-term economic gains" and "At best, the Arctic Refuge might provide 1 to 2 percent of the oil our country consumes each day." The reward is too minor to put so much at stake. And to solve the problem of oil shortage, he proposes that people use resources more wisely and drive more fuel-efficient cars.

At the end of the essay, President Carter summarizes his point and reiterates the invaluable benefits of preserving the Arctic Wildlife Refuge: in doing so, people are saving not only the "national heritage, a remnant of frontier America" but are saving and endowing the greatest gift for future generations and is thus "a grand triumph for America".

Besides the easy-to-follow philosophy behind the above-mentioned parts, Jimmy Carter's mastery of diction contributes enormously to the persuasiveness of the argument as well. Long sentences prevail in this essay which means that much weight is carried in each sentence. Complicated structures lend the writer much convenience in putting in more information and adjectives to reinforce his viewpoint. For instance, when describing the beautiful scenery of the Refuge, picturesque modifiers such as "towering Brooks Range", "brilliant mosaic of wildflowers", "a timeless quality", "never-setting sun", "those shaggy survivors".

The poetic beauty of the language is also made possible by the use of onomatopoetic words, which is extremely powerful in describing wild animals, such as the "wolves howl in the midnight sun", and the tundra became flooded with life "with the sounds of grunting animals and clicking hooves filling the air".

SAT Practice Essay # 2

DIRECTIONS

The essay gives you an opportunity to show how effectively you can read and comprehend a passage and write an essay analyzing the passage. In your essay, you should demonstrate that you have read the passage carefully, present a clear analysis, and use language precisely.

Your essay must be written on the lines provided in your answer booklet: except for the planning page of the answer booklet, you will receive no other paper on which to write. You will have enough space if you write on every line, avoid wide margins, and keep your handwriting to a reasonable size. Remember that people who are not familiar with your handwriting will read what you write. Try to write or print so that what you are writing is legible to those readers.

You have 50 minutes to read the passage and write an essay in response to the prompt provided inside this booklet.

3. Do not write your essay in this booklet. Only what you write on the lined pages of your answer booklet will be evaluated.

4. An off-topic essay will not be evaluated.

As you read the passage below, consider how the author uses

- evidence, such as facts or examples, to support claims.
- reasoning to develop ideas and to connect claims and evidence.
- stylistic or persuasive elements, such as word choice or appeals to emotion, to add power to the ideas expressed.

Adapted from Martin Luther King Jr., "Beyond Vietnam—A Time to Break Silence." The speech was delivered at Riverside Church in New York City on April 4, 1967.

Since I am a preacher by calling, I suppose it is not surprising that I have… major reasons for bringing Vietnam into the field of my moral vision. There is at the outset a very obvious and almost facile connection between the war in Vietnam and the struggle I, and others, have been waging in America. A few years ago there was a shining moment in that struggle. It seemed as if there was a real promise of hope for the poor—both black and white—through the poverty program. There were experiments, hopes, new beginning. Then came the buildup in Vietnam, and I watched this program broken and eviscerated, as if it were some idle political plaything of a society gone mad on war, and I knew that America would never invest the necessary funds or energies in rehabilitation of its poor so long as adventures like Vietnam continued to draw men and skills and money like some demonic destructive suction tube. So, I was increasingly compelled to see the war as an enemy of the poor and to attack it as such.

Perhaps a more tragic recognition of reality took place when it became clear to me that the war was doing far more than devastating the hopes of the poor at home. It was sending their sons and their brothers and their husbands to fight and to die in extraordinarily high proportions relative to the rest of the population. We were taking the black young men who had been crippled by our society and sending them eight thousand miles away to guarantee liberties in Southeast Asia which they had not found in southwest Georgia and East Harlem. And so we have been repeatedly faced with the cruel irony of watching Negro and white boys on TV screens as they kill and die together for a nation that has been unable to seat them together in the same schools. And so we watch them in brutal solidarity burning the huts of a poor village, but we realize that they would hardly live on the same block in Chicago. I could not be silent in the face of such cruel manipulation of the poor.

My [next] reason moves to an even deeper level of awareness, for it grows out of my experience in the ghettoes of the North over the last three years—especially the last three summers. As I have walked among the desperate, rejected, and angry young men, I have told them that Molotov cocktails and rifles would not solve their problems. I have tried to offer them my deepest compassion while maintaining my conviction that social change comes most meaningfully through nonviolent action. But they ask—and rightly so—what about Vietnam? They ask if our own nation wasn't using massive doses of violence to solve its problems, to bring about the changes it wanted. Their questions hit home, and I knew that I could never again raise my voice against the violence of the oppressed in the ghettos without having first spoken clearly to the greatest purveyor of violence in the world today—my own government. For the sake of those boys, for the sake of this government, for the sake of the hundreds of thousands trembling under our violence, I cannot be silent.

For those who ask the question, "Aren't you a civil rights leader?" and thereby mean to exclude me from the movement for peace, I have this further answer. In 1957 when a group of us formed the Southern Christian Leadership Conference, we chose as our motto: "To save the soul of America." We were convinced that we could not limit our vision to certain rights for black people, but instead affirmed the conviction that America would never be free or saved from itself until the descendants of its slaves were loosed completely from the shackles they still wear...Now, it should be incandescently clear that no one who has any concern for the integrity and life of America today can ignore the present war. If America's soul becomes totally poisoned, part of the autopsy must read: Vietnam. It can never be saved so long as it destroys the deepest hopes of men the world over. So it is that those of us who are yet determined that America will be are led down the path of protest and dissent, working for the health of our land.

> Write an essay in which you explain how the author builds an argument to persuade his audience that student athletes deserve fair compensation. In your essay, analyze how the author uses one or more of the features listed in the box that precedes the passage (or features of your own choice) to strengthen the logic and persuasiveness of his argument. Be sure that your analysis focuses on the most relevant features of the passage.
>
> **Your essay should not explain whether you agree with the author's claims, but rather explain how the author builds an argument to persuade his audience.**

Sample Essay 2

In his speech titled "Beyond Vietnam—A Time to Break Silence", the famous social activist Martin Luther King Jr. uttered his condemnation of America's involvement in the Vietnam War. Such an argument is made convincing mainly by Martin's personal anecdote and is reinforced by the use of such rhetorical devices as contrast and rhetorical repetition.

To make a tenable argument, King needs to approach the topic discreetly with a well-justified reason. And he has made this clear at the very beginning of the speech, claiming it is to do with his role as a preacher who naturally cares about people's morality. After a confession of the disillusion of his earlier dreams concerning the poverty programs, where "there were experiments, hopes, new beginning", King has become increasingly sober and watches the program "broken and eviscerated"; he realizes that the country would rather invest in Vietnam Wars rather than the rehabilitation of the poor in its own country. Therefore, he is forced to "see the war as an enemy of the poor and attack it" vehemently.

His conviction is hardened with a second realization: the "War was doing far more than devastating the hopes of the poor at home", rather, it manipulated everyone involved, especially those poor black men who had been sent to the War. They did not enjoy equal rights as the whites back in their own country but were fighting for liberties of another nation; they were poor people themselves, but they were burning down huts of impoverished locals on foreign soil. They were fighting and dying for their nation which could not treat them fairly and equally. Such brutal irony was highlighted.

Again, to make his argument more credible, King adds another anecdote: his personal encounter with people from the ghettos in the North. As he preaches on nonviolent action to secure meaningful social change to "the desperate, rejected, and angry young men", he is interrogated and realizes that his own country is doing the opposite to get what it wants, "using massive doses of violence to solve its problems".

To conclude the speech, Martin further reiterates his clinging to pacifism and maintains that the war in Vietnam can never save the nation but will deprive people of their deepest hopes.

In this way, the logic behind the argument is clear enough. Rather than giving people hopes and equality, the war worsens the situation and drags the whole nation into the abyss of pain (Or “like some demonic destructive suction tube” as King puts it) and is thus a waste of energies and resources, which could have been invested on improving the welfare and benefits of its own poor citizens. The war also costs innocent lives who are dying for the nation and deserve more than they did get. And finally, the war solves no practical problems for the US and merely poisons the spirit of all people.

In terms of stylistic and persuasive elements, Martin’s employment of contrast and rhetorical repetition is worth mentioning. He draws a contrast between those tricked soldiers who were sent to war by saying that “We were taking the black young men who had been crippled by our society and sending them eight thousand miles away to guarantee liberties in Southeast Asia which they had not found in southwest Georgia and East Harlem.” In this way, strange and faraway Vietnam is made tangible, and the situation clear where the irony lies. Also, he asserts that, “we have been repeatedly faced with the cruel irony of watching Negro and white boys on TV screens as they kill and die together for a nation that has been unable to seat them together in the same schools. And so we watch them in brutal solidarity burning the huts of a poor village, but we realize that they would hardly live on the same block in Chicago. “Bubbles of the dreams fall apart and the harsh reality reveals itself. What concerns the young men remains largely unchanged while they are dying for little value.”

The use of rhetorical repetition is most evident in the sentence “For the sake of those boys, for the sake of this government, for the sake of the hundreds of thousands trembling under our violence, I cannot be silent.” which has given much weight to the justice of his speaking out what has to be said, namely, the war has to be stopped; and the US definitely has no role to play in it.

SAT Practice Essay # 3

DIRECTIONS

The essay gives you an opportunity to show how effectively you can read and comprehend a passage and write an essay analyzing the passage. In your essay, you should demonstrate that you have read the passage carefully, present a clear analysis, and use language precisely.

Your essay must be written on the lines provided in your answer booklet: except for the planning page of the answer booklet, you will receive no other paper on which to write. You will have enough space if you write on every line, avoid wide margins, and keep your handwriting to a reasonable size. Remember that people who are not familiar with your handwriting will read what you write. Try to write or print so that what you are writing is legible to those readers.

You have 50 minutes to read the passage and write an essay in response to the prompt provided inside this booklet.

5. Do not write your essay in this booklet. Only what you write on the lined pages of your answer booklet will be evaluated.

6. An off-topic essay will not be evaluated.

> As you read the passage below, consider how the author uses
>
> - evidence, such as facts or examples, to support claims.
> - reasoning to develop ideas and to connect claims and evidence.
> - stylistic or persuasive elements, such as word choice or appeals to emotion, to add power to the ideas expressed.

Adapted from Eliana Dockterman, "The Digital Parent Trap." ©2013 by Time Inc. Originally published August 19, 2013.

By all measures, this generation of American kids (ages 3 to 18) is the tech-savviest in history: 27% of them use tablets, 43% use smartphones, and 52% use laptops. And in just a few weeks they will start the most tech-saturated school year ever: Los Angeles County alone will spend $30 million on classroom iPads this year, outfitting 640,000 kids by late 2014.

Yet, according to the latest findings from the research firm Grunwald Associates, barely half of U.S. parents agree that mobile technology should play a more prominent role in schools. Some are even paying as much as $24,000 to send their kids to monthlong "digital detox" programs like the one at Capio Nightingale Hospital in the U.K...

So who's right—the mom trying to protect her kids from the perils of new technology or the dad who's coaching his kids to embrace it? It's an urgent question at a time when more than 80% of U.S. school districts say they are on the cusp of incorporating Web-enabled tablets into everyday curriculums.

For years, the Parental Adage was simple: The less time spent with screens, the better. That thinking stems from, among other things, reports about the rise of cyberbullying . . . as well as the fact that social media—specifically the sight of others looking happy in photos—can make kids feel depressed and insecure.

There's also a fundamental aversion to sitting kids in front of screens, thanks to decades of studies proving that watching too much TV can lead to obesity, violence and attention-deficit/hyperactivity disorder.

In that vein, the Waldorf Schools—a consortium of private K-12 schools in North America designed to "connect children to nature" and "ignite passion for lifelong learning"—limit tech in the classroom and bar the use of smartphones, laptops, televisions and even radios at home. "You could say some computer games develop creativity," says Lucy Wurtz, an administrator at the Waldorf School in Los Altos, Calif., minutes from Silicon Valley. "But I don't see any benefit. Waldorf kids knit and build things and paint—a lot of really practical and creative endeavors."

But it's not that simple. While there are dangers inherent in access to Facebook, new research suggests that social-networking sites also offer unprecedented learning opportunities. "Online, kids can engage with specialized communities of interest," says Mimi Ito, an anthropologist at the University of California at Irvine who's studying how technology affects young adults. "They're no longer limited by what's offered in school."

Early tech use has cognitive benefits as well. Although parenting experts have questioned the value of educational games—as Jim Taylor, author of Raising Generation Tech, puts it, "they're a load of crap... meant to make money"—new studies have shown they can add real value. In a recent study by SRI, a nonprofit research firm, kids who played games like Samorost (solving puzzles) did 12% better on logic tests than those who did not. And at MIT's Education Arcade, playing the empire-building game Civilization piqued students' interest in history and was directly linked to an improvement in the quality of their history-class reports.

The reason: engagement. On average, according to research cited by MIT, students can remember only 10% of what they read, 20% of what they hear and 50% of what they see demonstrated. But when they're actually doing something themselves—in the virtual worlds on iPads or laptops—that retention rate skyrockets to 90%.

This is a main reason researchers like Ito say the American Academy of Pediatrics' recommendation of a two-hour screen-time limit is an outdated concept: actively browsing pages on a computer or tablet is way more brain-stimulating than vegging out in front of the TV.

The most convincing argument for early-age tech fluency, however, is more basic: staying competitive. "If you look at applying for college or a job, that's on the computer," says Shawn Jackson, principal of Spencer Tech, a public school in one of Chicago's lower-income neighborhoods. Ditto the essential skills for jobs in fast-growing sectors such as programming, engineering and biotechnology. "If we're not exposing our students to this stuff early," Jackson continues, "they're going to be left behind."...

None of this means kids deserve unfettered access to the gadget of their choice—especially if, as McGrath notes, they've already been caught abusing it. As with any childhood privilege, monitoring is key. But parents should keep an open mind about the benefits of tech fluency.

Write an essay in which you explain how the author builds an argument to persuade his audience that student athletes deserve fair compensation. In your essay, analyze how the author uses one or more of the features listed in the box that precedes the passage (or features of your own choice) to strengthen the logic and persuasiveness of his argument. Be sure that your analysis focuses on the most relevant features of the passage.

Your essay should not explain whether you agree with the author's claims, but rather explain how the author builds an argument to persuade his audience.

OG3 Essay

In the article titled "The Digital Parent Trap", Eliana Dockterman states that there are benefits for the younger generation to be exposed to technology. She builds her argument on the solid basis of sound research results and presents it in an unbiased manner via the ample use of exemplification mainly in the form of listing statistics.

Instead of jumping to her conclusion, Eliana begins the essay by pointing out a key feature of this present-day American generation: they are the tech-savviest in history. And then she moves on to list people's contrasting views regarding this phenomenon without picking a side to stand by.

The writer then examines the popular charges against tech fluency for young kids, which include Parental Adages' against screens, the rise of cyber bullying, the negative impacts of social media as well as other problems associated with watching TV like obesity and violence. There are even practitioners in this vein—the Waldorf Schools where tech is literally banned so that the passion for lifelong learning can be ignited by engaging students in various kinds of practical and creative endeavors.

The turning point comes timely right after these and marks the writer's counterattack: there are three major benefits of early tech exposure. To start with, social-networking sites "offer unprecedented learning opportunities", which means students can obtain information from a wide range of resources other than from schools. Another benefit is the development of cognition, for instance, in terms of their improvement in the ability of logic and producing qualified history reports. The key has been attributed to engagement. And last but not least, youngsters tend to stay competitive when they are exposed to tech fluency. In other words, children brought up in a tech-filled environment will find it easier to get used to society.

To make the argument more convincing, the writer even makes a little compromise in the concluding paragraph, emphasizing that children's access to the gadgets should be monitored and restricted by adults so as to yield the most desirable results. She is convinced that parents should be open-minded about the merits of early exposure to tech products.

Credibility of this article mainly rests on a comprehensive scope of conflicting ideas supported by solid figures. Both the cons and pros of tech fluency have been discussed at length with reference to specific examples and sources of information. Take the cons for instance. The Waldorf Schools and their philosophy has been narrated in a matter-of-fact manner without any subjective evaluation. Direct quotations of the interviewee are cited, which makes the account more trustworthy.

Another two elaborate examples are given in the following paragraph where the writer discusses the strengths of tech fluency. One is the quote from Mimi Ito, an anthropologist at the University of California at Irvine, who is aware of the positive impacts of children's going online. And the other is the evidence from SRI where "kids who played games like Samorost (solving puzzles) did 12% better on logic tests than those who did not." Moreover, "at MIT's Education Arcade, the case of students playing the empire-building game Civilization piqued students' interest in history and was directly linked to an improvement in the quality of their history-class reports."

Even the reason for this bettered performance has been identified, which is engagement. Again, solid stats are provided: the retention rate for students of what they have learned is 10% for reading, 20% for listening and 50% for what they see demonstrated. And when they are engaged in doing something themselves—in the virtual worlds on iPads or laptops—that retention rate soars to an incredible 90%. No wonder this contributes to an improved performance in the above cases.

Throughout the passage, the author successfully maintains an objective and detached scope of narrative in that it is intended for newspaper and requires objectivity and insight into the issue discussed.

SAT Practice Essay # 4

DIRECTIONS

The essay gives you an opportunity to show how effectively you can read and comprehend a passage and write an essay analyzing the passage. In your essay, you should demonstrate that you have read the passage carefully, present a clear analysis, and use language precisely.

Your essay must be written on the lines provided in your answer booklet: except for the planning page of the answer booklet, you will receive no other paper on which to write. You will have enough space if you write on every line, avoid wide margins, and keep your handwriting to a reasonable size. Remember that people who are not familiar with your handwriting will read what you write. Try to write or print so that what you are writing is legible to those readers.

You have 50 minutes to read the passage and write an essay in response to the prompt provided inside this booklet.

7. Do not write your essay in this booklet. Only what you write on the lined pages of your answer booklet will be evaluated.

8. An off-topic essay will not be evaluated.

As you read the passage below, consider how the author uses

- evidence, such as facts or examples, to support claims.
- reasoning to develop ideas and to connect claims and evidence.
- stylistic or persuasive elements, such as word choice or appeals to emotion, to add power to the ideas expressed.

Adapted from Paul Bogard, “Let There Be Dark.” ©2012 by Los Angeles Times. Originally published December 21, 2012.

At my family’s cabin on a Minnesota lake, I knew woods so dark that my hands disappeared before my eyes. I knew night skies in which meteors left smoky trails across sugary spreads of stars. But now, when 8 of 10 children born in the United States will never know a sky dark enough for the Milky Way, I worry we are rapidly losing night’s natural darkness before realizing its worth. This winter solstice, as we cheer the days’ gradual movement back toward light, let us also remember the irreplaceable value of darkness.

All life evolved to the steady rhythm of bright days and dark nights. Today, though, when we feel the closeness of nightfall, we reach quickly for a light switch. And too little darkness, meaning too much artificial light at night, spells trouble for all.

Already the World Health Organization classifies working the night shift as a probable human carcinogen, and the American Medical Association has voiced its unanimous support for “light pollution reduction efforts and glare reduction efforts at both the national and state levels.” Our bodies need darkness to produce the hormone melatonin, which keeps certain cancers from developing, and our bodies need darkness for sleep. Sleep disorders have been linked to diabetes, obesity, cardiovascular disease and depression, and recent research suggests one main cause of "short sleep" is "long light." Whether we work at night or simply take our tablets, notebooks and smartphones to bed, there isn't a place for this much artificial light in our lives.

The rest of the world depends on darkness as well, including nocturnal and crepuscular species of birds, insects, mammals, fish and reptiles. Some examples are well known—the 400 species of birds that migrate at night in North America, the sea turtles that come ashore to lay their eggs—and some are not, such as the bats that save American farmers billions in pest control and the moths that pollinate 80% of the world's flora. Ecological light pollution is like the bulldozer of the night, wrecking habitat and disrupting ecosystems several billion years in the making. Simply put, without darkness, Earth's ecology would collapse...

In today's crowded, louder, more fast-paced world, night's darkness can provide solitude, quiet and stillness, qualities increasingly in short supply. Every religious tradition has considered darkness invaluable for a soulful life, and the chance to witness the universe has inspired artists, philosophers and everyday stargazers since time began. In a world awash with electric light...how would Van Gogh have given the world his "Starry Night"? Who knows what this vision of the night sky might inspire in each of us, in our children or grandchildren?

Yet all over the world, our nights are growing brighter. In the United States and Western Europe, the amount of light in the sky increases an average of about 6% every year. Computer images of the United States at night, based on NASA photographs, show that what was a very dark country as recently as the 1950s is now nearly covered with a blanket of light. Much of this light is wasted energy, which means wasted dollars. Those of us over 35 are perhaps among the last generation to have known truly dark nights. Even the northern lake where I was lucky to spend my summers has seen its darkness diminish.

It doesn't have to be this way. Light pollution is readily within our ability to solve, using new lighting technologies and shielding existing lights. Already, many cities and towns across North America and Europe are changing to LED streetlights, which offer dramatic possibilities for controlling wasted light. Other communities are finding success with simply turning off portions of their public lighting after midnight. Even Paris, the famed "city of light," which already turns off its monument lighting after 1 a.m., will this summer start to require its shops, offices and public buildings to turn off lights after 2 a.m. Though primarily designed to save energy, such reductions in light will also go far in addressing light pollution. But we will never truly address the problem of light pollution until we become aware of the irreplaceable value and beauty of the darkness we are losing.

Write an essay in which you explain how the author builds an argument to persuade his audience that student athletes deserve fair compensation. In your essay, analyze how the author uses one or more of the features listed in the box that precedes the passage (or features of your own choice) to strengthen the logic and persuasiveness of his argument. Be sure that your analysis focuses on the most relevant features of the passage.

Your essay should not explain whether you agree with the author's claims, but rather explain how the author builds an argument to persuade his audience.

OG4 Essay

In his essay “Let There Be Dark”, Paul Bogard states that natural darkness should be preserved in light of its invaluable significance. His argument’s credibility and persuasiveness mainly rest on his employment of personal experience, ample exemplification and poetic language style.

Paul begins the article by relating to his personal memories of the dark when he was younger. Such fond recollections of the past carry much weight in arousing people’s nostalgia for an idyllic life and encounter with nature where human has a minor role to play. Sadly, what used to be so natural is now disappearing, and the author reminds us of what he defines as “irreplaceable value of darkness”. So in this opening paragraph, the writer’s personal anecdote leads us to the central topic with a sincere call on our cherishing the darkness.

Naturally, in the following paragraphs, Paul moves on to examine the significance of darkness from a variety of perspectives. He points out that natural darkness is irreplaceable to humans in the first place in that it offers not only the production of hormone melatonin but also the chance for people to get enough sleep, the deprivation of which may lead to a series of problems like diabetes and obesity. Then he argues that darkness is indispensable to the earth’s ecology as well, which means that the existence of species like birds, mammals and insects also depends on it.

There are, of course, other importance of darkness to human, especially in the sense that it provides “solitude, quiet and stillness”, qualities more to do with the spiritual side of our well-being. For instance, religion values darkness dearly. So are artists, for who, dark nights may trigger valuable inspirations. To exemplify, Paul mentions Van Gogh who has composed the world-renowned “Starry Night”.

Yet, sadly, the world is growing brighter instead of darker, which is not only a waste of energy, but deprives people of their sweet memories of the dark. Therefore, at the concluding paragraph, Paul suggests that we can make a difference by resolving the problem of light pollution either by resorting to more energy-efficient solutions like LED or by turning off unnecessary lights at late night when most people are asleep. He draws a conclusion by reiterating the significance and beauty of darkness.

Sufficient exemplification permeating the passage also contribute to the richness of the ideas expressed. Take the fourth paragraph for instance: “Some examples are well known—the 400 species of birds that migrate at night in North America, the sea turtles that come ashore to lay their eggs—and some are not, such as the bats that save American farmers billions in pest control and the moths that pollinate 80% of the world’s flora.” In this way, we are aware of how dramatic and enormous the influence of darkness is. Even in the final segment, the author uses Paris, the famed “city of light” as an example of light reduction.

On top of such examples, the language is poetic enough. This is achieved partly by the employment of concrete words that are rich in imagery. Sentences such as “At my family’s cabin on a Minnesota lake, I knew woods so dark that my hands disappeared before my eyes. I knew night skies in which meteors left smoky trails across sugary spreads of stars.” are vivid pictures themselves. Also, the use of rhetorical questions help. “In a world awash with electric light...how would Van Gogh have given the world his “Starry Night”? Who knows what this vision of the night sky might inspire in each of us, in our children or grandchildren?” These are powerful interrogations, not only casting second thoughts on the readers but also help to reinforce the author’s point of view—the irreplaceable values of darkness.

附录

SAT

Affairs that are done by due degrees are soon ended.

- 新SAT语法模拟题与答案解析
- 新SAT写作模拟题与范文
- 新SAT写作作者及文章来源
- 新SAT作文纸

Appendix

附录1 新SAT语法模拟题与答案解析

新SAT语法模拟测试1

1. 测试题

Questions 1—11 are based on the following passage.

The Adaptive Arms Race

Every environment on Earth, from placid lakes to sun-scorched deserts, [1] is full of living beings engaged in life-and-death struggles. Predators constantly try to capture and eat prey, while [2] escaping predators is what prey tries to do. Over the course of many generations, predators tend to evolve to be better at spotting and catching their next meal, while prey animals evolve adaptations for evading and fighting off predators. Many prey animals have thus evolved fascinating defenses against being eaten.

[3] The porcupine, for instance, is covered in barbed quills that can lodge painfully in the paws or skin of predators unwise enough to attack it. More intimidating still is the Texas horned lizard, which can fire a jet of foul-tasting blood from its eyes at a range of up to five feet. [4] That's way too gross for most predators to handle. Predators faced with noxious or dangerous defenses like these often choose to seek out easier prey.

1. A. NO CHANGE
   B. has been full
   C. was full
   D. being full

2. A. NO CHANGE
   B. escaping predators is prey's goal
   C. prey is trying to escape predators
   D. prey tries to escape predators

3. The writer would like to insert a sentence here to help establish the main topic of the following paragraph. Which choice most effectively conveys the main topic of this paragraph?
   A. Some prey animals have evolved defensive weapons to ward off predators.
   B. Evolution rarely results in the simplest solution to a problem, so many prey adaptations are quite elaborate.
   C. Although prey animals defend themselves when threatened, most animals prefer to avoid a fight whenever possible.
   D. For many prey animals, simply running away from predators is the best solution.

4. A. NO CHANGE
   B. This disgusts and deters most predators
   C. Most predators say, "no thanks!" to the horned lizard after that
   D. This convinces most predators that the horned lizard is way too gross to eat

Other prey animals avoid being eaten by blending in with their environment or imitating inedible objects. Many insects use this strategy, including stick insects and leaf insects, which have body shapes and colors that resemble parts of plants. Their **5** mockery is so convincing that even people can have a hard time picking them out from surrounding vegetation. **6** Even so, such camouflage is very effective, since a prey animal that cannot be found cannot be eaten.

[1] Why, then, are some prey animals brightly colored instead? [2] Surely such animals would be spotted and **7** quickly devoured right away, leaving them unable to pass on their genes. [3] As it turns out, bright colors are usually part of another anti-predation strategy called aposematism. [4] The visually distinctive patterns on animals using aposematism warn predators that their potential prey tastes bad, is poisonous, or wields a dangerous defense. [5] These warning patterns are often quite beautiful. [6] For example, the striking orange and black coloration on the wings of monarch butterflies **8** indicate that their bodies are loaded with foul-tasting poison. [7] Any bird that tries to eat a monarch butterfly quickly learns to make its next meal out of a more drab insect. **9**

Aposematism works so well that some animals have even evolved to display such warnings despite actually being harmless, a strategy called Batesian mimicry. Batesian mimics include the drone fly, which bears the black and yellow colors of the honey bee but lacks **10** its ability to sting. Thanks to this trickery, predators that have experienced the pain of a real bee's sting will not risk running afoul of **11** it.

5. A. NO CHANGE
B. duplication
C. mimicry
D. deceit

6. A. NO CHANGE
B. Nevertheless
C. Naturally
D. And then

7. A. NO CHANGE
B. quickly eaten up immediately
C. immediately
D. devoured immediately

8. A. NO CHANGE
B. indicates
C. will indicate
D. indicated

9. Which of the following changes would most improve the focus of the passage?

A. Move sentence 2 so that it follows sentence 3.
B. Move sentence 5 so that it follows sentence 6.
C. Delete sentence 5.
D. Delete sentence 4.

10. A. NO CHANGE
B. it's
C. their
D. they're

11. A. NO CHANGE
B. them
C. these
D. the drone fly

Questions 12—22 are based on the following passage.

Life and Legacy of Alexander Ⅲ

When Alexander Ⅲ inherited the throne of Macedon in the year 336 BC, he could hardly have come to power under better circumstances. He had the best education money could buy, having been tutored by the famed scholar Aristotle, and his power over all of Greece was already **12** secure. Thanks to decades of war and diplomacy overseen by his father, Philip Ⅱ. Alexander was well-positioned to continue his father's military expansion and earn the title "Alexander the Great."

Alexander began his conquest by invading the mighty Persian Empire. Thanks to his brilliant strategy and **13** how experienced his troops were, he quickly defeated the armies of Persia and took control of what is now the Middle East and Iran. **14** This early success encouraged him. He decided to continue pushing east despite his army's exhaustion. Threatening to mutiny, **15** he was eventually forced by his troops to turn back and end his campaign. Even so, by the time he turned thirty in 326 BC, Alexander was the ruler of the largest empire the world had yet **16** seen; it stretched from Egypt in the west all the way to India in the east.

Alexander had a grand vision for his new empire. He hoped to mix the cultures of Asia and Europe by transferring settlers among different regions of the empire. However, many Greek and Macedonian nobles disliked Alexander's adoption of **17** the customs that the Persians had; his decision to proclaim himself a god, as the Persian emperor had, was particularly unpopular. **18** Nevertheless, Alexander failed to unite his native Greek culture with the cultures of the peoples he had conquered.

12. A. NO CHANGE
    B. secure: thanks
    C. secure; thanks
    D. secure, thanks

13. A. NO CHANGE
    B. experienced troops
    C. how much experience his troops had
    D. his troops being very experienced

14. Which choice most effectively combines the two sentences at the underlined portion?
    A. While this early success encouraged him, he
    B. He, encouraged by his earlier success, then
    C. Encouraged by this early success, he
    D. Encouragement coming from this success, he

15. A. NO CHANGE
    B. he eventually was forced by his troops
    C. his troops eventually forced him
    D. he and his troops were eventually forced

16. A. NO CHANGE
    B. seen, it
    C. seen; it,
    D. seen it

17. A. NO CHANGE
    B. Persia
    C. the customs of the Persians
    D. Persian customs

18. A. NO CHANGE
    B. As a result
    C. In addition
    D. In spite of this

[1] In 323 BC, Alexander died of a sudden illness. [2] Many historians, ancient and modern, have suggested that he was poisoned by a political rival. **19** [3] The reading of Alexander's will showed that his death had cut short many grandiose plans. [4] He had hoped to invade Arabia and even circumnavigate Africa. [5] His plans went unrealized as his empire quickly crumbled. [6] Without Alexander's leadership, his generals quickly turned to fighting among themselves to carve out their own kingdoms. **20**

21 His conquests spread Greek culture across much of the Old World, influencing art as far away as India and establishing Greek as the language of international communication for centuries afterward. The Romans, who would later conquer much of Alexander's former territory, adopted Greek philosophy and made many **22** <u>illusions</u> to Greek literature in their own writings, ensuring that Greek culture would survive to influence Western thought for millennia.

19. Which choice, inserted here, most effectively adds support for the claim in sentence 2?

A. Poisons may be derived from toxic plants or animal venom, but some minerals are also toxic.

B. Macedonian nobles often poisoned their opponents to remove them from power.

C. Alexander had taken many wounds in battle, leading to an overall decline in his health.

D. Alexander's unhealthy diet and lifestyle had taken a toll on his body.

20. To make this paragraph most logical, sentence 4 should be placed

A. where it is now.

B. after sentence 1.

C. after sentence 2.

D. after sentence 6.

21. Which choice, inserted here, most effectively conveys the main topic of this paragraph?

A. As a result, Alexander's work was entirely undone soon after his death.

B. Although his empire was short-lived, Alexander's conquest had an enormous impact on history.

C. Despite his early successes as a conqueror, Alexander had failed to achieve his objectives as a ruler.

D. Alexander was remembered long after his death as a fair and just ruler.

22. A. NO CHANGE

B. elusions

C. elisions

D. allusions

Questions 23-33 are based on the following passage.

The Pressing Need for Clinical Psychologists

Clinical psychologists study, diagnose, and treat mental illnesses. Their work is vital given the high rates of mental illness among adolescents and adults. More psychologists are needed to contribute to research on the causes of and treatments for mental illness and give therapy to patients.

Mental illness is quite common in the United States. In 2012, the National Institutes of Mental Health estimated that almost 20% of adults in the US were diagnosed with a mental illness. Anxiety disorders, which involve excessive **23** stressing out about stuff, were the most common. Other relatively common illnesses were attention-deficit hyperactivity disorder (ADHD), which involves difficulties focusing, and major depression, which saps the mood and energy of its sufferers.

23. A. NO CHANGE
B. worry and stress
C. worrying all the time
D. difficulty taking it easy

[1] Adolescents between the ages of 13 and 18 are particularly vulnerable to these disorders; NIMH estimates indicate that **24** about 25% of them likely suffer from at least one anxiety disorder. [2] That figure is just below 10% for ADHD and depression. [3] Another disorder that has drawn the attention of psychologists and the general public is autism spectrum disorder (ASD). [4] People with ASD often show symptoms from a very early age; **25** his or her symptoms can include difficulties with motor coordination and delayed literacy acquisition. [5]ASD is becoming increasingly common; **26** 1 in 150 children born in 2000 had ASD, while by 2010 the rate had increased to 1 in 68. **27** By far, the effective cure for these symptoms has not been found.

Lifetime Prevalence of Mental Health Disorders among 13 to 18 year olds

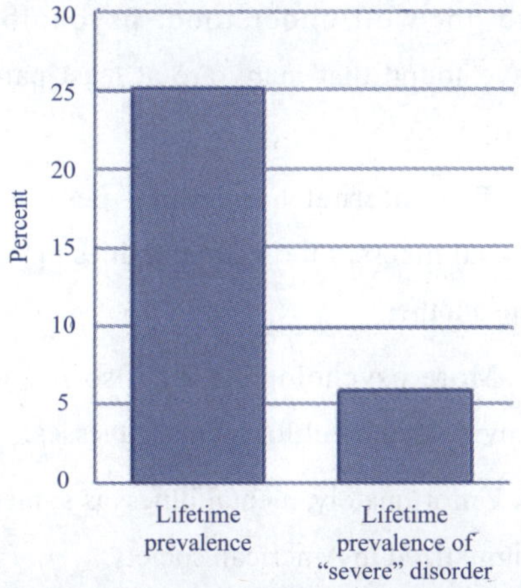

Surveillance Year	Birth Year	Number of ADDM Sites Reporting	Prevalence Pre 1, 000 Children	This is about 1 in X children ...
2000	1992	6	6.7	1 in 150
2002	1994	14	6.6	1 in 150
2004	1996	8	8.0	1 in 125
2006	1998	11	9.0	1 in 110
2008	2000	14	11.3	1 in 88
2010	2002	11	14.7	1 in 68

24. A. NO CHANGE

B. about 25% of them likely suffer from at least one anxiety disorder as well

C. about 25% of adolescents likely suffer from at least one anxiety disorder and teens as well

D. about 25% of adolescent and teenage youth likely suffer from at least one anxiety disorder

25. A. NO CHANGE

B. their

C. one's

D. his

26. Which choice completes the sentence with accurate data based on the graph?

A. NO CHANGE

B. 1 in 150 children born in 1992 had ASD, while by 2002 the rate had increased to 1 in 68

C. 6.7% of children born in 2000 had ASD, while by 2010 the rate had increased to 14.7%

D. 6.7% of children born in 1992 had ASD, while by 2002 the rate had increased to 14.7%

27. To make this paragraph most logical, sentence 6 should be placed

A. where it is now.

B. after sentence 2.

C. after sentence 4.

D. after sentence 5.

If more students became 28 a psychologist, they could perform research to address many questions relating to mental illness. For instance, many researchers are currently unsure if mental illness is truly becoming more common or if clinical psychologists are simply more likely to spot it than in the past. Broad studies of the population are needed to address the issue. 29 Without a doubt, the root causes and biological underpinnings of many disorders are not known. More studies of the 30 gene's and brain's of people with mental illness are needed to develop fuller understandings of these disorders.

31 Some mental illnesses can be treated with medications, such as antidepressants for depression and stimulants for ADHD, but there are patients for whom 32 it does not work perfectly. Therapy is a vital part of recovery for these people. Even for patients who respond well to medication, regular therapy can also help them develop coping skills and avoid relapse. The availability of psychologists who can meet with patients to deliver therapies 33 are vital to addressing the serious public health challenge of mental illness.

28. A. NO CHANGE
B. psychologists
C. psychologist
D. the psychologist

29. A. NO CHANGE
B. However
C. Conversely
D. Consequently

30. A. NO CHANGE
B. gene's and brains
C. genes and brain's
D. genes and brains

31. The writer would like to insert a sentence here to help establish the main idea of the paragraph. Which choice most effectively conveys the main topic of this paragraph?

A. Though the causes of mental illnesses are not well understood, psychologists have found that many are at least partially heritable.

B. The Internet has helped people with mental illnesses form communities to support one another.

C. More psychologists are also needed to provide treatment for mental illnesses.

D. Unfortunately, mental illness is sometimes stigmatized in American society.

32. A. NO CHANGE
B. they do
C. which does
D. they does

33. A. NO CHANGE
B. can be
C. is
D. was

Questions 34-44 are based on the following passage.

Several French Existentialists

In the years following World War Ⅱ, France responded to its liberation from Nazi occupation with a remarkable flourishing of culture and intellectualism. One of the foremost movements to emerge during this time was the philosophical school of existentialism. Authors and thinkers **34** affiliated to this movement produced a formidable yet accessible body of literature that is still read by many today.

One of the pioneers of existentialism was the author Jean-Paul Sartre, whose book *Existentialism* is a Humanism **35** concluded the philosophical principles of the movement. Sartre argued that human beings as individuals must define the meaning and purpose of their **36** own lives, by developing their own values and acting in accordance with them. His worldview thus emphasized the importance of individual responsibility **37** and also freedom of choice as well. Sartre's literary works explored these ideas, often by focusing on the thoughts and actions of irresponsible and immoral characters. **38**

34. A. NO CHANGE

B. affiliated in

C. affiliated by

D. affiliated with

35. A. NO CHANGE

B. contrived

C. expounded

D. insinuated

36. A. NO CHANGE

B. own lives by developing

C. own lives. By developing

D. own lives: by developing

37. A. NO CHANGE

B. and also freedom of choice

C. and freedom of choice

D. and freedom of choice as well

38. Which choice, inserted here, most effectively provides support for the claim in the preceding sentence?

A. For example, his short story *The Wall* depicts a captured soldier who refuses to give up his comrade's location.

B. In fact, despite being offered the Nobel Prize in 1964, he actually declined it.

C. For instance, his play *No Exit* portrays three people condemned to Hell and forced to reflect on their misdeeds.

D. For example, the main character of his novel *Nausea* becomes consumed by anxiety and disgust with life.

39 Though he did not consider himself an existentialist, author Albert Camus also addressed existentialist themes in his writings. Camus often wrote about characters struggling to find meaning in a seemingly meaningless and absurd world. In one of his best-known works, The Stranger, the protagonist Meursault drifts apathetically through his life and, after being sentenced to death for murder, tries to come to terms with the apparent indifference of the universe itself. Camus' masterpiece, *The Plague,* depicts a group of citizens in the Algerian city of Oran as it is devastated by an outbreak of disease. 40 Camus was actually a pied-noir, a child of French colonists born and raised in Algeria. This setting allows Camus to explore the existentialist themes of 41 moral responsibility and the search for meaning in suffering and the importance of social ties.

Author 42 Simone de Beauvoir who maintained a lifelong romantic relationship with Sartre, united existentialist ideas with feminist convictions to write about the unique challenges that women faced in the mid-20th century. Her treatise *The Second Sex* examined how social roles and expectations 43 constrain women's choices, shape their identities, and deny them the opportunity to find their own sources of meaning. In her novel *Les Belles Images*, her character Laurence struggles with feelings of dissatisfaction and constraint despite her seemingly ideal married life. Many critics praised de Beauvoir's frank depictions of women and felt that her female characters were more realistic and 44 relatable than Sartre. It is hardly surprising that de Beauvoir's works, like those of the other existentialists, are widely read to this day.

39. A. NO CHANGE

B. He did not consider himself an existentialist, though author Albert Camus

C. Author Albert Camus did not consider himself an existentialist. He

D. Not considering himself an existentialist, author Albert Camus

40. The writer is considering deleting the underlined sentence. Should it be kept or deleted?

A. Kept, because it provides an interesting piece of information about the subject.

B. Kept, because the sentence contributes to the logical progression of the passage.

C. Deleted, because the information is not relevant and diminishes the focus of the paragraph.

D. Deleted, because the information in the sentence contradicts information provided earlier in the passage.

41. A. NO CHANGE

B. moral responsibility, and the search for meaning in suffering and the importance of social ties

C. moral responsibility, the search for meaning in suffering, and the importance of social ties

D. moral responsibility and the search for meaning in suffering, and the importance of social ties

42. A. NO CHANGE

B. Simone de Beauvoir that maintained

C. Simone de Beauvoir—who maintained

D. Simone de Beauvoir, who maintained

43. A. NO CHANGE

B. bind

C. contain

D. oblige

44. A. NO CHANGE

B. relatable than was Sartre

C. relatable than Sartre's

D. relatable than did Sartre

2. 新*SAT*语法模拟测试*1*解析

1. A。解析：本题考查主谓一致。主语为every environment，故谓语动词需要使用单数。且本句讲述的是客观的生态环境中生命个体的生死循环。故时态使用一般现在时。

2. D。解析：本题考查句子结构。while后面接的是从句，从句也应该有完整的主谓结构。且跟前面的主句呈对比关系，故时态、句式均应保持一致。

3. A。解析：本题考查句子插入题。按照题目要求，插入的句子应是本段的主旨句。根据下文以porcupine，lizard 为例，讲述了某些动物保护自己的防卫性举动，故本段大意讲述了很多动物会有相应的防卫性措施来抵御捕食者的侵犯。故A选项符合主旨。

4. B。解析：本题考查句子的替换。根据上下文的逻辑关系，本句应该是对于前面两个例子的结构总结。 故B选项句意：这个行为成功地抵御了捕食者。

5. C。解析：本题为词汇题。mockery 嘲笑；duplication 复制；mimicry 模仿，模拟；deceit 欺骗。前文讲述了很多动物会通过改变自己的形状和颜色将自己模仿成植物的某些部分。故选C。

6. C。解析：本题考查逻辑关系。上一句句意为“这些模仿的行为非常成功，以至于人们都很难识别出它们”，下一句句意为“这样的隐藏非常有效，被捕食的动物不被看见就不会被吃掉”，故前后的关系并不存在转折、让步。

7. D。解析：本题考查谓语动词的平行。would be spotted为被动，需要和devoured表示被动的动词并列，省略be动词。

8. B。解析：本题考查主谓一致。主语为coloration，单数，所以谓语动词用单数。

9. C。解析：本题考查文章的逻辑连贯。A如果将第二句放在第三句后面的话，第二句当中的such animals是没有指代的。第五句的句意为“这些警告性的信号有的时候是很漂亮的”。第六句句意为“比如说，很多动物的特殊颜色暗示了它们的身体是有毒的”。根据句意可以判断第五句是多余的，跟上下文没有联系。

10. A。解析：本题考查代词指代。根据句意，本段讲述了巴特森拟态。比如雄蜂身上黑黄相接，色彩鲜艳，但不具有攻击性。此处定语从句中先行词drone fly为单数，所以代词也应是单数；此处还应使用形容词性物主代词，故选择A。

11. D。解析：本题还是考查代词指代。“正是由于这种手段，很多真的被蜜蜂蜇过的捕食者就不会冒险去攻击雄蜂。”所以此处代词的内容应该是drone fly，为单数。故排除B、C；A选项的it指代不明，因为前文表示单数的名词还有real bee。

12. C。解析：本题考查标点符号对句子结构的影响。冒号后面可以接完整的句子，分号分隔平衡对等的成分，逗号不能连接前后完整的句子，所以D排除。我们细看这个句间关系后，没有发现前后存在解释说明或者是补充说明关系，这样的话A、B也不能选择，正确答案为C。

13. B。解析：本题考查thanks to 后面所接的名词词组的平行。前面为brilliant strategy，所以后面应接名词词组。故选择B。

14. C。解析：本题考查两个句子的整合。两个句子的共同部分是Alexander。句意分别为“这次成功让他备受鼓舞”，“尽管军队很疲倦，他还是继续向东部扩张”，两个句子很明显是因果关系。“因为受到第一次成功的鼓舞，所以他继续向东扩张。”故本句使用非谓语动词，作原因状语。选C。

15. C。解析：本题考查非谓语动词的逻辑主语。非谓语动词threatening to mutiny，其主语要能作threaten的施动者。所以只能是his troops。翻译为：他的军队以兵变威胁强迫他最终放弃向东进击。

16. A。解析：本题考查句子结构。只有冒号、分号、句号后面才可以加完整的句子。Alexander was the ruler...已经有完整主谓结构；it stretched from...主谓结构也完整，故中间不能用逗号，或不加标点符号，排除B、D选项。C选项it后面的逗号是错误的，当后面不加任何插入语的时候，主谓之间的标点符号是没有必要的。故选A。

17. D。解析：本句句意：Alexander 对于自己的帝国有很宏大的远景。他希望将亚欧文化融合起来。然而，很多希腊和马其顿人却并不喜欢他采纳波斯习俗。故选D。

18. B。解析：本题考查逻辑关系。nevertheless，虽然如此，表让步；as a result，表结果；in addition，表递进。前文讲述Alexander希望自己可以像波斯帝王一样将自己奉为上帝，却并未能够得到他人的认可；下文讲述他并没有能够将希腊当地的文化与他所征服的人民的文化融合在一起。两句之间很明显是因果关系，正因为大家不认可他的做法，因此没能将文化进行融合。

19. B。解析：本题为句子插入题。句意：Alexander 死于突发疾病；很多古代的和现代的历史学家认为他是被一些政治上的对手下毒杀害的。A：毒药来自一些有毒的植物或动物的唾液，但是很多的矿物质也是有毒的；B：马其顿的贵族经常毒害他们的对手，以此来解除他们的权力；C：亚历山大在战争中受了很多伤，使他的健康状况每况愈下；D：他的不健康饮食和生活习惯让他的身体受到损害。根据上文可知：此处需要按照第二句，讲述他受到对手毒害的内容。故选择B。

20. A。解析：第四句句意：他希望能够入侵阿拉伯并环航非洲。第五句句意：由于他的帝国崩溃，他的计划并没有实现。以此看来，第四、第五句之间是具有逻辑关系的，所以第四句的位置不需要改变。故选择A。

21. B。解析：本题需要选择这个段落的主旨句。根据下文，亚历山大的入侵对于希腊文化、哲学、文学的传播有非常大的作用。B：尽管他的帝国非常短暂，但他的入侵在历史上有非常巨大的影响。

22. D。解析：本题为词汇题。A幻觉；B逃避，回避；C删除，删节；D暗示，提及。本句句意：后来征服了亚历山大之前大部分领土的罗马人汲取了希腊哲学，并在他们的文学作品中提到希腊文学，让希腊文化一直影响西方的思想。

23. B。解析：形容词excessive后面应加上名词，共同作involve的宾语，故选择B。

24. A。解析：根据图表，25%的13～18岁的青少年可能会患有焦虑症。C、D选项中，出现了有关“青少年”的重复表达。teens，adolescent，teenage属于重复表达，只需要出现一次就可以了。B选项中的as well在句中赘余。故答案是A。

25. B。解析：本题考查代词指代。第四句句意：患自闭症的人会从很小的时候就表现出症状。他们的症状包括……所以此处的代词应用复数，并且选用形容词性物主代词。

26. B。解析：图表题。1992年出生的孩子150个当中有1个患有自闭症；而到2002年的时候已经增加到68个孩子中有1个患有自闭症。

27. B。解析：注意题目中的关键词these，在本句中这个symptoms应该指的就是上文中的disorders。

28. B。解析：此题考查名词的对应问题。多个学生是不可能成为一个心理学家的。故选复数名词。

29. B。解析：上文句意：很多研究者目前并不确定是否精神疾病真的越来越普遍，又或者是否临床心理学家真的比过去更容易发现它，需要大量的样本研究来解决这个问题。下文句意：很多精神紊乱的根本原因及生物基础是不为人知的。上下文呈现的逻辑关系应该是转折。conversely相反地，逻辑关系是比较；consequently因此，因果关系。

30. D。解析：此题考查名词的所有格。名词1's 名词2 = 名词2 of 名词1。由于后文有of，故选D。

31. C。解析：作者想要加强段落大意。根据上个段落最后一句：需要更多对于人的基因和大脑的研究来加强对于这些精神紊乱的更全面的理解。本段主要大意：某些精神疾病是可以通过药物治疗的，如抗抑郁药或兴奋剂；而有些疾病是行不通的。The availability of psychologists who can meet with patients to deliver therapies is vital to addressing the serious public health challenge of mental illness. 需要心理学家来帮助病人进行治疗。故选择C。

32. B。解析：本题考查定语从句的句子结构。该定语从句的主语应为复数代词they，指代主句中的名词"medications"，D选项语法错误。补充完整：medications do not work perfectly for patients.

33. C。解析：本题考查主谓一致。主语为the availability，单数，故谓语动词用单数。

34. D。解析：本题考查固定搭配。affiliated with"与……相关"。

35. C。解析：词汇题。conclude 总结；contrive 设计；expound 解释，说明；insinuate 暗示，暗讽。本句句意为：Jean-Paul Sartre 就是存在主义的开拓者之一，他的书阐释了这项运动中的哲学原理。

36. B。解析：本题考查句子结构。by doing 作方式状语。

37. C。解析：本题考查宾语的平行结构。两个名词词组The importance of individual responsibility 和freedom of choice 并列。

38. C。解析：本题要求加一个句子来强调前一句的论点。上一句：Sartre的文学作品通过强调一些不负责任和邪恶的角色的思维和行为来探索这些想法。C：他的作品*No Exit* 描述了三个被定罪的人来反映他们的罪行。

39. D。解析：尽管Albert Camus 并不认为自己是存在主义者，但他还是在自己的作品中谈到存在主义。用非谓语动词作让步状语。

40. C。解析：句子删除题。本句描述了Camus 是一个法国殖民者的孩子，在Algeria长大。上文讲述了他的作品*the Plague*描述的场景，下文讲述这样的设定可以让他在作品中探索存在主义的主题。而添加的信息将the setting 把上文的信息打乱了，故不能保留。句子添加题和删除题都要考虑上下文的代词指代以及行文的连贯性。

41. C。解析：本题考查平行结构。三个名词词组作explore 的宾语。

42. D。解析：本题考查定语从句。定语从句和先行词之间是不用破折号的，故排除C。另外，此处定语从句作插入语修饰主语，应使用非限定性定语从句，先行词为人，使用who。

43. A。解析：本题为词汇题。constrain 限制；bind绑定，结合；contain 包含；oblige 迫使，强制。翻译：他的作品*The Second Sex*讲述了社会的角色和期望是如何限制女性的选择的。

44. C。解析：本题考查比较。比较对象应具有可比性。比较的前者为Beauvoir的female characters，后者应是Sartre的女性角色。故用所有格形式Sartre's 来表示。

新SAT语法模拟测试2

1. 测试题

Questions 1-11 are based on the following passage.

A Marine Biologist's Day in Maine

Lucy is up by eight in the morning. [1] By nine, she's out the door. She'll be on the beach by nine thirty, but Lucy isn't headed out to tan; Lucy is a marine biologist. She got her PhD last year, and she's now doing post-doctorate research on the coast of Maine.

[1] She meets the other researchers out by the tide pools. [2] They're focused this month on the effects of an [2] intrusive green crab population that has been harming the balance of the coastal ecosystem. [3] This loss of clams affects other species as well as the economy: the Maine clam industry typically makes $17 million annually, and the lost profits will affect fishermen, distributors, and consumers. [4] [3] The crabs eat soft-shell clams and as a result the clam population is plummeting, and clams are invertebrates. [5]Today, the research team will gather samples of both crabs and clams. [4]

1. A. NO CHANGE
   B. Lucy goes out the door after that
   C. Then she just walks out the door
   D. It's 9:00 o'clock when she leaves
2. A. NO CHANGE
   B. encroaching
   C. invasive
   D. infringing
3. Which choice best improves or maintains the focus of the paragraph?
   A. NO CHANGE
   B. The crabs eat soft-shell clams and as a result the clam population is plummeting.
   C. The crabs eat soft-shell clams, and clams are invertebrates.
   D. Soft-shell clams are invertebrates, and their population is plummeting as they are eaten by crabs.
4. To make this paragraph most logical, sentence 3 should be placed
   A. Where it is now.
   B. Before sentence 1.
   C. After sentence 4.
   D. After sentence 5.

Arriving at the work 5 cite, Lucy feels a misty spray on her arms as breakers crash on the rocks. The air is chilly; it's early June but it still feels more like spring than summer. Lucy hears another researcher say, "I love everything about this job except having freezing fingers first thing in the morning." Plunging her hands into a tide pool, she can't help but disagree. 6 The cold is a welcome shock to the system, instantly making Lucy feel more alert and invigorated.

They spend the morning collecting specimens. Crabs scuttle around, and clams lie still in their respective buckets. The day gets warmer, and Lucy works up a sweat. Compared to sitting at a desk, 7 the animals are lively. By noon, Lucy and her colleagues are gathering up their specimens and equipment to head indoors. 8

5. A. NO CHANGE

B. sight

C. sleight

D. site

6. The writer is considering deleting the underlined sentence. Should the sentence be kept or deleted?

A. Kept, because it helps to maintain a clear chronology of events in the story.

B. Kept, because it helps to explain why Lucy disagrees with the other researcher.

C. Deleted, because Lucy's opinions about cold water are not statements of fact.

D. Deleted, because it doesn't provide relevant information about the qualifications necessary to become a marine biologist.

7. A. NO CHANGE

B. working with the animals is a lively activity

C. the biologists are livelier

D. the animal is lively

8. The writer wants to insert another sentence here to wrap up the events of this paragraph, and provide an effective transition to the next. Which of the following choices best accomplishes these goals?

A. Lucy is sad to leave the shore, because working on the shore is her favorite part of the day.

B. After depositing their specimens in holding tanks, they have a quick break for lunch and then get to work in the lab.

C. They work quickly, because it's almost time for lunch and everyone has worked up an appetite collecting specimens.

D. The equipment will be stored for later use, and the specimens will be placed in holding tanks.

Lucy spends the afternoon entering and analyzing data on a computer, tagging crabs in preparation for an experiment the following day, and monitoring the results of an ongoing experiment that focuses on the birthrate of phytoplankton, which are the primary component of the soft-shell clam's diet. 9 After dinner and a phone call, the phone call being from her sister, she puts in some hours on a research paper. Tomorrow will again start with a trip to the field station, as they continue to examine the changing ecosystem's challenges.

10 When we hear about problems in the ocean, it's easy for us to think that we don't affect us. However, changes in ocean populations affect populations on land, as well as the economy. 11 Nobody are at the forefront of addressing these oceanic environmental concerns like marine biologists.

9. A. NO CHANGE

B. After dinner, and also after a phone call from her sister, she works on putting in some hours on a research paper

C. After dinner and a phone call from her sister, she works on a research paper

D. After eating dinner and then speaking on the phone with her sister, she then works on doing some work for a research paper

10. A. NO CHANGE

B. When we hear about problems in the ocean, it's easy for them to think that they don't affect them

C. When we hear about problems in the ocean, it's easy for us to think that they don't affect us

D. When you hear about problems in the ocean, it's easy for us to think that they don't affect us

11. A. NO CHANGE

B. Nobody at the forefront

C. Somebody are at the forefront

D. Nobody is at the forefront

Questions 12-22 are based on the following passage.

Comets, Briefly Brightening our Skies

12 Blazing through the sky for short periods of time before disappearing into the galaxy, humans have long been fascinated by comets. Comets are balls of dust and ice, comprised of leftover materials that did not become planets during the formation of our solar system.

[1] Comets travel around the sun in a highly elliptical orbit. [2] When far from the sun, a comet consists of only its nucleus, which is a few kilometers wide. [3] As the nucleus gets closer to the sun (about as close as Jupiter), some of its ice sublimates, or turns directly into gas without melting into liquid first. [4] The coma, a cloud of gas created by the process of sublimation, is very large compared to the initial size of the nucleus. 13 [5] Solar winds disrupt 14 rock particles dust, and gas, creating distinct tails of particles streaming out from the coma. [6] These tails can exceed 150 million kilometers in 15 length but are visible from Earth. [7] 16 Because tails are caused by solar winds, they are always moving away from the sun.

12. A. NO CHANGE
B. Before disappearing into the galaxy, humans have long been fascinated by comets, blazing through the sky for brief periods of time
C. Comets, blazing through the sky for brief periods of time before disappearing into the galaxy, have long fascinated humans
D. For brief periods of time, humans have long been fascinated by comets, blazing through the sky before disappearing into the galaxy

13. The writer wants to insert a sentence here which will provide additional support for the preceding sentence. Which choice best accomplishes this goal?
A. On the surface of Mars, frozen CO_2 sublimates in warmer months.
B. Comas vary in size, depending on the initial size of the nucleus and environmental factors.
C. The coma can reach up to 10,000 kilometers in diameter, which is close to the size of the planet Earth.
D. At least one comet's tail was longer than 320 million kilometers.

14. A. NO CHANGE
B. rock particles, dust, and gas,
C. rock particles dust and gas
D. rock particles, dust, and, gas

15. A. NO CHANGE　　B. length, are
C. length and are　　D. length, further are

16. Which choice most clearly explains why comet tails move away from the sun?
A. NO CHANGE
B. Tails, because of their cause, solar winds, are always moving away from the sun
C. They are being caused by solar winds, and tails are always moving away from the sun
D. Tails are always moving away from the sun, being caused by solar winds

[8] Thus, surprisingly, if a comet is moving away from the sun then it is following **17** it's tail. [9] Comets that are sublimating and have a tail are among the fastest objects in our solar system, reaching speeds up to 160,000 kilometers per hour.

The sun is near the center of Earth's orbit. However, a comet travels differently: the sun is at one of the far sides of its elliptical orbit. As the comet approaches the sun its velocity **18** increases, and as it moves farther away from the sun its velocity increases. Some comets **19** do an orbit around the sun in a few years, while others take thousands of years to do so.

Although it is a rare occurrence, sometimes **20** comets collide with another celestial body. A popular theory is that a comet first brought water to Earth. The last known collision on Earth was 65 million years ago, when a comet or an asteroid hit the Earth just south of the Yucatan peninsula, creating a massive crater. The impact caused a global dust cloud to rise which blocked the sun and cooled the entire planet.

21 When Halley's Comet last neared the Earth in 1986, scientists determined that it is made up of carbon, hydrogen, oxygen, and nitrogen in proportions similar to those of the human body. As distant and as different as comets may seem from us as they trail across the sky, we are **22** composed of the same elements.

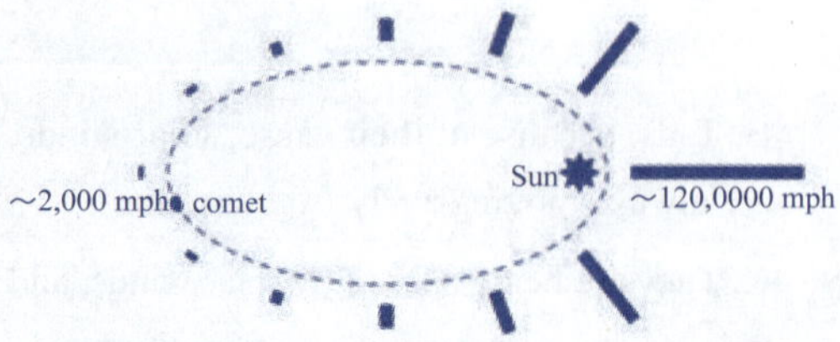

17. A. NO CHANGE B. it
C. its' D. its

18. Which choice completes the sentence with accurate information based on the graphic?

A. NO CHANGE

B. increases as the length of its tail increases, which decreases as it moves away from the sun

C. increases, and as it moves farther away from the sun its velocity decreases

D. decreases, and as it moves closer to the sun the length of its tail decreases

19. A. NO CHANGE

B. make an orbit of

C. orbit

D. complete a whole entire orbit around

20. A. NO CHANGE

B. comets collides with another celestial body

C. a comet collides with other celestial bodies

D. comets collide with other celestial bodies

21. The writer is considering dividing the underlined sentence into two sentences. Should the underlined sentence be divided into two sentences?

A. Yes, because it is a run-on sentence.

B. Yes, because the sentence mixes unrelated pieces of information without explanation.

C. No, because the conjunction "and" effectively links the various ideas expressed in the sentence.

D. No, because the several pieces of information in the sentence serve to express a single complete thought.

22. A. NO CHANGE

B. constituted with

C. arranged among

D. produced through

Questions 23-33 are based on the following passage.

Hamilton's Essential Contributions to the United States' Economy

[23] Of all the Founding Fathers, Alexander Hamilton's contributions to the establishment of the United States' economy were unparalleled. A trusted advisor of George Washington during the Revolutionary War, Hamilton spent a lot of time thinking about what kind of government the new country needed. He studied European economies and governments, and maintained that strong federal power was necessary for the nation's survival. [24] You may not know that when delegates convened in 1787 to create a Constitution for the new country, Hamilton was active at the Convention and instrumental in the Constitution's ratification. He convinced states to approve it through speeches and the influential Federalist Papers which he co-authored.

[1] [25] President Washington decided on the choice of Hamilton as the first Secretary of the Treasury. [2]Washington and his cabinet had no example to follow: they set the [26] preceding for how the executive branch of the government would operate. [3] Thus, Hamilton was largely responsible for establishing the United States' early economic policies. [4] Thomas Jefferson was influential as Secretary of State as well. [5] Without sound economic policies, the country might not have survived. [27]

23. A. NO CHANGE

    B. Even among those of all of the Founding Fathers, Alexander Hamilton's contributions to the establishment of the United States' economy

    C. Alexander Hamilton's were the greatest, the contributions of all of the Founding Fathers

    D. Alexander Hamilton, more than any other contributions to the establishment of the United States' economy,

24. A. NO CHANGE

    B. I have heard that when delegates convened

    C. When delegates convened

    D. Posterity remembers that when delegates convened

25. A. NO CHANGE

    B. President Washington made the choice to have Hamilton be the first Secretary

    C. President Washington chose Hamilton to be the first Secretary

    D. President Washington made his choice and decided on Hamilton as first Secretary

26. A. NO CHANGE

    B. precedent

    C. proceeding

    D. president

27. Which sentence should be removed in order to improve the focus of this paragraph?

    A. Sentence 1.

    B. Sentence 2.

    C. Sentence 3.

    D. Sentence 4.

28 Hamilton knew the United States needed to have strong businesses and industries, which could not form without a strong national economy. The country was still deep in debt from the war and needed additional revenue to initiate national projects. Although taxes were 29 unpopular—a major cause of the Revolutionary War was American resentment toward British taxes, Hamilton argued for their necessity. Without capital, how could the government accomplish anything?

30 Hamilton's "Report on Credit" stated that the government needed to repay its war bonds, take on the war debts of the states, and place a tax on imported goods. Many 31 members of Congress thought covering states' war debts expanded the central government's power too much, but Hamilton pointed out the difficulties of each state doing so independently. Virginia was strongly opposed to Hamilton's proposal, so Hamilton met secretly with Virginia Congressman James Madison. They agreed that Virginia would support the measure if the nation's new capital would be just outside Virginia, rather than in New York. With Virginia's support, the measures of the "Report on Credit" passed.

Another of Hamilton's ideas that met 32 obstacles was a national bank. Again, many states thought a federal bank would place too much power in the hands of the central 33 government and so for the sake of efficiency, and to establish credit for the federal government, the nation needed a centralized bank. In 1790, the idea was approved.

By influencing the Constitution's content and ensuring its ratification, and by developing the economic practices of the nascent government and establishing the national bank, Alexander Hamilton was the most influential economic developer of the young United States of America.

28. A. NO CHANGE
    B. Hamilton knew; the United States
    C. Hamilton knew, the United States
    D. Hamilton, knew the United States,

29. A. NO CHANGE
    B. unpopular, a major cause of the Revolutionary War was American resentment toward British taxes; Hamilton
    C. unpopular, a major cause of the Revolutionary War was American resentment toward British taxes— Hamilton
    D. unpopular—a major cause of the Revolutionary War was American resentment toward British taxes— Hamilton

30. Which choice most effectively establishes the main topic of the paragraph?
    A. Virginians and New Yorkers wanted the nation's capital to be in their respective states.
    B. On January 14, 1790, Hamilton presented Congress with a plan of action for jumpstarting the economy.
    C. President Washington relied on Hamilton.
    D. Hamilton threw himself into his work, becoming increasingly obsessive as he developed his plans.

31. A. NO CHANGE
    B. members' of Congress thought covering states war debts
    C. members of Congress thought covering state's war debts
    D. members of Congress thought covering states war debts

32. A. NO CHANGE
    B. resistance
    C. problems
    D. hardships

33. A. NO CHANGE
    B. government. However,
    C. government and however,
    D. government. Thus,

Questions 34-44 are based on the following passage.

Artistic Game Changer: Marcel Duchamp

The twentieth century saw a major expansion of the definition of "art." Though visual art developed and flourished in practically every culture worldwide for millennia before the twentieth century, most schools of art had emphasized formal elements and aesthetics. The modern art movement, which began in the second half of the nineteenth century, had already **34** lengthened the scope of what the public accepted as art. Rather than aiming to represent their subjects directly, modern artists experimented with color and form to produce striking visual effects. By challenging the public's expectations for visual art, they laid the groundwork for the conceptual **35** art movement. Conceptual artists shifted the focus even further, from visual effects to ideas. They rejected the notion that a piece of art must be beautiful, or that it should demonstrate artistic skill—proclaiming, **36** rather, that as long as it expresses, an artistic concept, it should be considered art. Marcel Duchamp was a pioneer of the Conceptual art movement.

[1] Duchamp was born in France in 1887, **37** and by young adulthood it is true that he had spent time creating art in both France and the United States. [2] Many critics claimed that the piece was not legitimate, but he maintained that it was the provocative, innovative nature of his act that made it art. [3] Disenchanted with the commercial art world, he refused to engage in practices generally seen as necessary for financial success and recognition: developing an identifiable aesthetic, frequently showing his work publicly, **38** or creating pieces similar to each other for the sake of profit, and in 1955 he became a U.S. citizen. [4] He developed the notion of a "Readymade," a pre-existing object that an artist finds, chooses, and claims as art, **39** modifying the object only by signing it.

34. A. NO CHANGE B. expanded
C. built D. deepened

35. A. NO CHANGE
B. art movement—Conceptual artists
C. art movement, conceptual artists
D. art movement: and conceptual artists

36. A. NO CHANGE
B. rather: that as long as it expresses, an artistic concept, it should
C. rather, that as long as it expresses an artistic concept it should
D. rather that as long as it expresses an artistic concept it should

37. A. NO CHANGE
B. and had spent time creating, by young adulthood, art
C. and created art, which by young adulthood he had spent time creating
D. and by young adulthood had spent time creating art

38. Which of the following choices most improves the focus of the passage?
A. or creating profits and becoming a citizen
B. and in 1955 he became a U.S. citizen
C. or creating pieces similar to each other for the sake of profit
D. or creating pieces similar to each other for the sake of profit, and he became a U.S. citizen

39. A. NO CHANGE
B. modifying the object only by signing it by the artist
C. modifying the object, the piece of art, only by signing it
D. modifying the object only by applying his or her, the artist's, signature

[5] Famously, Duchamp's 1917 submission to an art exhibition, Fountain, consisted of a urinal that he rotated ninety degrees and signed with a pseudonym. **40**

In an interview in 1955, Duchamp **41** <u>says,</u> "You should wait for fifty...or a hundred years for your true public. That is the only public that interests me." **42** <u>Because</u> he did not receive critical acclaim for much of his career, over fifty years later Duchamp is seen as one of the most influential artists of the twentieth century. Duchamp's influence can be seen in the work of later conceptual artists: Andy Warhol, with his pop art images and prints of everyday objects; Jackson Pollock, with his canvases covered in splattered paint; Sol LeWitt, **43** <u>who made</u> cubic steel "structures." Thus, Duchamp achieved the respect of the public he cared **44** <u>about! Duchamp</u> and the conceptual art movement permanently changed ideas about art's definition, its scope, and its possibilities.

40. To make the paragraph most logical, sentence 2 should be placed

A. where it is now　　B. before sentence 1

C. before sentence 5　　D. after sentence 5

41. A. NO CHANGE　　B. was saying

C. is saying　　D. said

42. A. NO CHANGE

B. Considering that

C. Although

D. However

43. A. NO CHANGE

B. with his

C. in making

D. by making

44. A. NO CHANGE

B. about. Duchamp

C. about—Duchamp

D. about? Duchamp

2. 新*SAT*语法模拟测试*2*解析

1. A。解析：文章讲述了不同的时间段内Lucy的行为，为了使上下文句式一致，故选A。

2. C。解析：本题为词汇题。intrusive 入侵的，打扰的；encroaching渐渐渗入的；invasive 侵略性的，攻击性的；infringing 违反的，侵害的。根据后文定语从句中选用的谓语动词harm可知，这里需要使用invasive。翻译：这个月以来，他们一直在关注一种具有攻击性的青蟹的影响，这种青蟹一直破坏着沿海的生态平衡。

3. B。解析：本段讲述青蟹破坏沿海的生态平衡，通过捕食一种软壳的蛤，使得蛤的数量骤减，并导致以贩卖蛤为生的渔民乃至消费者的利益减少。所以应该选择B，它提到了蛤的数量骤减。

4. C。解析：根据句意，第三句详细解释了蛤的数量下降是如何影响蛤产业的人们的利益的。所以此句应放在蛤的数量是如何减少之后，也就是第四句之后，才能使逻辑连贯。

5. D。解析：本题为词汇题。cite 引用；sight 视力，景象；sleight 手法，技巧；site地点，位置。翻译：到达工作地点之后，碎浪敲打着岩石，Lucy感到手臂上有稀疏的水雾。

6. B。解析：本题为句子删减题。翻译：这种寒冷对于这个系统来说是一种还不错的警示，可以让Lucy工作时警觉并且精力充沛。根据上文：其他研究者提到这份工作除了要在严寒的早晨将手指伸入冰冷的水流中之外，还是令人满意的。而Lucy却是不赞同的。所以此句不能被删除，因为它解释了为什么Lucy不赞同其他研究者的观点。

7. B。解析：本题考查比较。比较的前者为sitting at a desk，比较的后者也应该是动名词词组，只有B选项的working with the animals符合要求。

8. B。解析：本题要求为段落增加一个句子以达到过渡的效果。该段落讲述了清晨Lucy等研究者收集样本，并在午间时刻将样本集中起来。下一个段落讲述下午他们在室内将数据输入电脑并进行分析。B：将样本放入收集器之后，他们迅速吃过午餐，并到实验室继续工作。

9. C。解析：本题考查句子的简洁。用过晚餐并接了她姐姐打的一个电话之后，Lucy继续工作。

10. C。解析：本题考查代词的使用。A选项it's easy for us to think that we don't affect us 中 "we" 使用错误，应是指 "problems in the ocean"；B选项it's easy for them to think...中 "them" 使用错误，应是 "us"；D选项when you hear about the problems in the ocean, it's easy for us to think that...中时间状语从句中的 "you" 和主句中的 "us" 对应不上。故选择C。

11. D。解析：本题考查主谓一致和句子结构。首先，句子需要有谓语动词，故排除B；其次，somebody，nobody作主语，谓语动词用单数，故选择D。

12. C。解析：本题考查非谓语动词。非谓语动词作状语，其逻辑主语应与他所处的句子的主语保持一致。翻译：在空中划过，消失于天际，彗星一直让人类非常着迷。blazing和disappearing的逻辑主语应是comets，而非humans。故只有C选项符合要求。

13. C。解析：作者想要添加一个句子来支持上一个句子的信息。上文：the coma，是由气体在升华的过程中形成的，它比原子核的初始尺寸大很多。上文谈到的是coma，故下文也应该继续谈到coma才符合题目要求，排除A（frozen CO_2），D（comet’s tail）。B：基于原子核的原始尺寸和环境因素，coma的大小会有所不同。C：coma的直径可以达到10 000千米，非常接近地球的尺寸。两句都在讲coma的大小，但是只有C选项是紧接上文讲到coma is very large compared to the initial size of the nucleus。

14. B。解析：本题考查平行结构。三者或三者以上的并列需要在最后一者前面加上and，即“A, B, and C”，只有B符合要求。

15. C。解析：本题考查句子结构。本句主谓已经完整“these tails... exceed...”，所以没有连词不能加其他的动词，故排除B、D。翻译：这些所谓的尾巴可以超过150 000 000千米，以至于地球上是可见的。前后句意并无转折关系，所以不能用but。

16. A。解析：本题要求解释为何彗星的尾巴会远离太阳。在SAT语法当中，because是优于其他结构的。B：their cause多余；C：从句没有必要用现在进行时；D：除了时态错误之外，非谓语动词作原因状语应直接以过去分词开头，不能使用being。

17. D。解析：本题考查代词指代。此处需要使用形容词性物主代词表示彗星的尾巴，所以选择its。

18. C。解析：此题为图表题。根据图表，当彗星靠近太阳时，它的速度会加快；当它远离太阳时，它的速度会减慢。

19. C。解析：本题考查谓语动词的选用。翻译：某些彗星只用几年便可环绕太阳，而某些彗星却要花上千年才能如此。环绕太阳最简洁的表达应为“orbit the sun”，所以选择C。

20. D。解析：本题考查主谓一致。翻译：尽管这是一个很罕见的现象，但彗星还是会和其他星体发生碰撞。根据主谓一致，排除B；根据句意：一颗彗星极少和多个星体碰撞，所以使用复数。

21. D。解析：本题为句子拆分题。翻译：当Halley的彗星在1986年最后一次靠近地球的时候，科学家们得出它是由碳、氢、氧、氮组成的，其比例和人体的比例相似。两个句子之间呈现非常强烈的时间关系，故不应该被拆分成两个句子。

22. A。解析：本题考查谓语动词的选择。翻译：尽管彗星离我们很远，并且划过天空时跟我们很不一样，但我们却是由相同的元素组成的。C、D排除。be composed of由……组成；constitute 后面多接by。

23. B。解析：本题考查逻辑主语。A: of all the Founding Fathers，介词词组表范围，句

子主语应该是人，而此句主语是contributions，排除。B：among those of all the Founding Fathers，中心词为those of...，所以句子主语不是人，是contributions，正确。C：句子结构错误。D：比较对象不一致。

24. C。解析：翻译：当1787年代表团聚集在一起为新国家制定宪法时，Hamilton在大会上非常积极，并为宪法的通过起到了至关重要的作用。文章以第三人称的口吻讲述Hamilton的故事，不需要加入第一人称I have heard that...或第二人称You may not know that...，直接用时间状语讲述事实即可。

25. C。解析：本题考查表达法的简洁性。翻译：华盛顿总统让Hamilton当美国第一任财政部长。"choose sb. to be"即可。A、B、D的表达皆累赘。

26. B。解析：本题为词汇题。preceding在前的；precedent 先例；proceeding 进程，程序；president总统。翻译：华盛顿和内阁并无先例可循：他们设定先例规定行政部门应该如何运作。此处应选择名词，表达example之意。

27. D。解析：本题为句子删除题。翻译：1. 华盛顿总统决定让Hamilton当美国第一任财政部长。2. 华盛顿和内阁并无先例可循。3. 因此，Hamilton 被委以重任去制定美国的早期经济政策。4. 杰斐逊也是非常重要的国务卿。5. 没有合理的经济政策，这个国家不可能存活下来。根据句意，第四句多余。

28. A。解析：本题考查宾语从句。宾语从句中，如果没有插入语，不需要标点符号：主语+谓语+宾语从句即可。

29. D。解析：本题考查句子结构。本句使用让步状语从句，并用名词词组"a major cause..."解释说明taxes，当解释说明位于句中时，破折号的使用应该是一前一后两个；位于句末时，只需要在前面加一个破折号，所以A、C排除。B：分号前后需要有完整的主谓结构，而此句分号前面只有让步状语从句和一个名词词组，并无主句。

30. B。解析：本题考查对段落大意的理解。本段讲述了Hamilton 所实施的具体的经济政策，并解释了其中遇到的阻碍，以及最终成功的结果。所以只有B选项：1790年1月14日，Hamilton向国会提交了一份行动计划来振兴国家的经济。

31. A。解析：本题考查所有格的使用。当表示"……的"含义时，正确的结构为 A' B，或者B of A，故选择A。

32. B。解析：本题为词汇题。obstacle障碍，干扰；resistance：反抗，阻止；problem：问题；hardship：艰难。根据上一个段落的内容，Hamilton的经济政策受到了Virginia的阻止反对，所以结合上文应选择resistance。

33. B。解析：翻译：很多州认为联邦银行将太多的权力放在中央政府的手中，然而，为了效率并为联邦政府树立信用，国家需要一个中央银行。逻辑关系为转折，排除A、D。

34. B。解析：本题为词汇题。lengthen：加长；expand：拓宽；build：建立；deepen：加深。翻译：19世纪下叶的现代艺术运动已经拓宽了公众认定的艺术的领域。由于宾语选用了scope，所以谓语动词应用expand。

35. A。解析：本题考查标点符号的使用。破折号和冒号都用于解释说明；翻译：通过挑战公众对于视觉艺术的期待，现代艺术家们为概念艺术打下了基础。概念艺术家们将公众的关注从视觉效果转移到概念表达。根据句子结构，可排除C。两句之间并无解释说明的逻辑关系。

36. C。解析：翻译：他们并不赞同一件艺术作品必须是美的，或者运用了某些艺术技巧，而是秉承只要它传递了一个艺术概念，它都可以被称为艺术。proclaiming作主句的伴随状语，that as long as it expresses an artistic concept it should be considered art作proclaiming的宾语从句，rather作动宾的插入语，用逗号隔开。

37. D。解析：本题考查时间状语by young adulthood的位置。简单句当中，主谓结构+时间状语即可。by+过去的时间状语，谓语动词用过去完成时。

38. C。解析：首先本题考查平行结构+段落大意。翻译：Duchamp 并不沉迷于商业艺术，他并不赞同艺术一定要取得经济上的成功或者别人的认可：比如符合所有人的审美认可，让自己的作品众所周知，或者为了利益做出雷同的作品。此处用三个非谓语动词解释说明大众眼中的艺术成就。

39. A。解析：本题考查非谓语动词作状语。B：非谓语动词已经默认了动作的发出者为句子主语，不需要再加by the artist。

40. D。解析：本题考查第二句的位置问题。根据第二句所讨论的中心词 "the piece" 是从第四句才开始出现的，且第二句讲述了别人对于Duchamp的Readymade的态度故应放在第五句之后。

41. D。解析：时态题。时间状语为in 1955，谓语动词应使用过去式。

42. C。解析：本题考查逻辑关系。翻译：尽管他的一生没有得到别人的赞许和认可，但五十多年之后，他被认为是20世纪最有影响力的艺术家。两句之间应是让步的逻辑关系。

43. B。解析：本题考查平行结构。此处用三个概念艺术家为例，说明Duchamp对其他艺术家的影响。

44. B。解析：本题考查标点符号的使用。翻译：Duchamp得到了大家的尊敬。他和他的概念艺术运动永恒地改变了人们对于艺术的定义、艺术的范围和艺术的可能性。 两个句子之间并不存在解释说明的作用。所以直接使用 "." 即可。

新SAT语法模拟测试3

1. 测试题

Questions 1-11 refer to the following passage.

American Jazz

[1] One of the earliest music forms to originate in the United States was Jazz. Known as truly mid-American because of [2] it's origins in several locations in Middle America, the music developed almost simultaneously in New York, New Orleans, Saint Louis, Kansas City, and Chicago.

At the start of the 20th century, musicians all along the Mississippi River familiar with West African folk music blended it with European classical music from the early nineteenth century. This combination was adopted by artists in the region who began to use minor chords and [3] syncopation, in their own music, ragtime, and blues. At the same time, brass bands and gospel choirs adopted jazz music, and it became a true blend of cultures.

1. A. NO CHANGE
   B. One of the most earliest
   C. The most early
   D. The earliest

2. A. NO CHANGE
   B. its
   C. its's
   D. its'

3. A. NO CHANGE
   B. syncopated to their own music
   C. syncopation in their own music
   D. syncopation with their own music

Eventually, a different music 4 style developed; based on a blend of the many different cultures in America at the time. 5 It was American Jazz and became the first indigenous American style to affect music in the rest of the world. [1] One of the true greats of American Jazz was Cabell "Cab" Calloway Ⅲ. [2] He was born in New York in 1907, 6 therefore his family moved to Chicago during his teen years. [3] Growing up, Cab made his living working as a shoe shiner and a waiter. [4] During these years, he also spent time at the racetrack, where he walked horses to keep them in good shape.

[5] After graduating from high school in Chicago, Cab got his first performance in a revue called "Plantation Days." [6] His strong and impressive voice soon gained him 7 popularity in the top Jazz circles of the United States. 8

Many others have followed Cabs lead 9 and have moved from the east to Middle America. Like other folk music forms, American

4. A. NO CHANGE
B. style developed based on
C. style developed based on,
D. style, developed based on

5. A. NO CHANGE
B. This style, known as American Jazz,
C. Being known as American Jazz, it
D. It being American Jazz first

6. A. NO CHANGE
B. and
C. but
D. also

7. A. NO CHANGE
B. popularity: in the top Jazz circles
C. popularity, in the top Jazz circles,
D. popularity in the top Jazz circles,

8. Upon reviewing this paragraph and finding that some information has been left out, the writer composes the following sentence incorporating that information:

He became widely known as "The man in the zoot suit with the rete pleats."

This sentence would most logically be placed after sentence:

A. 3
B. 4
C. 5
D. 6

9. Given that all choices are true, which one would most effectively tie together the two main subjects of this essay?

A. NO CHANGE
B. and have added to the rich tradition of American Jazz
C. such as George Duke and Earl Klugh
D. and have signed large recording contracts

Jazz has a rich history and unique sound that [10] means it'll stick around for a while. [11]

Questions 12-22 refer to the following passage.

Arctic Sea Ice and Global Warming

Polar ice consists of sea-ice formed from frozen seawater as well as ice sheets and glaciers formed from the buildup and compaction of falling snow. The Earth is home to [12] two polar ice caps: high-latitude regions of a planet or natural satellite covered in ice.

The high latitude of polar ice caps causes these [13] domains to receive less energy in the form of [14] solar radiation from the Sun than equatorial regions do, which results in lower surface temperatures.

10. A. NO CHANGE

B. causes it to be an enduring institution with a timeless appeal

C. makes many people enjoy it

D. ensures its continued vitality

11. Suppose the writer's goal was to write a brief essay focusing on the history and development of American Jazz music. Would this essay successfully fulfill this goal?

A. Yes, because the essay describes the origins of American Jazz music and one of its important figures.

B. Yes, because the essay mentions the contributions American Jazz music has made to other folk music traditions.

C. No, because the essay refers to other musical forms besides American Jazz music.

D. No, because the essay focuses on only one American Jazz musician, Cab Calloway.

12. A. NO CHANGE

B. two polar ice caps high-latitude regions of a planet or natural satellite covered in ice

C. two polar ice caps, high-latitude regions of a planet or natural satellite covered in ice

D. two polar ice caps. High-latitude regions of a planet or natural satellite covered in ice

13. A. NO CHANGE B. areas

C. homes D. ranges

14. A. NO CHANGE

B. radiation

C. radiation that's from the Sun

D. solar radiation

The Earth's polar ice caps 15 are changing dramatically over the course of the last 12,000 years. Seasonal variations of the ice caps 16 takes place due to varied solar energy absorption as the planet revolves around the Sun. Ice caps can also grow or shrink due to climate variation. Global warming is expected to cause more ice to melt, reducing the energy reflected back to space and 17 to increase the energy absorbed at the surface. This would cause the affected portions of the Earth to warm.

If the direst of the widespread global warming theories is accurate, the polar ice caps should be receding significantly. Recent studies, 18 too, have demonstrated that 19 the Arctic ice shelf is not just maintaining its mass, it is increasing. In addition, satellite temperature readings, 20 considered by many to be more reliable than surface temperatures taken by humans under varying conditions, indicate no global warming of the lower atmosphere, and scientific reports confirm an increase in the arctic sea-ice extent. However, upon careful review of a 20-year span of data, environmental organizations determined that 21 the increase occurred steadily over the twenty-year period, suggesting the reported increases were the result of 22 errors rather than a growing trend.

15. A. NO CHANGE B. change
C. have changed D. will change

16. A. NO CHANGE B. took place
C. take place D. takes places

17. A. NO CHANGE B. to increasing
C. increasing D. increase

18. A. NO CHANGE B. however
C. furthermore D. especially

19. A. NO CHANGE
B. the Arctic ice shelf is not just maintaining its mass, but it is increasing also
C. the Arctic ice shelf is not just maintaining its mass, but increasing
D. the Arctic ice shelf is not just maintaining its mass, but it is experiencing an increase

20. A. NO CHANGE
B. which many consider more reliable than humans taking surface temperatures
C. considered by many to be more reliable than humans taking surface temperatures
D. which are always more reliable than surface temperatures taken by humans

21. Which choice completes the sentence with accurate data based on the line graph?

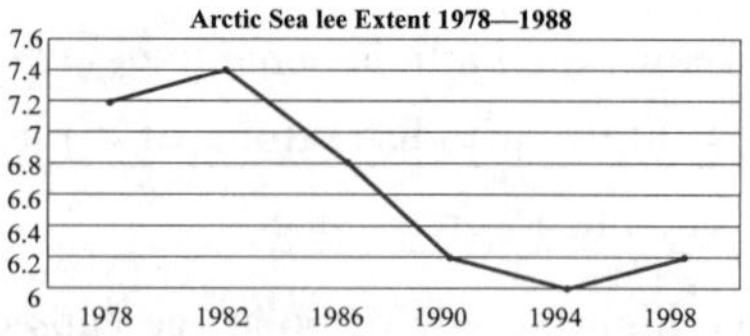

A. NO CHANGE
B. the increase occurred during two 4-year segments of the 20-year period
C. almost the entirety of this increase occurred during a period of only one year
D. the reverse is true

22. A. NO CHANGE B. mistakes
C. oversights D. anomalies

Questions 23-33 are based on the following passage.

Decoding Honey Bee Dance Language

If you look inside a bustling honey bee hive, you may see a single bee dancing wildly among a crowd. On the honey bee "dancefloor," other bees gather around to watch and [23] imitate the dancing bee. After a few minutes of matching the movements, the bees leave the hive and all take flight in the same direction. The dancing bee has just communicated the location of an abundant food source to the other bees. Scientists have studied the dances of [24] honey bees and the scientists then determined that honey bees readily communicate reliable food sources to each other by dancing.

How does this process work? First, honey bees called "scouts" go out to find flowers rich with the bees' main source of energy—nectar. When a scout finds a promising location of [25] nectar, they return to the hive to "perform" for the other bees. The scout dances in quick and deliberate circuits. Forager bees dance behind the scout, "practicing" the dance until they learn its meaning. The foragers then leave to seek out the nectar and bring it back to the hive.

23. A. NO CHANGE
    B. impersonate
    C. mock
    D. duplicate

24. A. NO CHANGE
    B. honey bees; and then the scientists determined
    C. honey bees and have determined
    D. honey bees then determining

25. A. NO CHANGE
    B. nectar; they return
    C. nectar; it returns
    D. nectar, it returns

[1] Researchers studying the dance patterns and reactions of honey bees suggest that there is, in fact, meaning in the dances of the bees. [2] When a nectar source is closer than fifty meters from the hive, scouts perform a "round dance." [3] When the food is farther than seventy-five meters from the hive, scouts perform a "waggle dance." [4] The waggle dance consists of elaborate "figure eight" circuits. [5] The number of dance circuits per fifteen seconds signals how far the nectar source is **26** from the hive; the angle of the dance tells the forager bees the direction they should fly. [6] For instance, if the nectar source is in the opposite direction from the sun, the bee **27** will perform at least 180 circuits. [7] The circuits signal important information about the location of food to the rest of the hive. **28**

26. A. NO CHANGE

B. from the hive the angle of the dance

C. from the hive: the angle of the dance

D. from the hive, the angle of the dance

27. Which choice completes the sentence with accurate information based on the graph?

A. NO CHANGE

B. will perform the dance at a 180° angle

C. will perform the dance at a 60° angle

D. will perform no circuits

28. For the sake of the cohesion of this paragraph, sentence 7 should be placed

A. where it is now.

B. after sentence 2.

C. before sentence 1.

D. before sentence 5.

Both the forager bees **29** and the scout plays important roles in the process of collecting nectar. Scouts must find the best locations for nectar. Scouts must also be cautious of sites with damaged flowers or deceased bees, as these may be signs of predators. **30** The foragers watch and imitate the dance. Then the foragers use the cues from the scouts to locate the site and return with nectar for the hive.

29. A. NO CHANGE
    B. and the scout play important
    C. and the scout were playing important
    D. and the scout was playing important

30. A. NO CHANGE
    B. The foragers watch and imitate the dance and they
    C. The foragers both watch and imitate the dance, and then they
    D. After watching and imitating the dance, the foragers

31 Because bees have small brains relative to humans, they can convey complex and vital information to each other through their dances. Scientists suggest that the bees "understand" the dance because it **32** illicits a uniform response from the viewers; most forager bees fly to the location encoded in the dance. In this way, honey bees use these dances as **33** tools for both to navigate and communication.

31. A. NO CHANGE
    B. Although bees have small brains
    C. Without their small brains
    D. Accordingly, bees have small brains

32. A. NO CHANGE
    B. elicits
    C. illuminates
    D. excises

33. A. NO CHANGE
    B. tools to both navigate
    C. tools for both navigation
    D. tools to be used for both navigation

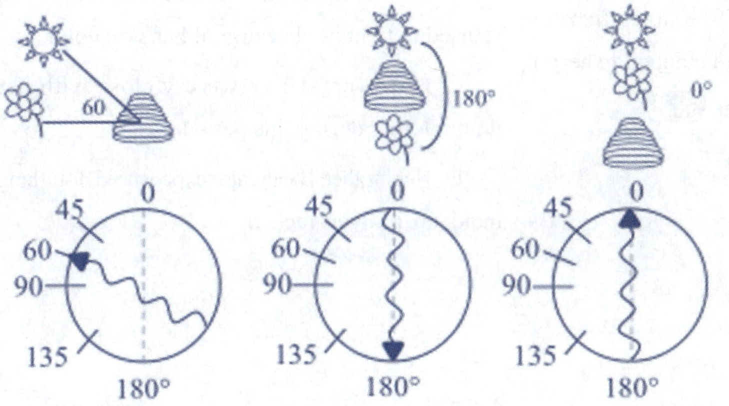

The figure above illustrates the waggle dances performed based on the location of the nectar source (flowers) in relation to the hive and the sun.

Questions 34-44 are based on the following passage.

Maya Angelou: A Voice for Caged Birds

At President Bill Clinton's inauguration, Maya Angelou stands at the podium to recite a poem just as she did when she was a young girl in church. As a child, **34** too nervous to complete her reading in front of her congregation. Now on stage in front of the world, **35** however, Angelou does not resemble that frightened girl at all. She reads "On the Pulse of Morning," a poem she composed that proposes inclusion, change, and progress as America's goals. It is easy to see how her life and journey **36** has not only influenced her work but also embodied the change and progress for which she calls. Passion and courage are evident in her performance, not fear or anxiety. She speaks with a strong voice—a voice that has long touched generations of listeners. [1] Angelou faced a difficult childhood. [2] She and her brother, Bailey, were raised for a period of time with their grandmother **37** in Arkansas. [3] It was here that Angelou experienced the devastating effects of racism firsthand. [4] Yet from her grandmother's example she also learned how to be resilient. [5] In her autobiographical work, *I Know Why the Caged Bird Sings*, Angelou describes herself as an insecure young girl. [6] She notes that her awkward looks brought on ridicule, and she felt she did not fit in with her peers. **38**

34. A. NO CHANGE
B. too nervous to complete reading
C. she was too nervous, completing her reading
D. she was too nervous to complete her reading

35. A. NO CHANGE
B. for instance
C. therefore
D. moreover

36. A. NO CHANGE
B. has influenced
C. have not only influenced
D. have influenced

37. Which choice most effectively combines the sentences at the underlined portion?
A. in Arkansas, and she experienced
B. in Arkansas, here Angelou experienced
C. in Arkansas, where Angelou experienced
D. experiencing in Arkansas

38. Which choice, inserted between sentences 3 and 4, would most improve the focus of the paragraph?
A. NO CHANGE
B. For example, the white dentist in the town refused to treat her because of her skin color.
C. However, she grew very close with her grandmother during this period.
D. Her brother, Bailey, also experienced disturbing incidents of overt racism.

[39] Angelou first tried her hand at singing and dancing, touring Europe and releasing a musical album. During this time, she gained a sense of confidence and a set of valuable mentors and collaborators. With the help of these connections, she wrote and produced a documentary series and began work on *I Know Why the Caged Bird Sings*. Finally able to shake the insecurities [40] <u>of her youth, Maya Angelou had found her voice.</u>

39. Which sentence, if inserted here, would most effectively establish the main topic of the passage?

A. Angelou was a pioneer for African American women in film.

B. Angelou was the recipient of many honors and awards for her work in the arts.

C. *I Know Why the Caged Bird Sings* was the first work in Angelou's autobiographical series.

D. Angleou's life changed when she began discovering her creativity.

40. A. NO CHANGE

B. she had experienced as a youth, her voice was found

C. of her youth, her voice was found

D. of her youth; Maya Angelou had found her voice

Angelou put her voice to use throughout the rest of her life 41 by composing and producing; acting and writing. 42 Both her poetry and also her prose were widely acclaimed, and her script for the film Georgia was nominated for a Pulitzer Prize. Much of Angelou's success has been attributed to her ability to connect with her audience through vivid imagery, 43 instigating powerful emotions from her listeners.

In "On the Pulse of Morning," Angelou encourages Americans to have courage to live each day with hope. She 44 invites them to move forward with her into the light of the morning. On stage at the inauguration, she is not a caged bird or a shy little girl; she is a songbird whose melodies echo through television cables and touch hearts across the nation.

41. A. NO CHANGE

B. by composing; producing; acting and writing

C. by composing, producing, acting, and writing

D. by composing and producing; and acting and writing

42. A. NO CHANGE

B. Her poetry and prose were widely acclaimed

C. Her poetry, and also her prose, were acclaimed

D. Both her poetry but also her prose were widely acclaimed

43. A. NO CHANGE

B. infuriating

C. agitating

D. evoking

44. A. NO CHANGE

B. invites themselves

C. invites him or her

D. invited them

2. 新SAT语法模拟测试3解析

1. A。解析：根据谓语动词was可以判断主语为单数，故排除C、D；且early的最高级就是earliest，不用再加most，排除B。One of +复数名词作主语，谓语动词用单数。

2. B。解析：本题考查代词指代。本句用过去分词known as...作the music 的伴随状语，because of 后的代词指的是句子主语the music，用形容词性物主代词 its 表“它的”。

3. C。解析：本题考查平行对称的基本规律。

4. B。解析：developed作谓语动词，主谓之间没有插入语时，不需要用逗号隔开，故排除D；based on a blend of the many different cultures... “以……为基础”，a blend of...作based on的介宾，中间不用逗号隔开，故排除C； A选项的分号前后应有完整的主谓结构，而分号后面没有，故排除A。

5. B。解析：过去分词作伴随状语时，不加being。如：Known as the first inventor of this device, he continued to invent many other useful tools. being 只用于动词既要表达被动，又要表达进行时；或者介词后面表被动。

6. C。解析：本题考查逻辑关系。上文句意：Cab是美国爵士乐的开拓者之一，他于1907年出生在纽约。下文句意：在他还未成年时，他们一家搬到了芝加哥。上下文之间应是转折的逻辑关系。所以选择but。

7. A。解析：句意：他的特别音色让他在美国顶尖的爵士乐圈内受到欢迎。gain popularity in...为固定搭配，不应在中间用标点符号隔开，另外，jazz circles of the United States为一个整体概念，也不应用标点符号隔开。

8. D。解析：本题为句子插入题。所接句子句意为：他广泛地被大家称为……此句讲述了他出名之后的事情，故应该放在他出名之后。只有第六句讲述他用自己特殊的音色在美国爵士乐圈内出名。故应放在第六句之后。

9. B。解析：本文大意讲述了Cab 是如何进入美国爵士乐圈子的。最后一段讲述了美国爵士乐和其他民间音乐形式一样，拥有丰富的历史和独特的音色。A：其他人也向Cab一样从美国东部搬到中部；B：其他很多人也丰富了美国爵士乐的传统；C：很多人借鉴Cabs，比如George Duke, Earl Klugh; D：很多人签署了唱片合同。根据上下文，选B，使得最后一段符合逻辑地谈到美国爵士乐的历史、传统。

10. D。解析：本题需要为定语从句添加内容，先行词为unique sound。A：它会萦绕一段时间。B：让它成为一个拥有无限吸引力的永久的习俗。C：让很多人喜欢它。D：保证它会一直很重要。 其中最符合句意的应是：爵士乐独特的音色让它一直获得举足轻重的地位。故选择D。

11. A。解析：本题考查是否文章简单描述了美国爵士乐的发展历史。很明显文章不仅提到了美国爵士乐举足轻重的地位，还介绍了其中一位具有代表性的音乐人。

12. A。解析：极地冰是由结冰的海水形成的海洋冰和由雪堆积起来的冰盖组成的。地球是两种极地冰盖的家园：一个是行星的高纬度地区，一个是被冰覆盖的自然卫星。故此处应使用冒号对两种极地冰盖进行解释说明。

13. C。解析：本题为词汇题。domain：领域（含主权）；area：普通的区域；home：家园；range: 范围。翻译：极地冰盖的高海拔让这些区域接受的太阳辐射远远少于赤道附近的区域。故选择areas。

14. D。解析：本题考查句意的简洁。solar 意为太阳的，不用在后面加上from the Sun。故直接用solar radiation。

15. C。解析：本题考查动词的时态。根据句子的时间状语over the course of the last 12 000 years，应用现在完成时，表示动作从过去一直持续到现在，并有可能会一直持续下去。翻译：地球的极地冰盖在过去12 000年里已经发生巨大的变化。

16. C。解析：本题考查主谓一致和动词时态。句子主语为seasonal variations，复数，谓语应使用复数，故排除A、D；根据句子的时间状语"as the planet revolves around the Sun"使用的一般现在时，主句应同样使用一般现在时。故选C。

17. C。解析：本题考查平行结构。reducing the energy作主句的结果状语，reflected back to space作energy的后置定语，increasing the energy与reducing并列，absorbed at the surface作energy的后置定语。故选择increasing。

18. B。解析：本题考查逻辑关系。上文：如果全球变暖的理论是正确的话，那么极地冰盖应该会巨大地减少。下文：研究表明，北极冰架不仅保持着原来的量，还在逐步地增加。很明显，上下文的内容是相反的。故选择however。

19. C。解析：本题考查平行结构。Not just/merely/only...but (also)...后面所接的成分应用相同的结构表达，以保证句子工整。故选择C。

20. A。解析：本题考查比较。比较的对象应该具有可比性，此句的主语为satellite temperature，谓语动词为indicate...，considered by 为过去分词作主语的后置定语，在后置定语中使用了比较。比较前者为satellite temperature，比较后者应该为surface temperature。

21. B。解析：本题为图表题。根据图表，在1978—1998这20年间，只有1978—1982四年时间呈稳定上升趋势，其余都为下降趋势或基本保持不变。故选项B正确。

22. D。解析：本题为词汇题。error：过错，指原本可以做对的事情做错了。mistake：错误。oversight：疏忽，监督。anomaly：异常。根据句意这四年的上升趋势应该是一种异常，而非错误或者过错。

23. A。解析：本题为词汇题。imitate：模仿。impersonate：拟人。mock：嘲弄。duplicate：复制。翻译：如果可以看到一个蜂巢的内部的话，你会看到一只蜜蜂在一群蜜蜂中间疯狂地起舞。其他蜜蜂会聚集在其周围，并模仿这只跳舞的蜜蜂。所以此处要选择imitate。

24. C。解析：本题考查谓语动词的平行。A：两个句子主语一样，但时态却并不一致，一个是现在完成时，另一个却一般过去时。B：与A选项问题相同。C：谓语动词的并列，均用现在完成时。D：determining 用分词形式，名词后面不加逗号的分词表示后置定语，而此处determining并不能够作honey bees 的后置定语。故选择C。

25. D。解析：本题考查句子结构。每一个句子中，都应有一套完整的主谓结构。When引导时间状语从句而不是主句，所以应该以逗号接上主句的主谓结构。且时间状语从句中的主语为A scout，单数，所以主句的主语应使用it而非they。

26. A。解析：第五句有自己的主谓结构：the number...signals...，不需要另外的谓语动词，故排除B、D。C：冒号表示解释说明。上文句意：每十五秒钟舞蹈所转的圈数表明花蜜离蜂巢的距离。下文句意：舞蹈的角度表明采蜜的蜜蜂应该朝什么方向飞行。两个句子之间不存在下文解释上文的关系，而是并列关系，所以用分号而不用冒号。

27. B。解析：根据上文，蜜蜂的舞蹈方向可以传达花蜜的方向。此句采用举例说明，如果花蜜在太阳的相反方向的话，那蜜蜂应该旋转180度，而不是60度。

28. D。解析：本题考查第七句的位置问题。第七句翻译：舞蹈的圈数传达了有关花蜜的位置的信息。根据上文，第五句详细解释了舞蹈的圈数是如何传递花蜜的位置的。所以第七句应放在第五句之前。

29. B。解析：本题考查主谓一致。主语为both...and...，谓语动词应为复数，故排除A、D；翻译：采蜜的蜜蜂和侦察的蜜蜂在采集花蜜的过程中都扮演了非常重要的角色。此句为客观事实，应使用一般现在时，而非过去进行时。故选择B。

30. D。解析：英语为形合语言，意思是为了让句意紧凑，尽量用较小的语法单位去表达一个意思。所以此处用一个时间状语 + 主句的形式表达是优于动词的并列的。翻译：在观看并模仿了侦察员的舞蹈之后，采蜜者使用这些线索来找到花蜜并将花蜜带回蜂巢。

31. B。解析：本题考查状语的逻辑选择。翻译：蜜蜂的脑袋跟人脑比起来小很多，蜜蜂可以相互之间通过舞蹈传递非常复杂和重要的信息。两句之间应是让步关系。尽管蜜蜂的脑袋比人脑小很多，但是却可以通过舞蹈传递非常复杂且重要的信息。

32. B。解析：本题为词汇题。illicit：违法的。elicit：引起。illuminate：点亮。excise：删去，划掉。翻译：蜜蜂之所以看得懂舞蹈，是因为它可以使蜜蜂产生统一的反应。所以应选择elicit。

33. C。解析：本题考查平行结构。both...and...后面所接的成分应该一致。根据下文and后面接的是communication，名词，both后面也应该接名词navigation，故排除A、B。另外，考虑到句子的简洁，D选项是一个啰唆的表达。

34. D。解析：本题考查句子结构和固定搭配。“太……而不能……”应使用“too...to...”结构，故排除C。另外，根据句子的基本结构，每个句子应有完整的主谓结构，故排除A、B。

35. A。解析：本题考查逻辑关系。however转折，for instance 举例，therefore因果，moreover 递进。上文：小时候，Maya由于太紧张，无法在教堂集会时完成演讲。下文：她不再是以前那个害怕的小女孩了。两句之间的逻辑关系应是转折。

36. C。解析：本题考查固定搭配。下文出现了but also，故前面一定有not only结构，所以选择C。翻译：不难看出她的生活和旅途如何改变了她的工作，也体现了她所希望的变化和进步。

37. C。解析：本题考查地点状语。翻译：Angelou 和她的哥哥Bailey是在Arkansas 由祖母养育了一段时间，在那里她经历了最直观的种族歧视。

38. B。解析：根据上文，Angelou 经历了种族歧视。所以为了促进行文的逻辑关系，应举例说明他们遭受的种族歧视的具体信息。B：镇上的白人牙医由于她的肤色问题拒绝为她治疗。

39. D。解析：本题要求选择段落的主旨句。下文：Angelou开始尝试唱歌跳舞，去欧洲旅行和发行唱片，在此期间她变得非常自信，也得到了一些重要的老师和合作者的支持。在他们的帮助下，她写作并出版了纪录片系列，最终消除了她童年时期的不安全感。整个段落讲述她如何通过自己的兴趣爱好努力改变自己的人生。所以应选择D。

40. A。解析：形容词词组作结果状语，其逻辑主语应与句子主语保持一致。此处able to shake the insecurities 的逻辑主语应是Angelou这个人，且只能有一个主谓结构，故选A。

41. C。解析：本题考查平行结构。翻译：Angelou在余生用她的声音来作曲、表演，甚至是写作。四个动词并列作方式状语。

42. B。解析：both...and为固定搭配，排除A、D。C选项因"also"的使用显得累赘，故正确答案为B。

43. D。解析：本题为词汇题。instigate煽动；infuriate使发怒；agitate使焦虑；evoke唤起。翻译：Angelou的成功大多来自她可以通过生动的意象将观众联系起来，唤起听众强烈的情感共鸣。

44. A。解析：本题考查时态和代词的使用。根据上一句谓语动词 encourages，可知谓语动词应用一般现在时，排除D；此处的宾语应是Americans，应使用them宾格，而非反身代词themselves。

附录2 新SAT写作模拟题与范文

SAT Practice Essay # 1

DIRECTIONS

The essay gives you an opportunity to show how effectively you can read and comprehend a passage and write an essay analyzing the passage. In your essay, you should demonstrate that you have read the passage carefully, present a clear and analysis, and use language precisely.

Your essay must be written on the lines provided in your answer booklet: except for the planning page of the answer booklet, you will receive no other paper which to write. You will have enough space if you write on every line, avoid wide margins, and keep your handwriting to a reasonable size. Remember that people who are not familiar with your handwriting will read what you write. Try to write or print so that what you are writing is legible to those readers.

You have 50 minutes to read the passage and write an essay in response to the prompt provided inside this booklet.

1. Do not write your essay in this booklet. Only what you write on the lined pages of your answer booklet will be evaluated.

2. An off-topic essay will not be evaluated.

As you read the passage below, consider how the author uses

- evidence, such as facts or examples, to support claims.
- reasoning to develop ideas and to connect claims and evidence.
- stylistic or persuasive elements, such as word choice or appeals to emotion, to add power to the ideas expressed.

This passage deals with the issue of compensation for college athletes.

In the world of college sports, there is growing debate about whether student athletes should be awarded monetary compensation for their contribution to teams that garner millions of dollars for universities. Presently, the National Collegiate Athletics Association (NCAA), the governing body of college sports, doesn't allow it. Some hold this law as sacrosanct, saying it keeps college sports from becoming commercial and corrupting the experience of student athlete, who are in school, after all, for an education. But the reality is that we are past that point: college sports are big business, and the system that caps student salaries at zero is tantamount to wage fixing and collusion. If such practices happened in the investment market, universities would be fined by the FTC. In a labor market, they'd be shut down. Student athletes are being defrauded and taken advantage of.

So how much money is at stake? Basketball and football are the two main sports in question. Every year, the month of March becomes synonymous with a weeks-long basketball bracket that winnows down 64 teams to the single best. In football, a season of stadium-filling regular season games culminates in half a dozen lucrative " bowl games" sponsored by some of the biggest corporations in the world: FedEx, AT&T, and Mobil Oil.

For television networks, advertisers, universities, and local businesses where the events are held, these games are every bit as big as the NFL's Super Bowl and the NBA playoffs. In 2011, ESPN and Fox signed television rights deals worth $3 billion to the Pacific-12 conference. Forbes magazine reported that CBS and Turner Broadcasting make more than one billion dollars off the March Madness broadcasts, "thanks in part to a $700,000 advertising rate for a 30-second spot during the Final Four." One study put the value a Texas A&M home game at $86 million for businesses in Brazos Country, where A&M is located.

The dollar figures are indeed vast, and universities get their share. Here are two examples from schools with top football teams. According to the most recent federal data, the University of Texas football team netted a profit of $77.9 million in 2011-2012. Michigan made $61.6 million from football and $85.2 million in revenue.

Coaches, too, are a big part of the equation. Average salaries for major college football coaches have jumped more than 70 percent since 2006, to $1.64 million, according to USA Today. Nick Saban, head coaches for Alabama, makes $7.3 million a year.

And yet, players take home no money. None. How can this be? Because like unscrupulous tycoons from a Dickens novel, college presidents, athletic directors, and conference commissioners set their players' wages as low as they can get them—zero.

According to a recent study, if college football operated under the same revenue-sharing model as the NFL, each player on the Texas A&M squad would see a paycheck of about $225,000 per year.

All this talk of money might have you thinking that we should go back to square one and take the money out of college sports. But money is in college sports' DNA. It was conceived that way. It all grew out of the Morrill Land-Grant College Act of 1862. "As large public institutions spread into sparsely populated states, the competition for students grew fierce," says Allen Sack. Football happened to be invented around that time, and schools took it up as a tool to draw students, and spectators, to campuses. The 1894 Harvard-Yale football game, for example, generated $119,000, according to the *New York Times*. That's nearly $3 million in today's dollars.

The historic justification for not paying players is that they are amateur student-athletes, and the value of their scholarships is payment enough. But the NCAA's own study shows that its scholarship limit leaves so-called "full" scholarship athletes with $3,000 to $5,000 in out-of-pocket expenses each year. The average shortfall is $3,200. Furthermore, most scholarships are revocable, so if an athlete doesn't perform well on the field, or is injured, he can, in a sense, lose that compensation.

A student athlete devotes 40 hours a week on average towards sport: that's equivalent to a full-time job. Zero pay and immediate termination with no recourse? Those are labor conditions that any sensible workforce would unionize to change. But students are powerless to change. They are up against the NCAA, the Big 10 commission, university boards, and the almighty corporate dollar. Someone needs to become their advocate and get student athletes the compensation they deserve.

Write an essay in which you explain how the author builds an argument to persuade his audience that student athletes deserve fair compensation. In your essay, analyze how the author uses one or more of the features listed in the box that precedes the passage (or features of your own choice) to strengthen the logic and persuasiveness of his argument. Be sure that your analysis focuses on the most relevant features of the passage.

Your essay should not explain whether you agree with the author's claims, but rather explain how the author builds an argument to persuade his audience.

Sample Essay 1

Instead of resorting to the readers' emotions or pure logic, the author has somehow combined the two methods in making his point convincing: college student athletes have every reason to receive monetary compensation for their contribution to the sports business. And objectivity of the author's standpoint is mainly achieved through both a compelling employment of exemplification in the form of solid statistics and the use of rhetoric devices.

When casting a glimpse of the whole essay, the reader will hardly associate it with an argumentative piece; it looks more of a systematic survey of collegiate sports industry. Concrete figures that have been carefully chosen and presented predominate the body paragraphs serving for the purpose of adding credibility and clearing doubts. Take the third paragraph. Big numbers such as \$3 billion, one billion dollars, \$700,000 and \$86 million all illustrate the enormous volume of this business. More figures follow to show how much profit is gained for each participating parties but the students.

The biggest beneficiary of the business is definitely the television networks and the sponsors, including well-known brands such as the FedEx, AT&T, and Mobil Oil. Universities also benefit from this. The football teams of the University of Texas and Michigan earned the universities \$77.9 million and \$61.6 million respectively in 2011-2012. So are the coaches, one of who earned as much as \$7.3 million a year.

The larger the numbers are, the more pathetic and meager student athletes appear. And here comes the first powerful comment. "And yet, players take home no money. None. How can this be?" Had there been a fair system like that of NFL, each player on the Texas A&M squad would have earned some \$225,000 a year. Afterwards, the author takes time to discuss and refute two fallacies. One is to take the money out of this business, yet this has proved impossible and is against the nature of college sports, which was to attract students and increase enrollment rate. The other argument is that student athletes already get scholarships, which are considerably small and revocable.

The battle is won when the enemies are overthrown. The final comment is short yet touching: “But students are powerless to change...Someone needs to become their advocate and get student athletes the compensation they deserve.” They are more miserable than poor workers who have been exploited by unscrupulous tycoons.

Besides factual reasoning with figures, rhetorical devices also help. A key question is raised in the second paragraph, “So how much money is at stake?” directing the reader into searching for how this industry works and the vast numbers of dollars is presented, which projects a dramatic contrast with the income of sportsmen—zero. Then comes another query: “How can this be?”, leading to the on-going quest for truths. Even in the concluding paragraph, there is an unavoidable interrogation: “Zero pay and immediate termination with no recourse?”, highlighting the absurdity and inequality of this system.

Another remarkable method is the use of subjunctive mood, which contributes to denouncing the injustice. Here are two instances: “If such practices happened in the investment market, universities would be fined by the FTC. In a labor market, they’d be shut down.” (see Paragraph 1) And even in the last paragraph, there is one final strike: “Furthermore, most scholarships are revocable, so if an athlete doesn’t perform well on the field, or is injured, he can, in a sense, lose that compensation.” (see Paragraph 9)

Even an analogy is made between “college presidents, athletic directors, and conference commissioners” who pay zero to their players and unscrupulous tycoons from a Dickens novel, condemning the existing practice of exploiting college athletes, which is extremely cruel yet vivid.

Overall, the argument is made convincing mainly through exemplification, which has been employed to such an extent that there is little room to doubt the credibility and objectivity of the essay. Also, the uses of rhetoric questions, subjunctive mood and the analogy help in making the layout more organized and comment more persuasive.

SAT Practice Essay #2

DIRECTIONS

The essay gives you an opportunity to show how effectively you can read and comprehend a passage and write an essay analyzing the passage. In your essay, you should demonstrate that you have read the passage carefully, present a clear and analysis, and use language precisely.

Your essay must be written on the lines provided in your answer booklet: except for the planning page of the answer booklet, you will receive no other paper which to write. You will have enough space if you write on every line, avoid wide margins, and keep your handwriting to a reasonable size. Remember that people who are not familiar with your handwriting will read what you write. Try to write or print so that what you are writing is legible to those readers.

You have 50 minutes to read the passage and write an essay in response to the prompt provided inside this booklet.

3. Do not write your essay in this booklet. Only what you write on the lined pages of your answer booklet will be evaluated.

4. An off-topic essay will not be evaluated.

As you read the passage below, consider how the author uses

- evidence, such as facts or examples, to support claims.
- reasoning to develop ideas and to connect claims and evidence.
- stylistic or persuasive elements, such as word choice or appeals to emotion, to add power to the ideas expressed.

Adapted from President Harry S. Truman's Annual Message to the Congress on the State of the Union, January 7, 1948, Washington, DC.

We are here today to consider the state of the Union.

On this occasion, above all others, the Congress and the President should concentrate their attention, not upon party but upon the country; not upon things which divide us but upon those which bind us together—the enduring principles of our American system, and our common aspirations for the future welfare and security of the people of the United States.

The United States has become great because we, as a people, have been able to work together for great objectives even while differing about details.

The United States has always had a deep concern for human rights. Religious freedom, free speech, and freedom of thought are cherished realities in our land. Any denial of human rights is a denial of the basic beliefs of democracy and of our regard for the worth of each individual.

Today, however, some of our citizens are still denied equal opportunity for education, for jobs and economic advancement, and for the expression of their views at the polls. Most serious of all, some are denied equal protection under laws. Whether discrimination is based on race, or creed, or color, or land of origin, it is utterly contrary to American ideals of democracy.

The recent report of the President`s Committee on Civil Rights points the way to corrective action by the federal government and by state and local government. Because of the need for effective federal action, I shall send a special message to the Congress on this important subject…

Our second goal is to protect and develop our human resources.

The safeguarding of the rights of our citizens must be accompanied by an equal regard for their opportunities for development and their protection from economic insecurity. In this Nation the ideals of freedom and equality can be given specific meaning in terms of health, education, social security, and housing.

Over the past twelve years we have erected a sound framework of Social Security legislation. Many millions of our citizens are now protected against the loss of income which can come with employment, old age, or the death of wage earners. Yet our system has gaps and inconsistencies; it is only half finished.

We should now extend unemployment compensation, old age benefits, and survivors' benefits to millions who are not now protected. We should also raise the level of benefits.

The greatest gap in our Social Security structure is the lack of adequate provision for the Nation's health. We are rightly proud of the high standards of medical care we know how to provide in the United States. The fact is, however, that most of our people cannot afford to pay for the care they need...

Our educational systems face a finical crisis. It is deplorable that in a Nation as rich as ours there are millions of children who do not have adequate schoolhouses or enough teachers for a good elementary or secondary education. If there are educational inadequacies in any State, the whole Nation suffers. The Federal Government has a responsibility for providing financial aid to meet this crisis.

In addition, we must make possible greater equality of opportunity to all our citizens for education. Only by so doing can we insure that our citizens will be capable of understanding and sharing the responsibilities of democracy.

The government's programs for health, education, and security are of such great importance to our democracy that we should now establish an executive department for their administration...

Our third goal is to conserve and use our natural resources so that they can contribute most effectively to the welfare or our people.

The resources given by nature to this country are rich and extensive. The material foundations of our growth and economic development are boundary of our fields, the wealth of our mines and forests, and the energy of our waters. As a Nation, we are coming to appreciate more each day the close relationship between the conservation of these resources and the preservation of our national strength.

We are doing far less than we know how to do to make use of our resources without destroying them. Both the public and private use of these resources must have the primary objective of maintaining and increasing these basic supports for an expanding future.

Write an essay in which you explain how the author builds an argument to persuade his audience that student athletes deserve fair compensation. In your essay, analyze how the author uses one or more of the features listed in the box that precedes the passage (or features of your own choice) to strengthen the logic and persuasiveness of his argument. Be sure that your analysis focuses on the most relevant features of the passage.

Your essay should not explain whether you agree with the author's claims, but rather explain how the author builds an argument to persuade his audience.

Sample Essay 2

In his annual speech to the Congress in January, 1948, President Truman stated that continued investment in the nation's collective welfare is based upon the ideals of American democracy. His argument is built on three specific goals which serve to enhance the power of the nation as well as to secure democracy and well-being of individuals.

Three key goals are identified and highlighted as the main points or solutions to the social problems. The first objective involves securing essential human rights for citizens, which includes "religious freedom, free speech, and freedom of thought." These beliefs should never be denied as they are indispensable connotations of democracy and one's social value. Yet, problems do arise when some people are "still denied equal opportunity for education, for jobs and economic advancement, and for the expression of their views at the polls", and worst of all is that some are "denied equal protection under the law". In other words, the essence of American democracy is to maintain equality and freedom, so any form of discrimination is utterly contrary to this aim.

To protect and develop human resources is the second objective. Mr. Truman maintained that civil rights have to be accompanied by "an equal regard for their opportunities for development and their protection from economic insecurity", pointing to another dimension of the concept of American democracy, which includes health, education, social security, and housing. Even Social Security legislation is enacted to insure that people can be protected against the loss of income, which have made many millions of beneficiaries. To better address social problems, the President calls upon an increased "unemployment compensation, old age benefits, and survivors' benefits to millions who are not now protected." Another area that requires investment is medical care, which has gone beyond most people's budget.

Then he moves on to discuss educational issues which are confronted with financial difficulties. Specific examples are given to illustrate the poor situation many civilians face: "there are millions of children who do not have adequate schoolhouses or enough teachers for a good elementary or secondary education." The significance of education to the nation cannot be over-exaggerated because otherwise citizens would be incapable of "understanding and sharing the responsibilities of democracy."

The last objective to realize is to conserve and use natural resources wisely and effectively to yield the best results for social welfare. Exemplification is used to prove that the States have been blessed with a vast number of resources, like the mines, forests and waters.

When it comes to the logic of this speech draft, it is well organized in that each paragraph has presented a clear topic sentence supported by details, which makes it fairly easy to follow the train of thoughts throughout the speech. Numbering has been employed so that supporting ideas can be easily traceable. The above-mentioned three goals are a good case in point.

Finally, in terms of the language style of this essay, Mr. Truman generally adopts a relatively formal style that goes well with the topic. The diction is plain and sincere. No obvious exaggeration can be detected. Long sentences are predominant, with only a few short sentences, which help to make the argument more convincing and accurate. He also gives examples so that the argument is more concrete. For instance, the sentence "Whether discrimination is based on race, or creed, or color, or land of origin, it is utterly contrary to American ideals of democracy." seems eloquent enough by juxtaposing race, creed, color, land of origin to refute the injustice of any form of discrimination. Furthermore, emphasis is achieved through the occasional use of inverted sentences, a good example of which is "Only by so doing can we insure that our citizens will be capable of understanding and sharing the responsibilities of democracy," highlighting the vital role of education.

SAT Practice Essay # 3

DIRECTIONS

The essay gives you an opportunity to show how effectively you can read and comprehend a passage and write an essay analyzing the passage. In your essay, you should demonstrate that you have read the passage carefully, present a clear and analysis, and use language precisely.

Your essay must be written on the lines provided in your answer booklet: except for the planning page of the answer booklet, you will receive no other paper which to write. You will have enough space if you write on every line, avoid wide margins, and keep your handwriting to a reasonable size. Remember that people who are not familiar with your handwriting will read what you write. Try to write or print so that what you are writing is legible to those readers.

You have 50 minutes to read the passage and write an essay in response to the prompt provided inside this booklet.

5. Do not write your essay in this booklet. Only what you write on the lined pages of your answer booklet will be evaluated.

6. An off-topic essay will not be evaluated.

As you read the passage below, consider how the author uses

- evidence, such as facts or examples, to support claims.
- reasoning to develop ideas and to connect claims and evidence.
- stylistic or persuasive elements, such as word choice or appeals to emotion, to add power to the ideas expressed.

Adapted from President Lyndon Johnson' Voting Rights Address, delivered March 15, 1965.

I speak tonight for the dignity of man and the destiny of democracy.

I urge every member of both parties, Americans of all religions and of all races, from every section of this country, to join me in that cause.

At times history and fate meet at a single time in a single place to shape a turning point in man`s unending search for freedom...

In our time we have come to live with moments of great crisis. Our lives have been marked with debate about great issues; issues of war and peace, issues of prosperity and depression. But rarely in any time does an issue lay bare the secret heart of America itself. Rarely are we met with a challenge, not to our growth or abundance, our welfare or our security, but rather to the values and the purposes and the meaning of our beloved Nation.

The issue of equal rights for African Americans is such an issue, and should we defeat every enemy, should we double our wealth and conquer the stars, and still be unequal to this issue, then we will have failed as a people and as a nation…

Many of the issues of civil rights are very complex and most difficult, but about this there can and should be no argument. Every American citizen must have an equal right to vote. There is no reason which can excuse the denial of that right. There is no duty which weighs more heavily on us than the duty we have to ensure that right.

Yet the harsh fact is that in many places in this country men and women are kept from voting simply because they are black.

Every device of which human ingenuity is capable has been used to deny this right. The African American citizen may go to register only to be told that the day is wrong, or the hour is late, or the official in charge is absent; and if he persists, and if he manages to present himself to the registrar, he may be disqualified because he did not spell out his middle name or because he abbreviated a word on the application.

And if he manages to fill out an application he is given a test. The registrar is the sole judge of whether he passes this test. He may be asked to recite the entire Constitution, or explain the most complex provisions of state law. And even a college degree cannot be used to prove that he can read and write.

Experience has clearly shown that the existing process of law cannot overcome systemic and ingenious discrimination. No law that we now have on the books—and I have helped to put three of them there—can ensure the right to vote when local officials are determined to deny it.

In such a case our duty must be clear to all of us. The Constitution says that no person shall be kept from voting because of his race. We have all an oath before God to support and to defend that Constitution. We must now act in obedience to that oath...

It is wrong—deadly wrong—to deny any of your fellow Americans the rights to vote in this country...

We cannot, we must not, refuse to protect the right of every American to vote in every election that he may desire to participate in; and we ought not and we cannot and we must not wait another eight months before we get a bill. We have already waited a hundred years and more, and the time for waiting is gone…

Because it is not just African Americans, but really it is all of us, who must overcome the crippling legacy of bigotry and injustice—and we shall overcome.

As a man whose roots go deeply into Southern soil I know how agonizing racial feelings are. I know how difficult it is to reshape the attitudes and the structure of our society.

But a century has passed, more than a hundred year, since the slave was freed, and he is not fully free tonight.

It was more than a hundred years ago that Abraham Lincoln, a great President of another party, signed the Emancipation Proclamation, but emancipation is a proclamation and not a fact.

Write an essay in which you explain how the author builds an argument to persuade his audience that student athletes deserve fair compensation. In your essay, analyze how the author uses one or more of the features listed in the box that precedes the passage (or features of your own choice) to strengthen the logic and persuasiveness of his argument. Be sure that your analysis focuses on the most relevant features of the passage.

Your essay should not explain whether you agree with the author's claims, but rather explain how the author builds an argument to persuade his audience.

Sample Essay 3

In his speech addressing the issue of voting rights delivered on March 15, 1965, President Lyndon Johnson concluded that "emancipation is a proclamation and not a fact", urging every American citizen to act for the dignity of man and the destiny of democracy. This argument was well-supported by his personal anecdote, credibly made-up story and effective rhetoric.

Generally, President Johnson adopted a straightforward strategy in delivering his message. However, there was a tactful foreshadowing. With a short and powerful opening sentence, he urged the audience to join him to guard human rights and democracy, which, he believed, are the "values and the purposes and the meaning" of the States. It was not until the fifth paragraph that he unveiled the central topic—voting rights for African Americans. He stated that the people and the country would have failed if black people cannot enjoy the same rights as others do as "Every American citizen must have an equal right to vote. There is no reason which can excuse the denial of that right. There is no duty which weighs more heavily on us than the duty we have to ensure that right." Such eloquent parallel structures only made the argument more convincing.

But this is only theory. Reality thinks differently. And Mr. Johnson was well aware of the harsh situation black people were facing. It was no news to the Americans that the black had been discriminated and deprived of the right to vote. What was new was how Mr. President put it: "Every device of which human ingenuity is capable has been used to deny this right." This is the climax and the best part of the speech. It is not necessarily a true story for any single African American, but as an underprivileged group, yes.

He went on narrating what specific obstacles a black man who wanted to register to vote might encounter. From malicious excuses like wrong date or time, queries about his/her literacy skills such as spelling and ability to fill out the application form, to an unexpected extra test, all these illegal signs clearly point to a cold refusal. "And even a college degree cannot be used to prove that he can read and write." All doors are shut in his face.

Such suppositions were understandable as the hypotheses were reality back then. Any sensible man would have felt frustrated at the scene. Mr. Johnson, too, was depressed at this, saying that "systemic and ingenious discrimination" could not be overcome by the law, and that nothing can "ensure the right to vote when local officials are determined to deny it." Therefore, nothing else could be done but to appeal to the public to abide by the Constitution, which has made it clear that "no person shall be kept from voting because of his race." In other words, the right to vote is sacred for each citizen.

The slave was freed a hundred years prior to the speech, yet other impediments were still there. So Mr. Johnson naturally associated his contemporary situation with what it was like back in Lincoln's days when he signed the Emancipation Proclamation, and sadly drove home his conclusion "emancipation is a proclamation and not a fact."

Mr. President's reference to his personal anecdote as a Southerner added credibility to his understanding of the matter. "As a man whose roots go deeply into Southern soil I know how agonizing racial feelings are. I know how difficult it is to reshape the attitudes and the structure of our society." He surely knew.

Rhetoric also contributes to the persuasiveness of this speech draft. First person narrative that is pervasive throughout the passage draws the audience close to the orator. Besides, his use of rhetoric reiteration lends the speech much power. Two outstanding cases in point are "It is wrong—deadly wrong—to deny any of your fellow Americans the rights to vote in this country..." and the employment of modal auxiliary verbs in sentences such as "We cannot, we must not, refuse to protect the right...; and we ought not and we cannot and we must not wait... ", which is truly sensational.

附录3 新SAT写作作者及文章来源

新SAT写作作者

College Board公布了新SAT作文样题，下面是样题的5名作文作者的简要介绍，通过对新SAT作文作者的了解，有助于把握新SAT作文的脉搏与方向，也有助于考新SAT的学生，在选择相关美国知名媒体文章方向时，熟悉作者的风格与背景。

1. 保罗·博加德*Paul Bogard*

SAT作文作者：保罗·博加德，Paul Bogard

SAT作文题目："Let There Be Dark." ©2012

文章登载：《洛杉矶时报》

文章发布时间：2012年12月21日

SAT原文链接：https://collegereadiness.collegeboard.org/sample-questions/essay/1

关于保罗

代表作：The End of Night，文章被翻译为德文、西班牙文、日文、中文等。

SAT文章“Let There Be Dark.”曾发表在*Slate*, *Salon*, *Los Angeles Times*, *Outside*, *Audubon*, *Conservation*, *Reader's Digest*, *National Geographic*, *Creative Nonfiction*, and elsewhere

保罗出生在明尼苏达州，曾在新墨西哥、内华达、威斯康星和北卡执教，现为James Madison University in Harrisonburg, Virginia英语助理教授，教授创意非小说和环境文学。

作者网站链接：http://www.paul-bogard.com/about-paul/

2. 达纳·乔亚*Dana Gioia*

SAT作文作者：达纳·乔亚Dana Gioia

SAT作文题目：“Why Literature Matters”©2005

文章登载：《纽约时报》

文章发布时间：2005年4月10日

SAT原文链接：https://collegereadiness.collegeboard.org/sample-questions/essay/2

关于达纳

1950年出生于加州，作家、诗人、商人。斯坦福学士。

哈佛硕士斯坦福MBA，目前执教南加大。

1991 成名作“Can Poetry Matter?”

曾任小布什政府艺术机构主席Chairman of the National Endowment for the Arts

出版著名书籍包括：*Daily Horoscope* (1986)

The Gods of Winter (1991)

Interrogations at Noon (2001)

Pity the Beautiful (2012)

主要获奖：Laetare Medal (2010)

作者网站链接：http://www.danagioia.net/

3. 亚当·萨默斯*Adam B. Summers*

SAT作文作者：亚当·萨默斯Adam B. Summers

SAT作文题目：“Bag Ban Bad for Freedom and Environment.”©2013

文章登载：《圣迭戈联合论坛报》

文章发布时间：2013年6月13日

SAT原文链接：https://s3.amazonaws.com/KA-share/sat/5LS03E Practice Essay.pdf

关于亚当·萨默斯

自由撰稿人、律师， 毕业于UCLA，在George Mason University in Virginia 主修MA Economics，圣地亚哥电台政治脱口秀主持人，Reason Foundation高级政策分析师。

主要文章发表于*Los Angeles Times*, *San Diego Union-Tribune*, *Orange County Register*, *Los Angeles Daily News*, *Baltimore Sun*, and numerous others.

作者所发表文章链接：http://reason.org/experts/outofcontrol/708.html?pg=2#listing

作者网站链接：http://adambsummers.com/

4. 彼得·古德曼*Peter S. Goodman*

SAT作文作者：彼得·古德曼Peter S. Goodman

SAT作文题目："Foreign News At A Crisis Point"

文章登载：《赫芬顿邮报》

文章发布时间：2013年9月25日

SAT原文链接：http://www.huffingtonpost.com/peter-s-goodman/foreign-news-huffington-post_b_3963911.html

关于彼得·古德曼

彼得·古德曼是全球国际商业时报屡获殊荣的记者和专栏作家，他负责超过150名记者的团队，服务区域包括美国、英国、印度和澳大利亚。他的写作范围非常广，涉及经济、商业、政治、媒体与体育等。目前任赫芬顿邮报全球新闻编辑，有报纸、新闻行业20多年的经历，并曾任纽约时报国家经济通讯员和华盛顿邮报上海局主任。

主要作品：*PAST DUE: The End of Easy Money and the Renewal of the American Economy* (Times Books, 2009)

主要获奖：Hugo Shong Award (2005)

彼得·古德曼毕业于Reed College，并获UC伯克利硕士学位，目前与妻子居住在纽约的布鲁克林。

作者网站链接：http://www.petersgoodman.com/

5. 埃利安娜·托克特曼*Eliana Dockterman*

SAT作文作者：埃利安娜·托克特曼Eliana Dockterman

SAT作文题目："The Digital Parent Trap"

文章登载：《时代周刊》

文章发布时间：2013年8月19日

SAT原文链接：https://collegereadiness.collegeboard.org/pdf/sat-practice-test-3-essay.pdf

关于埃利安娜·托克特曼

2013年毕业于耶鲁大学Yale University Humanities, 2009 — 2013。

在校期间：Eliana Dockterman was executive editor of the *Yale Daily News Magazine* and a

Yale Journalism Initiative schol.

目前职业：《时代周刊》记者。

作者其他文章：http://time.com/author/eliana-dockterman/

新SAT写作的文章来源

从新SAT的样题来看，作文不仅有了全新的形式，而且文章主要选自美国各主流新闻媒体近年的热门话题。其中College Board的导向很清楚，就四个关键词，请务必高度关注。

关键词*1*. 美国主流媒体：如《洛杉矶时报》，《时代周刊》，《纽约时报》，《华盛顿邮报》，《赫芬顿邮报》，《芝加哥论坛》等。

关键词*2*. 近年媒体文章：如文章发布时间2013，2012，2005等。

关键词*3*. 热门话题：如第一篇减少光污染，第二篇为什么文学重要，第三篇塑料袋不应被禁，第四篇呼吁增加外国新闻报道数量，第五篇小时候接触现代科技的好处等。

关键词*4*. 文章作者：必须英文过得硬的职业写手。样题的作者包括：Paul Bogard, Dana Gioia, Adam B. Summers, Peter S. Goodman，Eliana Dockterman

应对新SAT作文方面，从以上几个方面着手，应该有较为理想的收获。

以下是College Board 官方公布的几个样题情况：

第一篇

作者Adapted from Paul Bogard

文章题目“Let There Be Dark.”©2012

by *Los Angeles Times*

Originally published December 21, 2012

选自2012年12月21日《洛杉矶时报》

https://collegereadiness.collegeboard.org/sample-questions/essay/1

第二篇

作者Adapted from Dana Gioia

文章题目“Why Literature Matters”©2005

by *The New York Times* Company

Originally published April 10, 2005

选自2005年4月10日《纽约时报》

https://collegereadiness.collegeboard.org/sample-questions/essay/2

第三篇

作者Adapted from Adam B. Summers

文章题目“Bag Ban Bad for Freedom and Environment”©2013

by *The San Diego Union-Tribune*, LLC

Originally published June 13, 2013

选自2013年6月13日 《圣迭戈联合论坛报》

https://s3.amazonaws.com/KA-share/sat/5LS03E Practice Essay.pdf

第四篇

作者Adapted from Peter S. Goodman

文章题目 “Foreign News At A Crisis Point”

By *Huffington Post*

Originally published Posted: 09/25/2013 7:34 am EDT

选自2013年9月25日 《 赫芬顿邮报》

http://www.huffingtonpost.com/peter-s-goodman/foreign-news-huffington-post_b_3963911.html

第五篇

作者Adapted from Eliana Dockterman

文章题目 “The Digital Parent Trap”

By *Time*

Originally published Posted: Monday, Aug. 19, 2013

选自，2013年8月19日 《时代周刊》

http://content.time.com/time/magazine/article/0,9171,2149134,00.html

附录4 新SAT作文纸

I understand that my essay (without my name) may be reproduced in other College Board materials. If I mark this circle, I withhold my permission to reproduce my essay for any purposes beyond score reporting and the assessment of my writing skills. Marking this circle will have no effort on my score, nor will it prevent my essay from being made available to any college to which I send my SAT scores.

IMPORTANT: USE A NO. 2 PENCIL. DO NOT WRITE OUTSIDE THE BORDER!

Words written outside the essay box or written in ink **WILL NOT APPEAR** in the copy sent to be scored, and your score will be affected.

PLANNING PAGE You may plan your essay in the unlined planning space below, but use only the lined pages following this one to write your essay. Any work on this planning page will not be scored.

Use pages 7 through 10 for your ESSAY →

BEGIN YOUR ESSAY HERE

图书在版编目（CIP）数据

循"徐"渐进，高"歌"而行：新SAT语法写作实战攻略 / 徐志坚，田韵歌编著. —北京：中国人民大学出版社，2016.9

ISBN 978-7-300-23171-6

Ⅰ. ①循… Ⅱ. ①徐… ②田… Ⅲ. ①英语-语法-高等学校-入学考试-美国-自学参考资料 Ⅳ. ①G634.413

中国版本图书馆CIP数据核字（2016）第167458号

循"徐"渐进，高"歌"而行——新SAT语法写作实战攻略

徐志坚 田韵歌 编著

Xun "Xu" Jianjin, Gao "Ge" Erxing—Xin SAT Yufa Xiezuo Shizhan Gonglüe

出版发行	中国人民大学出版社		
社　　址	北京中关村大街31号	**邮政编码**	100080
电　　话	010-62511242（总编室）		010-62511770（质管部）
	010-82501766（邮购部）		010-62514148（门市部）
	010-62515195（发行公司）		010-62515275（盗版举报）
网　　址	http://www.crup.com.cn		
	http://www.1kao.com.cn（中国1考网）		
经　　销	新华书店		
印　　刷	北京宏伟双华印刷有限公司		
规　　格	185mm×260mm 16开本	**版　　次**	2016年9月第1版
印　　张	14.75	**印　　次**	2016年9月第1次印刷
字　　数	315 000	**定　　价**	39.90元